Olive Whicher   Sonnenraum

Synthetic Geometry
and
Spiritual Science

Geometrical Models and Drawings
by
George Kaufmann and Olive Whicher.

The modern school of Synthetic Geometry — among the less known of the great scientific achievements of the 19th Century — is a valuable aid to the understanding of the more cosmic forces which are at work in the living kingdoms of Nature. Rudolf Steiner frequently urged the scientists among his pupils to look for the further development of geometrical thinking and imagination along these lines, and he gave many definite indications for this research. Modern Geometry provides the key, above all, for a scientific theory of the "Etheric", celestial Forces, which the living plant receives from the wide reaches of the Universe. . . .

Handschrift von George Adams Kaufmann. Text für eine Ausstellung zu Goethes 200. Geburtstag 1949 in London, Den Haag und am Goetheanum, Dornach/Schweiz.

Olive Whicher

SONNENRAUM

Ein Übungsweg zum
Verständnis des Lebendigen

mit einem Geleitwort von Ernst Schuberth
und einem Vorwort von Owen Barfield

Verlag am Goetheanum

Aus dem Englischen von Thomas Meyer.
Titel der Originalausgabe: *Sun Space: Science at a Threshold of Spiritual Understanding.* London 1989.

Einbandgestaltung von Walther Roggenkamp

Freiburger Graphische Betriebe, Freiburg i. Br.
Utesch Satztechnik GmbH, Hamburg

ISBN 3-7235-0472-8

Inhalt

Geleitwort

Als Rudolf Steiner die Idee des «Gegenraumes» anregte, war es zuerst der junge George Adams, der sie aufnahm und mit den Mitteln der projektiven Geometrie konkretisieren konnte. Die anfänglich hervortretenden Keime dieser Ideen entfalteten sich in den 30er und 40er Jahren zu einer Fülle von Anwendungen und Lebensbezügen. Vieles konnte mit dem Licht der Idee von «Raum und Gegenraum» beleuchtet werden. Davon sprechen zahlreiche Publikationen. Als Mitarbeiterin trat früh Olive Whicher an die Seite von George Adams und half in vielfältiger Weise, die Polarität, in der wir Menschen, die Naturreiche und der Kosmos stehen, darzustellen, zu verbreiten und zu beleben. Seit nun etwa einem Vierteljahrhundert wirkt Olive Whicher für das Werk von George Adams, ohne ihn physisch an ihrer Seite haben zu können. Dieses Wirken ist aber durch die tief wurzelnde Treue zu der gemeinsamen Aufgabe bestimmt.

Wer das Leben etwas überblicken kann, weiß: Ideen leben in einem jungen Menschen anders als in einem alten. Drängen wir in der ersten Lebenshälfte zum denkerischen Durchdringen der Welt, zur Logik und Schlüssigkeit, so in der zweiten – individuell verschieden – zum lebendigen Durchfühlen des Gedachten und dazu, das Gedachte sozial fruchtbar zu machen – im Sinne des Goethe-Wortes: «Was fruchtbar ist, allein ist wahr.»

Dieses Buch gibt Kunde, wie ein Mensch, der in Treue zu seiner Arbeit ein langes Leben geführt hat, die Vielzahl der Welterscheinungen im Lichte der lebendig durchseelten Idee sieht. Den Jüngeren wird dieses Buch, sofern sie nach Fachsystematik drängen, weniger als andere Schriften zu diesem Thema bedeuten. Aber das Leben führt uns durch seine inneren Notwendigkeiten dazu, nach einer Verbreiterung des Gedachten in das soziale Leben in späterem Alter zu suchen. Und dafür wird dieses Buch von unschätzbarem Wert sein: Was meinte Rudolf Steiner, welche Kräfte wollte er in uns anregen, als er von Raum und Gegenraum sprach? Auf welchen geistigen Ort wollte er uns verweisen? Dieses muß zwischen den Zeilen gelesen werden. Die behandelten Einzelthemen setzen Richtmarken, woran wir uns orientieren können.

Manchem, dem die *mathematische* Darstellung von «Raum und Gegenraum» unzugänglich ist, wird durch dieses Buch etwas von der Idee des «sonnenhaften Raumes» erlebbar werden. Vielleicht regt es ihn sogar an, doch auch das gedankliche Gerüst zu studieren, wie es in vielen Büchern vorliegt. Umgekehrt wird manche fachliche Darstellung hier die notwendige Ergänzung durch Hinweise auf Wirklichkeitsbereiche finden, die doch erst das Leben dieser Ideen wirklich entfalten können.

Mannheim, im Oktober 1988   *Ernst Schuberth*
Freie Hochschule für anthroposophische Pädagogik

Vorwort

Wer sich vom historischen Gesichtspunkt für das Wesen des menschlichen Bewußtseins sowie für die Wandlungen interessiert, die dieses Bewußtsein im Laufe der Zeiten erlebt hat, dem dürfte in erster Linie ein bestimmtes Element ins Auge springen, das für die jüngste dieser Wandlungen ganz besonders charakteristisch ist. Ich meine jenes Element, durch welches sich unsere heutige Zeit von allen vorangegangenen Zeitaltern unterscheidet: die Veränderung, die sich für uns mit dem sogenannten «Realitäts-Prinzip» vollzogen hat. Die ganze Art, wie die heutigen Menschen die Welt betrachten, erleben und zur Grundlage ihres Handelns machen, hängt mehr als von irgend etwas anderem davon ab, was sie als wirklich und was sie als unwirklich gelten lassen wollen.

Der heutige Mensch, zumindest der heutige westliche Mensch, glaubt oder setzt vielmehr als selbstverständlich voraus, daß dasjenige, was er durch die Sinne wahrnehmen kann, und ganz besonders alle festen Gegenstände, wirklich sei, alles übrige dagegen unwirklich. Liegt in dieser Betonung der Bedeutung unserer Sinneswahrnehmung auch das hervorragendste Charakteristikum unseres Zeitalters, so unterscheidet sich dieses aber noch durch ein anderes Element von allen früheren Bewußtseinswandlungen. Während sich nämlich die früheren Bewußtseinswandlungen im Laufe der Bewußtseinsentwicklung einfach einstellten, ohne beabsichtigt zu sein, so hat die jüngste Wandlung dieser Art teilweise Absichtscharakter.

Es kann keineswegs behauptet werden, der heutige Mensch habe nicht auch gewisse «innere» Erfahrungen, die manchmal ebenso bestimmend für ihn sein können wie eine äußere Sinneswahrnehmung; wenn er nun aber, trotz dieses Tatbestandes, nur der letzteren Wirklichkeitscharakter zugesteht, dann liegt das zum Teil im Umstand begründet, daß er sich hierin von der Entwicklung der Naturwissenschaft führen ließ, deren Methode und infolgedessen auch deren Schlußfolgerungen im Laufe der letzten paar hundert Jahre in verstärktem Maße auf die oben charakterisierte Wirklichkeitsauffassung gegründet wurden.

Zwar wird in der modernen Naturwissenschaft auch das Dasein von «Kräften» angenommen, die nicht durch die Sinne wahrgenommen werden können, so daß wir es hier mit einer gewissen Inkonsequenz zu tun haben – einer Inkonsequenz, auf die übrigens bereits August Comte, der Vater des Positivismus, aufmerksam machte, als er die Vorstellung einer nicht verkörperten Kraft als Relikt aus der Seelenhaltung des primitiven Animismus charakterisierte. Doch da die einzigen Kräfte, mit welchen sich die Naturwissenschaft bis heute beschäftigt (zum Beispiel die Gravitationskraft), in bezug auf ihre wahrnehmbaren

Auswirkungen exakt meßbar sind, konnte ein solcher Einwand bisher ruhig übergangen werden. Und daher ist es für den gesunden Menschenverstand, das heißt für die «Realitäts-Auffassung» des Durchschnittsmenschen, vollkommen selbstverständlich, daß die Welt aus festen Gegenständen im Raume sowie aus Kräften, durch die sie darin hin und her bewegt werden, besteht. Es gibt zwar auch noch ein sogenanntes «Bewußtsein» oder einen sogenannten «Geist», doch dies sind gleichsam etwas aus der Reihe tanzende Attribute der Gegenstände, Lichtschimmer, die über den physischen Gehirnen schweben, zu welchen sich die «Gegenstände» gelegentlich formieren können. Das ist die Art von Weltauffassung, wie sie der gesunde Menschenverstand vertritt, denn jeder «verständige» Mensch erlebt die Welt in solcher Art.

Und doch haben wir uns damit eine Übertreibung erlaubt. Denn an der Gültigkeit der vom gesunden Menschenverstand gestützten Wirklichkeitsauffassung ist in den jüngst vergangenen Jahrzehnten von einer kleinen, aber wachsenden Zahl von denkenden Menschen gezweifelt worden. Gewiß sind dies erst wenige Menschen, und ihr Dasein, geschweige denn ihre Bedeutung, ist in der breiteren Öffentlichkeit noch immer so gut wie unbekannt. Dasselbe könnte in bezug auf die etablierte Wissenschaft gesagt werden; denn, obwohl es unter den denkenden Forschern auch einige wenige philosophisch gesinnte Physiker gibt, auf die Voraussetzungen, durch welche die Methode der naturwissenschaftlichen Forschung im allgemeinen bestimmt wird, ist dies bislang ohne Einfluß geblieben. Ich betonte die «jüngst vergangenen Jahrzehnte», denn ich habe den Eindruck, daß sich die suchenden Geister der unmittelbaren Gegenwart von ihren Vorgängern, soweit diese überhaupt bekannt sind, in zweierlei Hinsicht unterscheiden. Erstens sind sie heute zahlreicher, und zweitens scheinen sie ihre eigenen Untersuchungen nicht mehr bloß als interessante akademische Übungen zu betrachten, sondern als vernehmbaren Ausdruck eines höchst dringlichen Zeitbedürfnisses. Wenn dasjenige, was jedermann für selbstverständlich hält, tatsächlich weitgehend auf illusionären Grundlagen beruht, so muß in diesem bedenklichen Umstand mehr gesehen werden als ein Gegenstand des Amüsements. So vieles, was sich in der heutigen Menschheit und auch mit dem ganzen Planeten, den sie bewohnt und ausbeutet, als unstimmig zeigt, kann erwiesenermaßen auf den Reduktionismus oder Materialismus – auf den Ausdruck kommt es nicht besonders an – zurückgeführt werden, auf den sich ihr «gesunder Menschenverstand» stützt. Aber ist «unstimmig» überhaupt ein Ausdruck, der kräftig genug ist? «Bedrohlich» erschiene vielleicht angemessener.

Möglicherweise wird sich die Zahl dieser suchenden Geister noch stetig vermehren. Ich selbst bin davon jedenfalls überzeugt. Vielleicht wird das Argument, daß der Reduktionismus ein Illusionserzeuger ist, eines Tages in mancher Menschen Munde sein. Würde dies aber, wenn es einträte, die Bedrohlichkeit der heutigen Weltlage aufheben? Ich fürchte: nein. Denn unter einer Wirklichkeitsauffassung oder einem «Realitäts-Prinzip» haben wir nicht ein Gebäude von Ideen zu sehen, sondern eine bestimmte Form der Erfahrung; und zwar auch dann, wenn diese Erfahrungsform (wie es heute tatsächlich weitgehend der Fall ist) auf *überalterten* Ideen beruht. Die Herrschaft von König Reduktionismus sowie die Gesetze, durch welche er das Verhalten steuert, können nicht allein durch Argumente beseitigt werden, obwohl sie sich *ohne* Argumente ebensowenig beseitigen lassen. Denn nicht ein Ideensystem muß verändert werden, sondern eine überholte Anschauungs-

10

weise. Und das wird sich erst vollziehen können, wenn es als eine selbstverständliche Erfahrungstatsache gelten wird, daß die innere Welt des Bewußtseins auf derselben Realitätsgrundlage steht wie die Welt der sinnlich wahrnehmbaren Dinge — und daß erstere nicht ein Attribut der letzteren ist, sondern in einem ko-relativen Verhältnis zu ihr steht. Mit anderen Worten: Wenn es als selbstverständlich gilt, daß die Beziehung zwischen den beiden Welten nicht in einer kategorischen Trennung zwischen einem Realen und einem Unrealen, zwischen einem Substantiellen und einem Nichtsubstantiellen besteht, sondern in einer Polarität zwischen zwei Wirklichkeitsbereichen.

Es ist vielleicht mittlerweile deutlich geworden, daß es nicht allzu schwer, wenn auch noch schwer genug ist, sich ein polares Verhältnis zwischen dem Phänomenalen und dem Noumenalen oder — gröber ausgedrückt — zwischen Materie und Geist zu *denken*. Und auch der nächste Schritt — dieses polare Verhältnis zur inneren Überzeugung werden zu lassen — ist nicht allzu groß. Doch wie soll das Überzeugtsein von der bloßen Annahme eines philosophischen Grundsatzes in eine wirkliche *Erfahrung* umgewandelt werden? Samuel Johnson[1] hatte einen Bekannten, der ihm einmal gestand, er habe sich hart darum bemüht, Philosoph zu werden, doch sei immer wieder «die Fröhlichkeit über ihn hereingebrochen». In ähnlicher Weise bricht heute beim Versuch, den Polaritätsgedanken ernst zu nehmen, der «gesunde» Menschenverstand herein. Samuel Taylor Coleridge, der die Hauptkraft seines Lebens dazu verwendet hat, den Polaritätsgedanken in vernünftiger Art zu vertreten, hat diese Begleiterscheinung klar wahrgenommen. «Es genügt nicht», schrieb er, «daß wir diese Idee einmal geschluckt haben — das *Herz* sollte sich von ihrer Wahrheit *ernährt* haben, wie sich Insekten auf einem Blatt ernähren, bis es sich mit ihrer Färbung völlig durchdrungen hat und seine Nahrung in der kleinsten Faser zur Erscheinung bringt.» (Collected works, Vol. 4, p. 338, Princeton University Press.)

Diesen unabdingbaren *zweiten* Schritt zu unternehmen — dazu möchte, ganz allgemein gesprochen, das vorliegende Buch anregen. Im besonderen möchte es seinen Lesern helfen, einen ganz bestimmten Stolperstein zu überwinden, der in jenem «Hereinbrechen» des gesunden Menschenverstandes und der dadurch konsolidierten Illusion eine zentrale Rolle spielt. Ich möchte mich durch eine kleine Abschweifung etwas deutlicher machen. Die englische Sprache hat eine bedeutsame Redewendung, die zum Ausdruck bringen soll, daß jemand an der Realität einer Sache, mit der er konfrontiert wird, zweifelt. *«Is it really there?»*, so fragt er. Diese Art der Fragestellung ist deswegen bedeutsam, weil sie stillschweigend voraussetzt, daß Realität von räumlicher Lage abhängt, nicht von *einer* ganz bestimmten Lage allerdings, aber doch von *irgendeiner* bestimmten Lage im Raum. Übrigens trägt auch das deutsche Wort *Dasein* dieselbe Voraussetzung in sich. Realität oder Wirklichkeit, so die Empfindung, hängt nicht nur von Sinneswahrnehmung ab, sondern auch von *Dasein*. Mit anderen Worten: Das Nach-Renaissance-Bewußtsein, das zu unserer absoluten cartesischen Trennung zwischen Materie und Geist geführt hat, ist aufs engste mit der Art verbunden, wie wir den Raum erleben. Gerade auf diese Art von Raumerleben — die Autorin spricht von der «vorwiegend räumlichen Denkweise der Gegenwart» — geht dieses Buch gründlich ein. Die Polarität, die es in erster Linie geltend macht, ist deshalb nicht die allgemeine Polarität zwischen Materie und Geist oder Makrokosmos und Mikrokosmos, sondern zwischen Punkt und Ebene, zwischen Peripherie und Zentrum — also eine Polarität zwischen verschiedenen Raumesanschauungen.

Wie stellen wir uns denn für gewöhnlich den Raum vor, wenn wir uns überhaupt die Mühe nehmen, eine Vorstellung von ihm zu bilden? Zweifellos ganz ähnlich wie das Innere eines Zimmers, das zwar keine Wände hätte und unvorstellbar riesig wäre, sich ansonsten aber vom Inneren unseres Wohnzimmers, das wir an verschiedenen Stellen nach Belieben mit Möbelstücken anfüllen können, nicht unterscheiden ließe. Wir können die Idee des Raumes von der des Ortes nicht wirklich unterscheiden; und aus dieser Unfähigkeit entsteht die Gewohnheit, den Raum als eine Art Ding vorzustellen, das auch dann noch *da* ist, wenn es vollkommen leer ist. Gewiß haben wir das Gefühl, der Raum könne vielleicht nicht im selben Grade da sein wie die verschiedenen Möbelstücke – und doch: Er ist immer noch etwas viel Wirklicheres als «Geist». Einsteins Relativitätstheorie hat zweifellos große Aufmerksamkeit erregt, doch auf unsere *Erfahrung* des Raumes ist sie ohne Einfluß geblieben. Es wäre verlockend, hier einmal der Frage nachzugehen, wie sehr diese merkwürdige *Verdinglichung der Leere* zu jenen großzügig quantifizierten und kümmerlich erwiesenen Spekulationen der zeitgenössischen Astronomie und Astrophysik, die von Billionen von «Lichtjahren» unbereister und unbereisbarer Distanzen reden, beigetragen hat. Doch es ist hier nicht der Ort dazu.

Das räumliche Denken von heute ist gewiß nicht das räumliche Denken aller Zeiten. Schon mit der mittelalterlichen Raumesanschauung deckt es sich nicht mehr. Von solchen, die die Sache nie ernsthaft geprüft haben, können wir des öfteren vernehmen, die Philosophen jener Zeit hätten sich einen Spaß daraus gemacht, zu diskutieren, wie viele Engel auf der Spitze einer einzigen Nadel stehen können. Doch was zum Beispiel Thomas von Aquino tatsächlich behauptete, war, daß das Engels-Bewußtsein nicht dadurch vom Raum Besitz ergreift, daß es ihn ausfüllt, sondern daß es ihn *enthält*. Was in der Vergangenheit so gänzlich anders betrachtet wurde, könnte vielleicht auch in der Zukunft wieder einmal anders werden . . .

Ich hielt es für geboten, den meisten Raum, der einem Vorwort gegönnt ist, dazu zu nützen, das Buch sozusagen in einen umfassenden Ideenhorizont hineinzustellen, statt zu versuchen, summarische Vorblicke auf seinen Inhalt zu geben. Die unmittelbareren Bezüge seines Inhalts können anhand der Namen und Hinweise im Buch selbst zur Genüge aufgefunden werden. Im übrigen wird der Leser selbst entdecken, daß das Rückgrat der folgenden Darstellungen mathematischer Natur ist, in historischer wie in erkenntnistheoretischer Hinsicht. In historischer Hinsicht zeigen sie, welch zentrale Rolle gerade die Mathematik, im besonderen die euklidische Geometrie, in dem bewußtseins-geschichtlichen Abstieg von den Höhen einer alten, lebendig erlebten Verbundenheit von Mensch und Natur gespielt hat – einer Verbundenheit, die in dem bewußten Miterleben der Naturprozesse gipfelte; im weiteren erfährt der Leser dann, wie sich wiederum durch die Mathematik, und nun im besonderen durch die projektive Geometrie, ein Weg finden läßt, der das menschliche Bewußtsein aus der heutigen Abgetrenntheit vom lebendigen Naturdasein hinaus- und zu einer lebendigen Verbindung mit diesem Naturdasein hinauf-führen kann, die zugleich etwas Altes und etwas ganz Neues darstellt. Alt, weil es sich überhaupt um eine Verbundenheit handelt, neu, weil es eine Art der Verbundenheit ist, die nicht mehr, wie in der alten, atavistischen Form, die Abwesenheit des souveränen Ich-Bewußtseins mit sich bringt.

Projektive oder synthetische Geometrie erblühte im frühen 19. Jahrhundert; doch die synthetische Geometrie, welche die Autorin im Auge hat, ist bereits eine Weiterentwicklung dieser Geometrie, angeregt durch Rudolf Steiner und seinen Schüler George Adams, der zugleich ihr eigener Lehrer gewesen ist. Der Leser wird bald entdecken, daß er nicht nur über die Stellung, die diese Disziplin auf dem historischen Feld eingenommen hat, informiert wird, sondern daß er sich mit Hilfe einiger praktischer Übungen in dieser Disziplin auch intensiv erziehen lassen kann. Wenn er also auch nur annähernd ausschöpfen will, was das Buch zu bieten hat, so wird er eine gute Portion von geduldigem Fleiß aufbringen müssen.

Zwei Eigentümlichkeiten des vorliegenden Buches könnten manche Leser etwas beunruhigen. Die ganze Darstellung gründet sich in direkter und indirekter Weise fast, wenn auch nicht ganz, ausschließlich auf das Werk Rudolf Steiners. Damit hat zwar der Verfasser dieses Vorwortes selbst keinerlei Schwierigkeiten, denn er ist schon lange zur Überzeugung gekommen, daß die Historiker der Zukunft Rudolf Steiners Geist für die Gegenwart und nächste Zukunft als ebenso zentral-bedeutsam betrachten werden, wie Aristoteles vor der Renaissance als Zentralgestalt gegolten hat. Doch würde in bezug auf diese Eigentümlichkeit des Buches wohl ohnehin nur ein Stubengelehrter Einwände erheben wollen. Denn für einen ernsthaften Denker kommt es für die Einschätzung von deren Wertgehalt keineswegs darauf an, von wem Ideen kommen; vielmehr wird er sie einfach auf ihre immanente Substanz hin prüfen.

Andere Leser wiederum könnten vielleicht dadurch etwas beunruhigt werden, daß der Text in ungewöhnlicher Art zwischen einer scharfsinnigen und manchmal äußerst technischen Darstellungsart und gewissen Appellen an die Empfindungsfähigkeit des Lesers abwechselt. Auf diese Eigentümlichkeit hier näher einzugehen, würde zu weit führen. Jedenfalls liegt sie nicht in einem bestimmten Charakterzug der Verfasserin begründet. Das Verhältnis zwischen Denken und Fühlen ist hier *Teil der Sache selbst*. Oder, um die bereits benutzte Metapher Coleridges wieder aufzugreifen: Die Autorin will das Insekt gleichermaßen zur Nahrungsaufnahme wie zum Herumkriechen auf dem Blatt ermuntern. Die imaginative Denkweise, zu der Olive Whicher herausfordert, ist eine Denkweise, in der auch das Gefühl, ja auch ein gewisses Quantum von Willen mit aufgenommen und enthalten sind. Das ist etwas ganz anderes als logisches oder scheinlogisches Denken, das von Emotionen verzerrt wird. Wer mit ihrem früheren Buch «Die Pflanze in Raum und Gegenraum», das in Zusammenarbeit mit George Adams entstand, bekannt ist, wird verstehen können, was ich meine. Auch in jenem Buch ist zwar die projektive Geometrie in ihrer ganzen Strenge vorhanden; doch wer das Buch gelesen hat, wird es nicht mehr öffnen können, ohne sich, etwa angesichts seiner schön kolorierten Tafeln, des zarten Gefühles zu erinnern, das man einer gewöhnlichen Wildblume entgegenbringen kann — ein Gefühl, das ganz untrennbar ist von den imaginativen Gedankenformen über ihr Wachstum und ihre Struktur; oder ohne sich der erhöhten Wahrnehmungsfähigkeit zu entsinnen, die dadurch hervorgerufen wird. Es wird ihm unmöglich sein, ein neues Buch aus derselben Quelle nicht ebenso warmherzig zu begrüßen, wie ich es tue.

Forest Row, Sussex, März 1987   *Owen Barfield*

Rudolf Steiner 1915

Einführung

Zwei Hauptabsichten haben mich veranlaßt, dieses Buch zu schreiben. Die erste besteht in dem Wunsch, solchen Lesern entgegenzukommen, die mit mathematischen oder geometrischen Ideen zunächst nur wenig anfangen können, denen die Vorstellung von «polaren» Räumen und Kräften abstrakt und schwer verständlich vorkommt und die deshalb geneigt sind, solchen Ideen höchstens einen rein theoretischen Wert zuzubilligen und der Auseinandersetzung mit ihnen aus dem Wege zu gehen.

Indem ich ein Stück meines eigenen Weges schildere, der mich zu Rudolf Steiner und zur Anthroposophie[1a] oder Geisteswissenschaft führte, kann vielleicht deutlich werden, daß zu einem allgemeinen Verständnis unseres Themas – obwohl es kein ganz leichtes ist – eine höhere mathematische oder physikalische Bildung keineswegs die einzige Voraussetzung darstellt; ja eine solche Bildung kann sich unter Umständen sogar als ein Hemmnis erweisen. Dennoch können die neuen Forschungsbereiche, an deren Pforten die Wissenschaft heute steht, natürlich nur in klarer und sicherer Weise betreten werden, wenn dies auf der Grundlage streng mathematischer Methoden und im Zusammenhang mit den Grundsätzen wahrer Wissenschaftlichkeit geschieht. Da diese Grundlage jedoch schon in einer ganzen Anzahl anderer Publikationen zur Darstellung gekommen ist, scheint es mir gerechtfertigt zu sein, die vorliegenden Ausführungen, welche das Buch «Die Pflanze in Raum und Gegenraum» begleiten möchten, in einem elementaren und allgemein verständlichen Rahmen zu halten. (Der Leser findet die angeführten Titel im Anhang bibliographisch verzeichnet.)

Die zweite Absicht besteht darin, auf ein Zentralmotiv von Rudolf Steiners Lebenswerk aufmerksam zu machen; ein Motiv, das diesem Werk, wie ich glaube, seinen einzigartigen Charakter verleiht: Ich meine die Tatsache, daß Rudolf Steiner immer wieder gerade im Zusammenhang mit der modernen materialistischen Denkweise darauf hinwies, daß es für die Menschheit an der Zeit sei, erneut nach einem grundsätzlichen Verständnis spiritueller Fragen zu streben. Rudolf Steiner stellte den wissenschaftlichen Materialismus des Westens als eine durchaus zu Recht bestehende und unvermeidliche Phase innerhalb der Menschheitsentwicklung dar. Wir sollten für diese Entwicklungsphase und für die Gelegenheit zu ihrer Umwandlung dankbar sein, denn gerade die Leere des Materialismus ist der Keimgrund für jene Freiheit des Gedankens, welche die künftige Wissenschaft gedeihen und erblühen lassen wird.

Die materialistische Wissenschaft hat zwar zeitweilig sowohl den Menschen selbst wie auch den lebendigen Aspekt der Natur aus dem Auge verloren, doch sie hat sich auf der anderen Seite auch vom Mystizismus und vom Einfluß traditioneller Glaubensanschauungen emanzipieren können.

Ein bedeutendes Symptom einer solchen neueren und freieren Denkweise erblickte Rudolf Steiner in den nicht-euklidischen Geometrien des 19. Jahrhunderts, vor allem in der sogenannten synthetischen projektiven Geometrie.[2] Er forderte zur Weiterentwicklung der synthetischen Geometrie auf, damit die mathematischen Gedanken gefunden werden können, die zu dem einseitig analytischen Grundzug der materialistischen Wissenschaft das Gegengewicht bilden sollten.

Mit voller Überzeugung räume ich Rudolf Steiner den zentralen Platz innerhalb meiner Lebensarbeit ein. Vergeblich sehe ich mich in der heutigen Kulturwelt nach einer Persönlichkeit von vergleichbarem Format um. Dieses Buch richtet sich aber nicht nur an diejenigen, die mit der Anthroposophie bereits bekannt sind, ihre Beziehung zur heutigen Naturwissenschaft aber nur schwer verstehen, sondern an alle Menschen, denen klargeworden ist, daß die heutige Wissenschaft, trotz ihrer unbestreitbaren Leistungen, einseitig geblieben ist und im Bereiche des – menschlichen wie des natürlichen – *Lebens* oftmals in Sackgassen führt.

Es können einem zum Beispiel immer wieder Menschen begegnen, die eine medizinische Ausbildung hinter sich haben und die dann voller Fragen sind, weil ihnen klar wird, daß sie während all ihrer Studienjahre kaum diagnostische Fähigkeiten entwickelt haben und daß ihnen die moderne Medizin – abgesehen von den wunderbaren Leistungen auf dem Gebiet der Chirurgie – die eigentliche Kunst des Heilens nicht vermitteln konnte. Auch innerhalb der Landwirtschaft wird immer wieder die drängende Frage gestellt: Wie können wir die *lebendige* Natur verstehen, um gute Nahrungsmittel anzubauen?

Praktische anthroposophische Arbeit hat auf diesen beiden Gebieten auf einem langen Wege viele Fortschritte gemacht, seit die ersten Menschen im Umkreis Rudolf Steiners seinen Ausführungen gelauscht hatten und ein Leben lang seine Hinweise ausarbeiteten, um zu einem tieferen Verständnis derselben und zu konkreten praktischen Ergebnissen zu gelangen. Sowohl die anthroposophische Medizin wie auch die biologisch-dynamische Anbauweise haben inzwischen, wenn auch verhältnismäßig dünn gesät, weltweite Verbreitung gefunden; und innerhalb des Erziehungswesens bilden die Rudolf-Steiner-Schulen heute die größte Gruppe innerhalb der nichtstaatlichen Schulbewegungen der Welt.

Es ist für Rudolf Steiners Arbeitsweise charakteristisch, daß er sich erst, nachdem ihm auf verschiedenen praktischen Gebieten bestimmte Fragen gestellt worden waren, dazu berechtigt fühlte, entsprechende Hinweise zu geben und dadurch auf so vielen verschiedenen Lebensbereichen ganz neue Forschungsperspektiven zu eröffnen. So ist es auf dem Gebiet der Künste wie der Naturwissenschaften gewesen, ja, auch die Eröffnung eines ganz neuen Initiationsweges ist auf diese Weise zustande gekommen.

Im Jahre 1919 – sechs Jahre vor seinem Tode – wurde Rudolf Steiner nun eine weitere derartige Initialfrage gestellt, die Frage, ob es möglich sei, durch eine Weiterentwicklung der Ideen, die in der synthetischen projektiven Geometrie zu finden sind, ein Gegengewicht zu den einseitigen atomistischen Wissenschaftstheorien zu bilden. Rudolf Steiner bejahte diese Möglichkeit sofort und gab erste Hinweise, in welche Richtung sich die entsprechende mathematische Forschung zu bewegen hätte. Er begann, auf die Idee von «polaren Räumen» aufmerksam zu machen, und sprach in diesem Zusammenhang auch von bestimmten Kräften, deren Wirkungsart jener solcher Kräfte, wie sie der mechanistischen Naturwissenschaft allein bekannt sind, entgegengesetzt ist. Zu der gewohnten Idee eines Erdenraumes fügte er die Idee eines kosmischen Raumtyps hinzu, nach dessen Gesetzen die Kräfte des *Lebens* wirksam seien. Er verwendete hierzu Ausdrücke wie «Ätherraum», «negativer Raum», «Sonnenraum», «Gegenraum» und forderte zur mathematischen Bestimmung eines solchen «polar-reziproken Raumes» und der in ihm wirkenden Kräfte auf.

Vielleicht würden Rudolf Steiners diesbezügliche Ideen heute durch die Verwendung anderer Ausdrücke besser verstanden, doch die folgenden Ausführungen werden unter anderem gerade die Aufgabe haben, uns über das bloß terminologische und rein theoretische Feld zu erheben, um uns einen Wirklichkeitsbereich betreten zu lassen, der sich nicht in abstrakt-mathematischen Ideen erschöpft, sondern auch bestimmte grundlegende intuitive Erfahrungen umschließt.

Pionierarbeit auf diesem Felde mathematischer Forschung leisteten George Adams Kaufmann (1894—1963) und — einige Jahre nach ihm — der Schweizer Mathematiker Louis Locher-Ernst (1906—1962). Diesen beiden Pionieren sind andere nachgefolgt, unter anderen als ein diesen Ideenrichtungen treuester Freund Georg Unger, der als Nachfolger von Locher-Ernst seit vielen Jahren die Mathematisch- Astronomische Sektion am Goetheanum in Dornach leitet.

Wenn die Gedanken eines in der heutigen Welt bekannten Wissenschaftlers einmal bis zu einem gewissen Grade anerkannt sind, kann er es sich leisten, für viele Leser nur schwer zugängliche Themen auch in einem populären Stil zur Sprache zu bringen oder von anderen zur Sprache bringen zu lassen. In einer Wissenschaftsrichtung aber, die aus der Anthroposophie herausgewachsen ist, muß man die größte Sorgfalt walten lassen, damit die Grenzlinien zwischen einer solchen Wissenschaftsrichtung und demjenigen, was als «Pseudo-Wissenschaft» eingestuft werden könnte, nicht verwischt werden und falsche Eindrücke entstehen können. Anthroposophie ist auf klares Denken gebaut und nicht auf vagen Mystizismus oder breitgetretene Dogmen; in diesem Sinne allein ist sie etwas wirklich Modernes.

Der materialistische Reduktionismus ist eine notwendige Phase innerhalb der Wissenschaft; er ist eine Denkweise, die sich in wirksamer Weise mit dem *bereits Geschaffenen* auseinandersetzt, besonders auf dem Gebiet der anorganischen Natur. Heute wirft aber die Erforschung von lebendigen Organismen wesentliche Probleme auf, etwa das Problem der «Organisation» in der Biologie, aber auch auf anderen Lebensbereichen, so daß im Zusammenhang mit den *schöpferischen Lebensprozessen* selbst oder mit dem Ursprung des Lebendigen ganz bestimmte Fragen auftauchen. Wo sind die Grenzen der heutigen Naturwissenschaft? Mit dieser Frage sieht sich die Naturwissenschaft selbst an eine Schwelle gestellt.

Rudolf Steiner zeigt, wie diese Schwelle mit zeitgemäßen Erkenntnismethoden überschritten werden kann. Er verneint den Materialismus nicht, sondern zeigt, wie man über ihn hinausgelangen und doch zugleich die Exaktheit und Gedankenklarheit beibehalten kann, auf denen die rein materialistische Denkweise basiert. Diese Denkweise stellt selbst eine bestimmte notwendige Stufe innerhalb der menschlichen Bewußtseinsentwicklung dar. Sie hat dem Menschen den wesentlichen Schritt ermöglicht, durch Mikroskop und

George Adams Kaufmann
(1894–1963)

Louis Locher-Ernst (1906–1962)

Georg Unger (geb. 1909)

Teleskop die Naturerscheinung zu beobachten und ihn dadurch in naturwissenschaftlichen oder medizinischen Laboratorien, ja überhaupt innerhalb des gesamten äußeren Naturdaseins, zu ungeheuer glanzvollen Leistungen geführt.

Die Mathematik wird als Magd einer solchen Wissenschaft benützt, doch eigentlich ist sie eine *Kunst*, und wie alle Künste steht sie mit tiefen Wahrheiten des menschlichen Daseins im Zusammenhang. Im künstlerischen Sinne ist sie ein Ausdrucksmittel, das im sinnlichkeitsfreien Denken seinen Ursprung hat. Eine ihrer vielen Ausdrucksformen ist die Geometrie, und gerade auf diesem Gebiete kann ihre innere Verwandtschaft mit dem *imaginativen Erkennen* hervortreten, wie Rudolf Steiner die nächsthöhere Erkenntnisart nennt, die auch das Lebendige zu erkennen vermag.

Auf den folgenden Seiten findet man viele verschiedene Gebiete berührt, zumeist ohne nähere systematische Entwicklung. Es sollen dadurch konkrete Vorstellungen von den vielfältigen Anwendungsmöglichkeiten vermittelt werden, die den neuen Formen der sogenannten «geometrischen Imagination» innewohnen. Vieles davon müßte in weiteren Forschungen in exakter Weise ausgearbeitet werden. Und so sei an dieser Stelle der spezifisch wissenschaftlich geschulte Leser noch einmal auf die bereits vorhandenen anderweitigen Publikationen zu unserem Themenkreis verwiesen. Das vorliegende Buch möchte in erster Linie die umfassende Idee der Polarität und ihre Fruchtbarkeit für viele Wissenschafts- und Lebensbereiche in allgemeinverständlicher Art darlegen. Ein tieferes Eindringen in diese Zentralidee könnte die heute noch vielerorts vorherrschende einseitige analytische und mechanistische Auffassung des Weltalls in wirksamer Art ergänzen.

Vielen Freunden habe ich für unentbehrliche Hilfeleistung zu danken: für geistige Anregungen, aber auch für praktischen Beistand, insbesondere für die finanziellen Beiträge, die die vorliegende Buchausgabe zu einem auch für Studenten erschwinglichen Preis ermöglicht haben. Namentlich möchte ich Thomas Meyer danken, der mit Enthusiasmus die deutsche Übersetzung begonnen hat, bevor noch die englische Originalfassung endgültig vorlag.

Ostern 1989   *Olive Whicher*

I. Ein individueller Weg

Die Suche nach einem Ausweg aus dem Materialismus ist in den vergangenen Jahrzehnten immer drängender und lautstärker geworden. In den Worten von Christopher Fry haben die Geschehnisse «Seelengröße» erlangt, und der Ruf nach einem Erwachen «um des Mitleids willen» dringt immer tiefer in Menschenherzen ein. In vielen Menschen erwacht gleichzeitig auch die Frage, ob die moderne Wissenschaft die richtige Route verfolge. In immer dramatischeren Farben erzählen menschliche Einzelschicksale von den inneren Kämpfen zur Überwindung der modernen Lebensleerheit; für manche Menschen ist dieser Kampf schon in frühen Jugend- oder Kindheitstagen zu einer Angelegenheit geworden, die über Leben und Tod entscheidet.

Ich selbst habe in einer glücklichen und wohlbehüteten Umgebung eine weit weniger dramatische, wiewohl entscheidende Kindheits- und Jugendzeit verbracht. Der Garten meiner Kindheitstage lag in einer wundervollen englischen Landschaft, und in geheimnisvoller Weise schien er von Elementarwesen bevölkert . . . Als ich eines Abends bei einem einsamen Spaziergang dem Widerhall meiner Schritte auf dem Granitpflaster lauschte, während die Sterne am Abendhimmel leuchteten, fühlte ich mit unmittelbarer Gewißheit, daß die Sterne und ich selbst und die ganze Erde zusammengehören – daß alles *eins* war.

Später, in der Phase des Zweifelns, überfiel mich eines Tages wie ein Blitz aus heiterem Himmel die Frage: Wie, wenn hinter den wunderschönen Kühen auf einer grünen Weide nichts mehr wäre? Wie, wenn mein atheistischer Freund recht hätte und es *wirklich keinen Gott gäbe*! – Einfach zu *glauben*, was andere mir erzählten – damit konnte ich mich nicht mehr begnügen; es mußte eine Möglichkeit geben, solche Fragen durch die Erkenntnis zu entscheiden!

Das Leben schenkte mir reichlich Gelegenheit, solchen inneren Fragen nachzugehen, und führte mich in mancherlei Richtungen und in mehrere europäische Länder. Dann betrat ich eines Abends – es war an einem wunderschönen Sonntag im Frühling – beinahe unvermerkt ein Gebäude, das mir früher nie aufgefallen war, obwohl ich seit früher Kindheit bei vielen Besuchen auf dem Dach eines Londoner Busses öfter an ihm vorbeigefahren war. Es war das Rudolf Steiner House in London. Kurz nachdem ich das Gebäude betreten hatte, begann einer von Rudolf Steiners frühen Schülern und kämpferischen Mitarbeitern, Walter Johannes Stein, mit dem ersten Vortrag einer Reihe von insgesamt vier Vorträgen, die sich in wöchentlichem Abstand folgten; Stein sprach an jenem Abend über das Mineralreich, die folgenden Wochen über das Pflanzenreich, das Tierreich und schließlich über den Menschen. Ich hörte wie gebannt zu. Warum hatte ich von diesen

Dingen früher nie gehört? Alles kam mir so vertraut und selbstverständlich vor, und doch war es vollkommen neu. Zum erstenmal traten mir hier Bereiche, denen ich bisher nur im Zusammenhang mit religiösen Offenbarungen begegnet war, in Ideenform entgegen. Diese Ideen hatten nichts Vages oder Mystisches an sich; Religiosität und Wissenschaftlichkeit schienen hier in Form des klaren Denkens völlig miteinander zu verschmelzen.

Endlich hatte ich gefunden, wonach ich gesucht hatte, und so verwandelte sich der große Vortragssaal in ein riesiges Portal, durch welches ich eben die ersten Schritte unternahm – auf einen vollkommen neuen Lebensabschnitt zu.

Während ich Rudolf Steiners «Geheimwissenschaft» studierte und weitere Vorträge besuchte, hatte ich immerfort das Gefühl, eine mir bekannte Welt zu entdecken und doch auch wieder eine Welt, die noch zu entdecken war. So stand ich zu dieser Zeit am Ausgangspunkt des Weges, zu dem mich mein inneres Suchen geführt hatte. Neben W. J. Stein wirkten in England auch viele andere Menschen, die Rudolf Steiner noch gekannt und mit ihm zusammengearbeitet hatten, bis er vor damals zehn Jahren verstorben war. Zu ihnen gehörte auch D. N. Dunlop, einer von Rudolf Steiners engsten Freunden und Mitarbeitern.

Einige Monate später, im Mai 1935, lernte ich George Adams Kaufmann kennen; eine lebenslange Arbeitsfreundschaft sollte mich mit ihm verbinden. In dieselbe Zeit fiel auch der Tod von D. N. Dunlop, der damals Vorsitzender der Anthroposophischen Gesellschaft in Großbritannien war; seine Kremationsfeier war der erste soziale Anlaß, den ich im Rahmen der Anthroposophischen Gesellschaft miterlebte. Es war eine unvergeßliche Feier, bei der von seinen vielen Freunden unter anderen Willem Zeylmans van Emmichoven aus Holland sowie George Adams Kaufmann als Vertreter der englischen Mitglieder das Wort ergriffen.

Die Jahre bis zum Kriegsausbruch waren eine reiche und arbeitserfüllte Zeit. Ich hatte Gelegenheit, in London sowie auf dem Kontinent die neue Bewegungskunst der Eurythmie kennenzulernen und mich auch im Malen, Plastizieren, Schnitzen sowie in der dramatischen Kunst auszubilden. Mehrere Menschen, die noch mit Rudolf Steiner zusammengearbeitet hatten, übersiedelten nach England, und viele andere kamen besuchsweise herüber. Ita Wegman, die Mitbegründerin der bahnbrechenden medizinischen Arbeit, und Elisabeth Vreede, die die Mathematisch-Astronomische Sektion am Goetheanum führte, weilten öfter bei uns zu Gast.

Unter den vielen Vorträgen und Kursen waren auch George Adams Kaufmanns Kurse in projektiver (synthetischer) Geometrie. Schon zur Schulzeit hatte ich mich gerne mit euklidischer Geometrie beschäftigt; ich liebte das Gefühl der Sicherheit, das sie verlieh, und auch die vielen Gelegenheiten, sich an Beweisen zu versuchen. Nun begann sich mir die Geometrie in einem ganz neuen Gewande zu zeigen, und die Denkbeweglichkeit und die ihr eigene Qualität der Gedankenbildung, die sie forderte und die ich durch diese Kurse kennenlernte, erwiesen sich für mein Bestreben, Rudolf Steiners immenses Lebenswerk zu verstehen, als außerordentlich hilfreich.

Während ich mich in die Anthroposophie einarbeitete und gleichzeitig die wissenschaftlichen Aufgabenstellungen und Hinweise kennenlernte, die Rudolf Steiner gegeben hatte, wurde mir immer deutlicher, daß diese neuen geometrischen Begriffe als klare Richtlinien zur Ausbildung einer völlig neuen Denkweise dienen konnten. So sehr mir die alten, wohlerprobten euklidischen Begriffe, die mir soviel Freude bereitet hatten, ein starkes Gefühl der Sicherheit verliehen, so sehr bildeten diese neuen geometrischen Ideen für mich nun die Grundlage für einen ebenso gut und sicher begehbaren Weg; es konnten alte, vertraute Gedanken und Vorstellungen in vollkommen neue Ideengebilde umgewandelt werden. Außerdem ließen die praktischen Übungen schöne Zeichnungen entstehen, die mir ganz neue und schwierige Ideen leichter zu verstehen und zu behalten halfen — auch solche Ideen, die mir auf dem weiten Felde der Anthroposophie entgegentraten. In klarer Weise führte der neue geometrische Weg über den Bereich bloß äußerer Formen wie über jenen rein innerlichen Theoretisierens hinaus. Eine wahre Lebensaufgabe stand vor mir, und ich zögerte nicht, sie unverzüglich in Angriff zu nehmen.

Obwohl ich während der Schule auch an Algebra Freude gehabt hatte, waren meine algebraischen Kenntnisse nicht allzuweit gediehen; nun aber begann ich, das algebraische Gebiet mit voller Absicht gänzlich zu meiden. Darin wurde ich von meinem Lehrer bestärkt, der die Fähigkeit besaß, die abstrakten wissenschaftlichen und mathematischen Methoden hinter sich zu lassen und die imaginative Qualität der neuen «Geometrie» in den Vordergrund zu rücken. Wie er selbst zu sagen pflegte, bestand die Aufgabe in der Befreiung und Wiederbelebung der verzauberten schönen Prinzessin, die hinter einem Dickicht von schwer durchdringbaren Abstraktionen verborgen lag und bis zu einem gewissen Grade auch heute noch verborgen liegt.

In George Adams' (da er Engländer war, ließ er das *Kaufmann* während des zweiten Weltkrieges weg) erstem Werk «Strahlende Weltgestaltung» und in dem späteren Werk «The Plant between Sun and Earth» erschienen erstmalig genaue graphische Illustrationen von mathematischen Phänomenen, die in den klassischen Lehrbüchern nur mit wenigen Diagrammen und meistens ausschließlich vom algebraischen Gesichtspunkt aus dargestellt wurden. Die Algebra ist tatsächlich ein außerordentlich nützliches und unentbehrliches Instrument, und sie kann einem Mathematiker sogar ein ästhetisches Erlebnis vermitteln. Doch wenn George Adams ein geometrisches Problem auf imaginative Weise nicht zu lösen vermochte, so pflegte er scherzhaft zu sagen, nun müßte er es «durch den Fleischwolf pressen» und es auf algebraische Weise lösen. Es war dies jedoch stets sein letztes Zufluchtsmittel, und nur widerwillig machte er von ihm Gebrauch. Es ist gewiß ein Mangel, wenn man nicht auch einen Fleischwolf zu handhaben versteht; die Ausbildung eines beweglichen und doch exakten imaginativen Denkens ist jedoch von weit größerer Bedeutung, ja, sie ist sogar absolut unerläßlich, wenn die Prinzessin ihre ganze imaginative Schönheit zur Erscheinung bringen soll.

In den Jahren, die auf Rudolf Steiners Tod folgten, setzten die Künstler und Wissenschaftler, die auf den verschiedensten Gebieten seine Anregungen aufgenommen und mit ihm zusammengearbeitet hatten, ihre Arbeit unentwegt fort. Besonders konnte man in dieser Zeit unter den Händen von Ita Wegman die medizinische Arbeit aufblühen sehen.

In seinem 1934 erschienenen, bereits erwähnten Werk «Strahlende Weltgestaltung» — es wurde von ihm auf deutsch verfaßt und enthält eine Fülle von Abbildungen — brachte Adams die ganze Schönheit der synthetischen Geometrie zum Ausdruck und stellte ihre Beziehung zur historischen Entwicklung der Kunst sowie zum gedankendurchdrungenen neuzeitlichen Bewußtsein dar, wobei er diese Themen von anthroposophischen Gesichtspunkten aus beleuchtete. Ein zweiter Band hätte dem ersten eigentlich folgen sollen; in diesem wären die Ideen der Polarität und der sogenannten polar-reziproken Räume und Kräfte weiter ausgearbeitet worden. Doch die Geschicke der anthroposophischen Bewegung nach Rudolf Steiners Tod verunmöglichten die Niederschrift dieses geplanten zweiten Bandes. Allerdings wurde im Jahre 1933 eine Art reduzierter Entwurf zu diesem Band veröffentlicht; er erschien gleichzeitig auf englisch und auf deutsch in Form eines längeren Artikels in den beiden damals existierenden anthroposophischen Zeitschriften. Die Arbeit kam kurz nach Adams' Tod unter den Titeln «Physical and Ethereal Spaces» respektive «Von dem Ätherischen Raume» in Buchform heraus.

Unabhängig von George Adams kam etwas später auch Louis Locher-Ernst zur selben mathematischen Lösung von Rudolf Steiners Idee des Gegenraumes; im Jahre 1940 veröffentlichte er sein Buch «Projektive Geometrie»; 1951 erschien sein Buch «Raum und Gegenraum». Adams erweiterte seine grundlegende Ideenskizze «Von dem Ätherischen Raume» in dem von uns beiden gemeinsam verfaßten Werk «The Plant between Sun and Earth», welches für ihn sozusagen die Stelle des ungeschriebenen zweiten Bandes von «Strahlende Weltgestaltung» einnahm.

In der elementaren Behandlungsart des Themas, wie sie in diesem Buch gegeben werden soll, habe ich die Ideen der höheren Mathematik, die für eine wissenschaftliche Bearbeitung des Themenkreises unabdingbar sind, naturgemäß beiseite lassen müssen. So müßte beispielsweise auch das Reich der imaginären Zahlen[4] in die Betrachtung einbezogen werden, doch selbst in dem erwähnten Buch über die Pflanze mußte dieser mathematische Aspekt auf ein Minimum reduziert werden. Der interessierte Leser mag sich hier weiteren Werken, auch anderer Autoren, zuwenden.

Ich selbst beschränke mich im vorliegenden Buche auf den Versuch, die Dornenhecke, von der die schöne Prinzessin umgeben ist, noch mehr freizulegen, so daß diese verzauberte Schönheit in bildhafter Form und in der Form allgemein-menschlichen Erlebens zu uns sprechen kann.

Im Zusammenklang mit der Entwicklungsgeschichte der Mathematik ist die Menschheit auf der Suche nach dem Leben in die Tiefen der Erde hinabgeführt worden, doch hat der Gang der Menschheitsentwicklung bereits wieder begonnen hinaufzuführen. Und die Kunst der Mathematik, welche die absteigende Entwicklung beleuchtet hat, kann auch wiederum Licht werfen auf den aufwärtsführenden Entwicklungsgang.

II. Auf der Suche nach verlorenen Welten

«It is no exaggeration to say that the future of civilization
depends on the degree to which we can balance the forces
of science and religion.»   *A. N. Whitehead, 1925*

Eines Tages spielte ein kleiner Junge neben einem Bergbach. Der Vierjährige machte mit
seinen Eltern am Bach gerade eine kurze Rast. Er spielte mit den Blumen, die auf der Wiese
wuchsen; ganz eingesponnen in seine eigene Welt, pflückte er sie und verpflanzte sie dann
in den feuchten, weichen Erdgrund am Rande des Wassers, um einen «Garten» zu
machen. Das Sonnenlicht sickerte durch die Bäume, und das Wasser sang im Vorbeihüp-
fen fröhliche Melodien.

Es wuchsen viele Vergißmeinnicht auf der Wiese, und der Knabe mußte sie immer
wieder von neuem betrachten. Er betastete ihre zarten grünen Stiele und Blätter und sah die
ringförmig angeordneten wunderbaren Blumenblätter, den kleinen gelben Kreis darin und
mitten im Kreise, exakt im Zentrum der Blüte, das kleine Loch, ganz schwarz im Innern.

Der Junge fühlte sich vom kleinen runden schwarzen Loch im Herzen der Vergißmeinnicht wie magisch angezogen. Er hielt eine der Blumen in der Hand und spähte in das
kleine Loch hinein. Und plötzlich war er drinnen! Er war durch die winzige Öffnung in
eine andere Welt geschlüpft! Er fühlte sich ganz von Licht und Farben umgeben, und er
empfand dabei ein großes Glücksgefühl voller Frieden. Nach einer Weile schlüpfte er
wieder in die Welt zurück, in der seine Eltern ruhig am Ufer des Bachs saßen.

Für eine lange Zeit, wie ihm schien, spielte er mit den Vergißmeinnicht weiter, indem er
durch das kleine Loch in die wunderbare Welt hineinschlüpfte und ganz nach Belieben
wieder herauskam, in einem Hin und Her zwischen den beiden Welten – bis er schließlich
von seinen Eltern gerufen wurde und sich die Familie wieder auf den Weg machte.

Es sollte ein unvergeßliches Erlebnis bleiben; sein Zauber und seine Lichtfülle verblaß-
ten auch im späteren Leben nie; immer wieder konnte er es später – auch in Zeiten, als das
Leben schwer, düster und freudlos wurde – in deutlicher Art in Erinnerung rufen; und selbst
noch die Erinnerung an dieses Erlebnis war stets von dem unaussprechlichen Freude- und
Glücksgefühl begleitet, das er damals empfunden hatte.

Diese Geschichte hat sich wirklich abgespielt. Am Ende des Zweiten Weltkriegs kehrte
ein etwa 28jähriger, inzwischen verheirateter Mann, dessen Studien durch den Krieg
unterbrochen worden waren, zur Universität zurück, mit der Absicht, in Mathematik zu
promovieren. Während der Semesterferien besuchte er einen Kurs über «Projektive Geometrie und die Wissenschaft vom physischen und ätherischen Raume», der von George
Adams in Stuttgart geleitet wurde. Adams nahm während dieses Kurses im Zusammenhang
mit Goethes Schrift «Die Metamorphose der Pflanzen» einerseits auf die Pflanzenwelt und

andererseits auf Rudolf Steiners Darstellung der Ätherwelt bezug, und zwar ging er dabei von der synthetischen projektiven Geometrie aus, die auch die Morphologie auf eine ganz neue Grundlage stellt.

Nach dem Kurs erzählte mir der junge Mann aus Dankbarkeit für die vorgebrachten Ideen das oben geschilderte Kindheitserlebnis. Nun habe er in der Klarheit und Objektivität mathematischer Gedanken eine wissenschaftliche Bestätigung für die geistige Realität seiner Erlebnisse gefunden, die er bis dahin, trotz der Intensität, mit der sie aufgetreten waren, als bloße Kindheitsphantasien glaubte betrachten zu müssen. «Jetzt weiß ich», so stellte er fest, «daß mein Kindheitserlebnis einer wissenschaftlichen Wahrheit entspricht.»

Wie viele Jugenderlebnisse reichen in ähnlicher Art über die nüchterne Alltagsrealität hinaus und beziehen sich in Wirklichkeit auf eine Welt, die über der uns bekannten nur ein klein wenig hinauszuliegen scheint, wenn sie nicht sogar bereits in ihr verborgen liegt... Auch Dichtungen, Märchen und Träume künden von dieser anderen Welt.

Wie der einzelne Mensch in die Welt seiner Kindheitserinnerung zurückzublicken vermag, so kann auch die ganze heutige Menschheit auf dem fernen Hintergrund der Gegenwart ein versunkenes goldenes Zeitalter erahnen – eine längst vergangene Zeit, in der die Menschheit noch nicht in den Staub und Tumult des modernen Materialismus hinabgestiegen war. Wie das Kind im Laufe seiner Entwicklung allmählich aus einer Traumwelt herauswächst und in das grelle Licht der «Alltagsnormalität» hinaustritt, so streift auch die ganze Menschheit im Zeitalter der Wissenschaftlichkeit gleichsam alles Dichterische und Religiöse ab, um die äußere, materielle Seite des Daseins scharf ins Auge zu fassen.

Dies ist auch vollkommen berechtigt, insofern dasjenige, was von religiösen Überlieferungen heute noch übrig ist, zumeist aus leeren Phrasen besteht, die ausschließlich an den Glauben appellieren. Denn unsere Zeit hat wirklich die Aufgabe, über das bloße Glauben hinauszugehen und in bezug auf die Gegenstände dieses Glaubens wieder anzufangen zu wissen. Wir müssen zu jener längst verlorenen Erfahrungswelt zwar erneut den Zugang finden, *aber ohne* die hart errungenen Stand- und Stützpunkte der rein irdisch ausgerichteten Bewußtseinsverfassung wieder zu verlieren. Diese Bewußtseinsverfassung besteht heute in einem voll entwickelten Wach- oder Tagesbewußtsein; sie stützt sich auf die Sinne sowie das klare Denken, wie es der Mechanik und der Physik zugrunde liegt.

Sich von der Wissenschaft abzuwenden – wie materialistisch sie auch sein mag –, um aus schönen Bildern und Überlieferungen aus vergangenen Zeiten Trost und Erleichterung zu schöpfen, hieße, sich wieder in Schlaf fallen zu lassen; es würde keine Früchte bringen. Die Aufgabe besteht vielmehr darin, mit aller Kraft die traditionellen Bilder und Weistümer in solcher Art wiederum zum Leben zu erwecken, daß sie nicht nur als schön, sondern auch als *wahr* empfunden werden können. Dann erst werden wir als Individuen *wissen* und uns nicht mehr auf blinden Glauben verlassen. Erst dadurch wird sich die Wissenschaft im umfassenden Sinne verwirklichen.

Zu allen Zeiten hat es Wege zu spirituellen Erfahrungen gegeben; und auch heute können solche Wege gefunden werden. Mit dem Unterschied allerdings, daß der Ausgangspunkt einer zeitgemäßen Suche nach dem Spirituellen mitten in den Trümmern einer verfallenen Zitadelle liegt. Denn für die moderne materialistische Naturwissenschaft – das heißt für den ehrlichen Denker innerhalb dieser Wissenschaft – kann kein Geist existieren und ist die Seele ein ziemlich rätselhaftes Attribut des physischen Leibes. Niemand kann dagegen die Gegenwart des Lebendigen bestreiten. Was *ist* Leben, und wo kommt es her?

Mitten in den Trümmern wird die Suche fortgesetzt. Im dritten und vierten Jahrzehnt des 19. Jahrhunderts empfing die neu entstehende Histologie (Gewebslehre) ihren entscheidenden Anstoß von Schwanns Theorie, daß die Zellen die Grundlage aller Tier- und Pflanzenbildung seien. Diese Theorie lehrt, daß die Zellen die «Backsteine» aller Lebensformen seien; doch trotz der intensiven Forschungen auf dem Felde der Mikroanatomie gibt es bis heute keine klare Antwort auf die Frage, wie das Leben selbst ursprünglich entsteht oder wie sich die Zellanordnung (zu organischen Gebilden) in so wunderbarer Art vollziehen kann.

Die Frage ist, ob sich diese Forschungen in der rechten Richtung bewegen. Denn man kann heute immerhin schon führenden Biologen begegnen, die, nicht nur privat, sondern immer häufiger auch ganz öffentlich, die Ansicht äußern, die Biologie brauche ganz neue Ideen.

Der materialistische Physiologe, der sich ausschließlich darauf beschränkt zu untersuchen, was in den Substanzen des Körpers vor sich geht, wird von Rudolf Steiner einmal mit einem Wesen verglichen, das beim Anblick von Fußspuren auf der Erdoberfläche anfangen würde, unter die Spuren hinunterzugraben, um herauszufinden, wodurch sie verursacht werden. In derselben Weise untersucht ein solcher Physiologe auch die Vorgänge innerhalb der Materie, ohne auf den Gedanken zu kommen, deren Ursache könnte in einem ganz anderen Bereiche gefunden werden (Vortrag in Dornach, 21. November 1914).

Heute macht die Forschung mit Hilfe von ultramodernen Techniken umwälzende Fortschritte, zum Beispiel in bezug auf die Vorgänge, welche sich während der Bildung und Reifung der menschlichen Eizelle abspielen. In diesem Spezialbezirk der Physiologie werden wie nie zuvor in der gesamten Menschheitsgeschichte zahllose Einzelphänomene enthüllt. Diese Leistungen können uns nur Respekt und Bewunderung abgewinnen. Dennoch bleibt die Frage nach dem Ursprung bestimmter Zellen im Organismus nach wie vor ungeklärt – ganz zu schweigen vom Ursprung des Lebens selbst.

Im Gegensatz zu einer solchen Forschungstendenz hatte bereits Goethe in seinen Untersuchungen der Naturformen – er prägte dafür den Ausdruck *Morphologie* – einen ganz anderen Weg eingeschlagen: Er ging vom Ganzen aus und nicht vom Teil. So betrachtete er in seinen botanischen Studien die *gesamte Folge* der verschiedenen Phasen der Pflanzenentwicklung vom Samen bis wieder zum Samen und berücksichtigte dabei auch die Rolle der Umgebung. Auf diese Weise gelangte er zur Einsicht in ein höheres Prinzip, welches die verschiedenen äußeren Manifestationen der Pflanzengestalt und des Lebendigen regelt oder lenkt. Er nannte dieses Prinzip die *Urpflanze* und sah in ihr eine die einzelne Pflanze wie auch das gesamte Pflanzenreich überschwebende und durchdringend wirkende Idee.

Während Linné, der andere bedeutende Botaniker der damaligen Zeit, die Pflanzen aufgrund der räumlichen Anordnung und Struktur ihrer Blüten ordnete und klassifizierte – also aufgrund der *geschaffenen* Formen –, entschied sich Goethe, der Linnés Arbeiten mit starker Anteilnahme verfolgte, für eine andere Betrachtungsweise; sie ermöglichte ihm, in den *schöpferischen Gestaltungsprozeß* selbst einzudringen.

«Vorwärts und rückwärts ist alles nur Blatt» sagt Goethe; und mit «Blatt» meint er einen ideellen *Typus*: Man könnte ihn auch als das Prinzip bezeichnen, durch dessen Potential oder Fähigkeit der Formverwandlung die verschiedenen Pflanzen und Pflanzenorgane äußerlich in Erscheinung treten.

Von den Phänomenen ausgehend, bemühte sich Goethe also um ein Verständnis des eigentlichen Gestaltungsprinzipes. Auf diesem Wege kam er allerdings nur bis zu einem bestimmten Punkt; das von ihm Begonnene mußte fortgesetzt werden. Eine solche Fortsetzung wurde durch Rudolf Steiners Anschauung der Welt der *ätherischen Bildekräfte* in der Tat vollzogen, doch auch diese Anschauung bedurfte der von ihm angeregten Ausarbeitung, wollte sie den Fragestellungen der modernen Biologie gerecht werden (Vortrag in Dornach, 6. April 1921).

Die ätherische Welt – ein Reich, durch welches kosmische Bildekräfte wirken – ist der instinktiven Weisheit uralter Vergangenheiten seit jeher bekannt gewesen. Heute aber muß dieses Ätherreich als Leitidee und gültiges Prinzip in die Naturwissenschaft eingeführt werden. Denn der physisch-materielle Körper einer lebenden Form, welcher mit Hilfe der physischen Sinne untersucht werden kann, ist – wie Rudolf Steiners Geisteswissenschaft zeigt – von übersinnlichen Gliedern durchdrungen, die in den östlichen Traditionen ihre entsprechenden Bezeichnungen gefunden haben. Rudolf Steiner nennt sie den Äther- oder Lebensleib, den Astralleib (Sitz der Empfindungen und Gefühle) und das Ich, das heißt die geistige Individualität. Pflanzen werden von einer ätherischen Welt durchdrungen, Tiere von einem Äther- und einem Astralleib, der Mensch sowohl von einem Äther- und einem Astralleib wie auch von einem individuellen Ich- oder Geistwesen.

Die Abneigung des materialistischen Naturwissenschaftlers gegenüber Ideen dieser Art ist vollauf verständlich, da die heutige Naturwissenschaft zugegebenermaßen auf die *analytische* und *quantitative Methode* der Substanzuntersuchung abstellt, und sei das betreffende Substantielle noch so fein. Diese analytische Methode hat in der Physik zur Idee unendlich kleiner Welten von Atomen und deren Teilchen, auf biologischer Ebene zur Idee der Zelle mit ihren kleinsten Bestandteilen geführt. Jedes Partikelchen ist, insofern es substantieller Natur ist, zu einem größeren oder geringeren Grade dem Gesetz der Schwerkraft und anderen physikalischen Gesetzen unterworfen.

In Wirklichkeit aber unterliegt lediglich der *tote physisch-materielle Körper* den bekannten physikalischen Gesetzen: Der Leichnam bleibt regungslos, wenn Leben, Seele und Geist aus ihm herausgetreten sind. Der Ätherleib dagegen ist Gesetzen ganz anderer Art unterworfen, und nur kraft dieser Gesetze des Ätherleibes können auch die astralischen und die Ich-Kräfte in den physischen Körper hineinwirken, denn auch diese sind ja übersinnlicher Art und nicht an die Gesetze der physischen Welt gebunden.

Dies mögen ungewöhnliche Gedanken sein; doch das größte Hindernis, das auf dem Wege zu ihrer allgemeinen Anerkennung überwunden werden muß, ist die vorwiegend räumlich geprägte Denkweise, die uns seit den Tagen Euklids begleitet hat. Die euklidische Geometrie brachte uns in Form abstrakter Gedanken die Gesetze des physischen Raumes zum Bewußtsein, in welchem sich alle materiellen Körper befinden. Diese Geometrie hat dem Menschen das tief verwurzelte und wichtige Erlebnis vermittelt, mit beiden Beinen fest auf der Erde zu stehen. Doch sind andererseits auch Gefühle von überschäumender Vitalität oder reiner Daseinsfreude jedermann vertraute, allgemein-menschliche Erfahrungen. Und ferner können wir, wenn wir bei guter Gesundheit sind, ja tagtäglich erleben – gleichgültig, ob uns die Wissenschaft dafür eine befriedigende Erklärung liefert oder nicht –, wie wir unseren schweren Leib durch die Tür zu tragen vermögen; ein Erlebnis, für welches wir tiefe Dankbarkeit empfinden können.

Es ist noch nicht sehr tief ins allgemeine Bewußtsein gedrungen, daß – im Kontrast zur euklidischen Geometrie, die das mathematische Fundament für die Begriffe des physischen Raumes und die in diesem geltende klassische Mechanik liefert – die sogenannte projektive oder synthetische Geometrie einen ebenso klaren begrifflichen Zugang zu deren polaren Gegenspielern ermöglicht: zu einer Welt ätherischer Kräfte, deren Gesetzmäßigkeiten alle materiellen lebenden Substanzen durchdringen.

Rudolf Steiner forderte die Naturwissenschaftler und ganz besonders die Mathematiker unter seinen Zuhörern dazu auf, klare Ideen von jenen Kräften auszubilden, die mit dem ätherischen Raum oder dem *Gegenraum*, wie er ihn auch nannte, im Zusammenhang stehen; er charakterisierte diese Kräfte als polare Gegenkräfte zu den heute bekannten mechanischen Kräften. Und er sah im Übergang vom analytischen zum synthetischen Aspekt der Mathematik etwas Bedeutsames für die Wissenschaft, insofern dieser Übergang in seinem Sinne «um genau dasselbe innere Erlebnis, das man hat, wenn man aufsteigt von dem gewöhnlichen Verstandesbegriff ... *zu dem Imaginativen*». Gleichzeitig warnt Rudolf Steiner davor, dieses neue mathematisch-geometrische Gebiet «in dem engen Sinne zu fassen, in dem es noch heute vielfach gefaßt wird», nämlich im rein quantitativen Sinne (Dornach, 5. April 1921).

Schon Goethe hatte sich den abstrakt-quantitativen Aspekt der Mathematik vom Leibe gehalten, denn es interessierten ihn vor allem die *Qualitäten*. Dies war auch Rudolf Steiners Gesichtspunkt; er erkannte, wie die neue mathematisch-geometrische Erschließung der Morphologie ganz neue qualitative Gedankenbildungen inspirieren kann.

So wie nur lange und hingebungsvolle Übung – oder eine geniale Begabung – ein Kunstwerk hervorbringen kann, so verhält es sich auch mit der Umwandlung der Naturwissenschaft und ihrer Weiterentwicklung über ihre heutige materialistische Phase hinaus. Die Physik hat sich seit Descartes' Zeit in den Bahnen der euklidischen Denkweise fortbewegt, insofern sie alle ihre Schritte auf *die Idee des Punktuellen* gebaut hat. Die Physik ist gleichsam eingetaucht in den *Punkt* – in das Physisch-Substantielle – und ist auf diesem Wege bei den unendlich kleinen Welten angekommen! Nun ist es an der Zeit, die Dinge ins Gleichgewicht zu bringen und auch die entsprechenden polaren Gegenbegriffe der *Ebene* und der *peripherischen* Raum- und Formqualitäten (im Gegensatz zu den zentrischen Qualitäten) zum Tragen zu bringen. Die Aufgabe besteht nicht darin, den Entdeckungen der Naturwissenschaft zu widersprechen; vielmehr sollen diese *ergänzt* werden, indem all die erstaunlichen, durch die modernen Forschungsmethoden zutage geförderten Fakten von neuen Gesichtspunkten aus betrachtet werden, welche der heutigen Wissenschaft ganz andere Dimensionen erschließen können. Natürlich wird man nicht sofort überall alle Antworten zur Hand haben, doch vielleicht können zunächst wenigstens die richtigen Fragen gestellt werden.

Durch ein umfassenderes Studium der Morphologie, wie es durch die neue Geometrie möglich wird, können die Naturphänomene mit der Zeit in einem ganz neuen Lichte betrachtet werden; und allmählich wird die Einsicht reifen, daß die Natur wirklich zweierlei Sprachen spricht: die Sprache aller *geschaffenen* Formen und zugleich die Sprache der Form-*Schöpfung*. Am leichtesten läßt sich dies bei der Pflanze beobachten, denn hier spricht – ohne die komplizierten Nebenklänge, die durch das Astralische oder durch das Ich hinzukommen – die Welt des *Ebenenhaften* eine besonders schlichte Sprache. Hat man einmal die Gedanken gebildet, mit welchen dies wahrgenommen wird (denn in der übersinnlichen Welt nehmen Gedanken wahr, wie Augen in der Sinnenwelt wahrnehmen), dann erscheint die Pflanze in den Worten Rudolf Steiners als eine «mit materieller Substanz ausgefüllte ätherische Form» (Dornach, 28. Juli 1922).

Denn neben den materiellen Formen, großen wie kleinen, welche die Erhabenheit wie die Zartheit des Irdischen offenbaren, gibt es auch die *Hohlräume, wo keine Materie ist*; wo die Materie zurückgehalten wird, um, gleichsam eine Art Opfer bringend, gewissermaßen Erwartungsräume zu bilden. Diese Hohlräume werden von Hüllen, Oberflächen und zarten Häutchen umhüllt, und sie sind die Wiege und der Ursprungsort des neuen, jungen Lebens. Es sind dies *ätherische Räume* – schweigsam und mütterlich-empfänglich. In solchen ätherischen Hohlräumen wartet bereits geschaffene Materie darauf, neue schöpferische Lebenskräfte aufzunehmen, um wieder neue Formen hervorbringen zu können. Ein fortwährender Rhythmus des Werdens und Vergehens waltet zwischen der Welt der geschaffenen Formen und dieser anderen ihr innewohnenden Welt ätherischer Räume und Kräfte. Doch auch die astralischen Kräfte brauchen diese ätherischen Hohlräume, und sogar das Geistige ist auf sie angewiesen, soll es Materielles oder Substantielles durchdringen können.

In der spirituellen Aktivität des Denkens und Meditierens lernt der Mensch allmählich diese stillen, inneren Räume finden, in denen nicht der Schlaf, sondern ein vitales intensives Bewußtsein waltet – allerdings ist in einem solchen Leerraum alle Weisheit der Welt zu opfern, soll Erleuchtung stattfinden. Und sie kann stattfinden, wenn das Herz rein genug ist. Darin besteht die Suche nach dem «nicht Ich, sondern der Christus in mir», wie sie dem heutigen, wachen Ich-Bewußtsein angemessen ist.

Rudolf Steiner prägte nicht nur den Begriff des *Gegenraumes* oder Sonnenraumes, sondern ging sogar so weit, die Sonne selbst als polaren Gegensatz der Erde zu bezeichnen. In Vorträgen vor Naturwissenschaftlern und Mathematikern schilderte er, welches Staunen einen modernen Naturwissenschaftler ergreifen müßte, würde er einmal wirklich ins Innere der Sonne gelangen!

Die Mysterien der Sonne sind die Mysterien des Heilens und des Lebens; es sind Mysterien der Zukunft. Die Sonne ist das makrokosmische Herz des Universums; es nimmt die geistig-schöpferischen Kräfte der Fixsterne und der Planeten in sich auf, doch nicht für sich selbst, sondern um diese Kräfte den Lebewesen auf Erden in Fülle zuzuströmen. Alle irdischen Lebensformen entstehen durch dieses Wechselspiel der beiden großen kosmischen Pole, Sonne und Erde, von denen der heutigen Wissenschaft nur *der eine* bekannt ist. Wir müssen diese Mysterien erkennen lernen, wenn wir mit neuen medizinischen und landwirtschaftlichen Methoden die Erde, wenn wir die kranken Gewässer und die kranke Menschheit heilen wollen.

Denn nicht in der materiellen Substanz beginnt das Leben; in Wirklichkeit ist das *Leben* das Primäre und nicht die Substanz, die aus den Lebensprozessen heraus überhaupt erst entsteht.

Die Pflanze ist wie der Mensch ein Mikrokosmos, der zwischen Sonne und Erde wächst. Und wenn wir beobachten, wie sich dieser Mikrokosmos nach oben hin entfaltet, *so können wir allmählich auch beobachten lernen*, wie diese Entfaltung in den dreidimensionalen Raum hinein sich an der Pflanze selbst von oben nach unten vollzieht und von den inneren, «intensiven» Organen Wachstumspunkt, Auge und Same aus bewirkt wird.

In ihrer Selbstlosigkeit beschenkt und ernährt die Pflanze den Menschen, die Tiere und den ganzen Erdenplaneten. Und in dieser Beziehung kann sie jedem Menschen zum leuchtenden Ideal werden, wie schon Schiller erkannt hatte, als er ausrief: «Suchst du das Höchste, das Größte? Die Pflanze kann es dich lehren./Was sie willenlos ist, sei du es wollend – das ist's.»

Klare und objektive Wissenschaft kann auch zu einem Verständnis von jenen Reichen führen, in denen die Quellen allen Lebens liegen, das von der Welt der Pflanzen und dadurch auch von unserem ganzen lebendigen Planeten, der Mutter Erde, in Empfang genommen wird. Dies ist keine sentimentale Träumerei, sondern ein zeitgemäßes Bestreben, klares und aktives Denken mit der Liebe zur gesamten Erscheinungswelt zu verbinden. Außerdem hat ein solches Bestreben auch einen gewissen sozialen Charakter, wie wir noch sehen werden.

Wir mögen noch einen langen Weg vor uns haben; doch die Einsicht, daß der Gedanke nicht nur Produkt des physischen Gehirns ist, sondern eine Kraft enthält, die «Berge versetzen» kann, wird den Mut stählen. Die Menschheit wird in der Zukunft das wahre Wesen der Sonne und ihrer Beziehung zur Erde erkennen lernen müssen. Denn das Mysterium der Sonne hängt zutiefst mit dem Mysterium des Christentums zusammen.

Am 27. Februar 1910 führte Rudolf Steiner in bezug auf das ätherische Wesen der Pflanzen in Köln das Folgende aus:

«Wie sehen wir jetzt zum Beispiel unseren Planeten? Die Erde wird von der Wissenschaft mechanisch, physisch, chemisch beschrieben . . . Doch jetzt stehen wir vor einer Umkehrung auf diesem Gebiete. Eine Anschauung wird heraufkommen, die die Erde nicht mehr aus lauter mineralischen Kräften, sondern aus Pflanzen-, das heißt ätherischen Kräften ableiten wird. Die Pflanze hat ihre Wurzeln nach dem Mittelpunkt der Erde gerichtet, ihr oberer Teil steht in einem Verhältnis zur Sonne. Das sind die Kräfte, die die Erde machen zu dem, was sie ist. Die Schwerkraft ist nur sekundär . . . Die Pflanzen geben dem Erdplaneten die Gestalt und geben dann noch die Substanz ab, aus der der mineralische Boden entsteht. Ein Anfang dieser Lehre wurde durch *Goethe* gegeben in seiner Pflanzenmorphologie. Aber er ist nicht verstanden worden. Dann wird man allmählich anfangen, das Ätherische zu schauen, weil es dasjenige ist, was charakteristisch für die Pflanzen ist.»

Und in bezug auf eine weitere Implikation dieses Schauens des Ätherischen fügt er hinzu:

«Die Wachstumskraft des Pflanzenreichs wird der Mensch in sich aufnehmen, dann befreit er sich von den Kräften, die ihn jetzt daran hindern, den Christus zu schauen . . . Noch in diesem Jahrhundert – und immer mehr Menschen in den nächsten zweieinhalb Jahrtausenden – werden Menschen dazu kommen, den Christus zu schauen in seiner Äthergestalt.»

Solche Worte können uns in die Tiefen von Rudolf Steiners Geisteswissenschaft hineinführen und uns gleichzeitig sein Vertrauen in die Zukunftsfähigkeiten der Menschheit offenbaren. Die objektive Qualität des reinen Denkens muß sich durchsetzen und so stark und lebendig werden, daß der denkende Mensch die einseitige Gebundenheit an die Sinneswelt überwinden und in die tief verborgenen Mysterien des Lebens eindringen kann, von welchen heutzutage nur noch religiöse Traditionen künden. In der kommenden Epoche der Wissenschaft wird sich die Menschheit wieder dem fernen Ziel zuwenden: Durch freie menschliche Initiative und freies menschliches Bemühen werden die verlorenen (spirituellen) Welten wiederentdeckt werden, und Wissenschaft, Kunst und Religion werden wieder eine Einheit bilden.

Für Marie Steiner, die ihm bei seinem Bemühen, einen zeitgemäßen Zugang zu den Mysterien der Zukunft zu schaffen, ein Leben lang helfend zur Seite stand, schrieb Rudolf Steiner die Worte:

«Sterne sprachen einst zu Menschen,
Ihr Verstummen ist Weltenschicksal;
Des Verstummens Wahrnehmung
Kann Leid sein des Erdenmenschen;

In der stummen Stille aber reift
Was Menschen sprechen zu Sternen;
Ihres Sprechens Wahrnehmung
Kann Kraft werden des Geistesmenschen.»

«Wahrspruchworte»

III. Vom Sinn des Mathematisierens

> «Der gerechte Mensch dienet weder Gott noch den
> Kreaturen; denn er ist frei, und je näher er der
> Gerechtigkeit ist, desto mehr ist er die Freiheit selber.»
> *Meister Eckhart*

Rudolf Steiner beschreibt in seinem «Lebensgang» zwei entscheidende biographische Ereignisse im Zusammenhang mit der Geometrie. Das erste trat ein, als ein Lehrer dem Neunjährigen ein Geometriebuch in die Hand gab und der Knabe nun tage- und wochenlang über Kreise, Dreiecke, Quadrate und so weiter nachsann und dabei erkannte, daß es möglich war, von allen Sinneswahrnehmungen unabhängige, das heißt reine Gedanken zu bilden. In kindlicher Art realisierte er durch dieses Erlebnis, daß es ihm künftig auch möglich sein werde, die ganze Welt geistiger Erfahrungen, in denen er lebte, in analoger Weise in begriffliche Formen zu gießen – Erfahrungen, von denen die Menschen in seiner Umgebung, wie er feststellte, nichts wußten. «Ich weiß, daß ich an der Geometrie das Glück zuerst kennengelernt habe», schreibt Rudolf Steiner in der Erinnerung an dieses Kindheitserlebnis.

Später, mit neunzehn Jahren, erfuhr er in einer Vorlesung über synthetische projektive Geometrie, daß eine projektive Gerade ins Unendliche hinausläuft und von der Gegenseite wieder in sich selbst zurückkehrt, wodurch sie eine Kreiseigenschaft annimmt, obwohl sie ihren Geradencharakter durchgehend beibehält. Rudolf Steiner schildert, wie er den Vorlesungssaal verließ, «wie wenn eine Zentnerlast von mir gefallen wäre». Zum zweiten Mal war ihm die Geometrie zur Quelle inneren Glückserlebens geworden. Nun brauchte niemand mehr an der problematischen Vorstellung eines nach allen Seiten in die Leere starrenden Raumes festzuhalten. Er fügt allerdings hinzu, daß das Problem der Zeit noch manches Rätsel für ihn barg.

Rudolf Steiners ganzes Werk ist in gewissem Sinne ein Aufruf zur Umwandlung des heutigen bewußten Raum- und Zeiterlebens. Doch auch darüber hinaus ist seine Denkweise – in viel stärkerem Maße, als man zunächst vermuten würde – von wahrhaft mathematischem Geist durchdrungen, auch da, wo er sich nicht in expliziter Form mathematischer Begriffe bedient. So charakterisierte er zum Beispiel einmal in einem Haager Vortrag (10. April 1922) mit dem Titel «Die anthroposophische Forschungsmethode» seine «Philosophie der Freiheit» folgendermaßen: «Wer diese ‹Philosophie der Freiheit›[2] liest, der wird, wie ich glaube, finden, daß darin etwas herrscht wie ein mathematisches Denken. Sonderbar, aber es ist doch so; ein mathematisches Denken, in dem eigentlich diese ‹Philosophie der Freiheit› darauf zielt, den menschlichen Freiheitsimpuls und die sittlichen Impulse zu finden . . . Die Art und Weise, wie in dieser ‹Philosophie der Freiheit› versucht wird, über die moralische Welt zu reden, die unterscheidet sich qualitativ nicht von demjenigen, das in uns als Seelenverfassung vorhanden ist, wenn wir mathematisieren . . .»

«Man findet nur wenige Menschen in der Welt», so fährt Rudolf Steiner fort, «welche, wenn ich mich des Ausdrucks bedienen darf, den richtigen Respekt vor dem Mathematisieren haben.» Und unter «Mathematisieren» versteht er in diesem Zusammenhang die Seelenverfassung, die sich dadurch einstellen kann, daß man durch die Aktivität mathematischen Denkens zum Erleben rein innerlich konstruierter Gedanken kommt. Rudolf Steiner schildert also, wie innere moralische Fragen mit derselben Klarheit und Sicherheit ergriffen werden können, mit der man den Satz des Pythagoras beweisen kann, und er fügt hinzu, daß man, wenn einem dies gelingt, weiß, man betätigt sich in einer übersinnlichen Welt der Imagination, Inspiration und Intuition. (Der mit diesen Ausdrücken unvertraute Leser verstehe sie zunächst im Sinne von höheren übersinnlichen Formen des Denkens, Fühlens und Wollens.) Man mag noch so lange und noch so genau in der Sinneswelt Beobachtungen machen und Experimente anstellen, die volle Wahrheit wird man in *dieser* Welt niemals entdecken.

In der Vergangenheit wurde die Menschheit vom religiösen Glauben geleitet, und immer hat sie in dieser Art mit universellen Wahrheiten in Verbindung gestanden. Doch, wie sich der heranwachsende Mensch immer mehr dem grellen Licht der sinnlichen Außenwelt ausgesetzt findet und sein Drang, selbständig zu werden und eigene Wege zu gehen, immer stärker wird, so wird im Laufe der Menschheitsentwicklung, sobald die Verbundenheit mit den göttlichen Welten einmal anfängt zu verdämmern und ungewiß zu werden, der Intellekt zur einzigen Lichtquelle, die verläßlich erscheint, um den weiteren Weg der Entwicklung zu beleuchten. Zunächst ist es ein kaltes Licht, und wir dürfen es nicht ausgehen lassen, sondern haben vielmehr die Aufgabe, es mit einem objektiv gewordenen Gefühlselement sowie mit dem Feuer des individuellen Willens zu durchwärmen.

In der Vergangenheit wurden alle Schritte auf dem inneren Entwicklungsweg, der auf dem Atem-Yoga beruhte, von dem Guru gelenkt; heute liegt, wie Rudolf Steiner in dem Vortragszyklus «Die Sendung Michaels» ausführte, der Weg des «Yoga des Lichtes» vor uns. Denn wir müssen lernen, in aktiver und rhythmischer Weise *zwischen Beobachtung und Denken*, zwischen Wahrnehmung und Begriff zu leben. Denken und Wollen müssen allmählich in ihr wahres Gleichgewicht kommen, indem wir einerseits auf den äußeren Schleier der Sinneserscheinungen hinblicken und andererseits auch den Vorhang vor dem inneren Heiligtum lüften. Dies können wir auf dem von Rudolf Steiner angelegten Zukunftsweg erlernen.

Wir stehen erst am Beginn dieses modernen Weges, der zunächst notwendigerweise durch den Materialismus führen muß, denn gerade in der Durchgangsphase des Materialismus kommt die zentral bedeutsame Frage der menschlichen Freiheit ins Spiel – der völligen Freiheit von allen Verhaltensformen und Beschränkungen, die aus der Vergangenheit stammen.

Der vom modernen Bewußtsein erfaßte abstrakte Gedanke hat durch und durch Bildcharakter und nicht Realcharakter; und *Bilder zwingen nicht*! Gerade in seiner abstrakten «Bildhaftigkeit» konnte der Gedanke, wie er vom modernen Menschen erlebt wird, zur Grundlage und zum Garanten eines jeglichen neuzeitlichen Freiheitsstrebens werden.

Rudolf Steiners Werk ist so umfassend und tiefgründig, daß noch viele Menschen davor zurückschrecken; außerdem nimmt die Zahl derjenigen rasch ab, die Rudolf Steiner noch persönlich erlebt und mit ihm zusammengearbeitet hatten und die uns von seiner einzigartigen Persönlichkeit erzählen können, die in so einmaliger Weise zwischen Weisheit und Liebe stets das Gleichgewicht zu wahren wußte. Wer heute noch unmittelbare Erlebnisschilderungen zu hören bekommt und durch solche Schilderungen hindurch Rudolf Steiners Ernst, aber auch die Wärme, die aus seinen Augen leuchtete, miterleben kann, wird dafür dankbar sein. Doch neben allem Humor, neben aller Heiterkeit, Freundlichkeit und Bescheidenheit, die sein Wesen ausstrahlte, müssen seine Augen auch von einem unendlichen Schmerz und tiefer Einsamkeit erzählt haben; denn die Menschheit ist in der Tat sehr schwerhörig.

Neben der Erneuerung der alten Meditationsmethoden sowie dem modernen Schulungsweg, den er in der «Philosophie der Freiheit» niedergelegt hat (die nicht als ein philosophisches Werk im gewöhnlichen Sinne aufgefaßt werden sollte, sondern als ein geistiges Schulungsbuch), machte Rudolf Steiner – besonders in den Jahren nach dem ersten Weltkrieg – im Zusammenhang mit den Aufgaben der Naturwissenschaft und mit der spirituellen Menschheitsentwicklung auch auf die historische Entwicklung des mathematischen und räumlichen Denkens aufmerksam. Die Hinweise auf das mathematische und geometrische Gebiet in Rudolf Steiners Vorträgen über spezifisch naturwissenschaftliche Fragen skizzieren einen Schulungsweg des Denkens, welcher von grundlegender Bedeutung ist, denn dieser Weg führt die moderne Wissenschaft – und damit auch jeden einzelnen Menschen, der ihn beschreitet – über die Schranken des Materialismus hinaus. Diese Vorträge sind einem weiteren Leserkreis nur schwer zugänglich, was teils in ihrem wissenschaftlichen und mathematischen Charakter, teils in der Tatsache begründet liegt, daß Rudolf Steiner – wie er oft genug selbst betont – weder die Absicht noch die Zeit hatte, endgültige und detaillierte Ausarbeitungen zu formulieren. Er beantwortete Fragen, die ihm gestellt wurden, und beschränkte sich, ganz besonders auf mathematischem und physikalischem Gebiet, darauf, auf die Aufgaben hinzuweisen, die von jenen Menschen, die das nötige wissenschaftliche Rüstzeug dazu besaßen, anzupacken seien.

Bei einer solchen Gelegenheit hörte George Adams Rudolf Steiner in einem kleinen Menschenkreis sagen: «Ich gebe Ihnen nur die Anregungen. Es wäre an den Mathematikern unter meinen Zuhörern, sich hinzusetzen und die Idee in mathematischer Form auszuarbeiten.» Adams hatte eine bestimmte Frage gestellt, und er machte sich als einer der ersten daran, mathematisch auszuarbeiten, was Rudolf Steiner als «Sonnenraum» oder «Gegenraum» und als in diesem wirkende Kräfte charakterisiert hatte.

Im zweiten Vortrag einer in Dornach gehaltenen Vortragsreihe mit dem Titel «Die befruchtende Wirkung der Anthroposophie auf die Fachwissenschaften» sprach Rudolf Steiner am 5. April 1921 sehr ausführlich über die Rolle, welche die Mathematik innerhalb der wissenschaftlichen Forschung gespielt hat und in der Zukunft noch spielen werde. Er beschreibt, wie die Bedeutung des Ausdrucks «Mathematik» sich seit dem Altertum im Laufe der Jahrhunderte stark verändert hat: Im Altertum war «Mathematik» mit «Wissenschaft» identisch – Wissenschaft überhaupt; später bedeutete der Ausdruck im eingegrenzten Sinne nur noch «Wissenschaft der Quantitäten oder Größen».

Doch selbst noch zur Zeit von Descartes oder Spinoza, die beide ihre Philosophien nach dem sichereren Vorbild der Mathematik zu formen suchten, faßten die Philosophen diesen Ausdruck noch nicht im methodischen Sinne oder im Sinne einer uneingeschränkten Anwendung mathematischer Begriffe auf.

Anhand eines einfachen euklidischen Beispiels weist Rudolf Steiner auf die objektive Notwendigkeit hin, mathematisch zu denken, da die mathematischen Gedanken den Charakter durchschaubarer Gewißheit besitzen, und im Anschluß daran betont er, daß gerade diese Qualität der Gewißheit und der «Restlosigkeit» des mathematischen Denkens noch außerordentlich verstärkt wurde, als im 19. Jahrhundert die alten euklidischen Gedankenformen von den nicht-euklidischen Geometrien — er verwendet den Ausdruck «Metageometrie» — von Lobatschewski, Bolyai und Gauss abgelöst wurden. «Alle Vorstellungen, die durch diese ‹Metageometrie› in das moderne Denken eingezogen sind, sind im Grunde genommen ein Tatsachenbeweis für die Sicherheit, die man in dem Überschaubaren des Mathematisierens fühlt.»

Des weiteren unterstreicht Rudolf Steiner die Bedeutung der Tatsache, daß — wie überhaupt alle reinen Gedanken — so auch die mathematischen Gedanken in innerer «Bildhaftigkeit» auftreten und nicht in Form äußerer Realität. Mit diesen «Bildern», die uns innerlich frei lassen, können wir nun auch an die Naturrealität herantreten; und wir fühlen uns befriedigt, wenn wir in die Naturerscheinungen mit demselben durchsichtigen Gewißheitserleben eindringen können, wie wir es zunächst in den mathematisch-geometrischen «bildhaften» Gedankenformen erfahren können. Am Schluß des Vortrages hebt Rudolf Steiner wiederum die großen Vorzüge der Umwandlung der euklidischen in die projektive oder synthetische Geometrie hervor, indem er als Beispiel für die letztere den Satz von Pappos darstellt.

Dieses grundlegende Theorem wurde in seinem euklidischen Aspekt zuerst von Pappos von Alexandrien entdeckt und erfuhr in der Neuzeit in einer synthetischen Behandlung seine Vervollständigung. Es kann in grundsätzlicher Art das *Prinzip der Dualität* beleuchten, welches in der synthetischen Geometrie von so elementarer Bedeutung ist, und weist den Weg zur eigentlichen Idee der Polarität, die die unabdingbare Grundlage für die Idee von polaren Räumen bildet.

Rudolf Steiner erläutert dieses Theorem am 5. April 1921 zunächst in allen Einzelheiten anhand einer Tafelzeichnung (siehe auch das nächste Kapitel), wobei er betont, daß dazu lediglich Lineal und Bleistift notwendig seien, fügt dann hinzu: «Wenn man wirklich mit innerem Seelenanteil den Weg verfolgt, der da von der analytischen Geometrie in die synthetische Geometrie hineinführt, wenn man sieht, wie man da, ich möchte sagen, aufgefangen wird von etwas, was schon der Realität sich nähert, wie diese Realität im äußeren Naturdasein vorhanden ist, dann hat man dasselbe innere Erlebnis, genau dasselbe innere Erlebnis, das man hat, wenn man aufsteigt von dem gewöhnlichen Verstandesbegriff, von der gewöhnlichen Logik, zu dem Imaginativen. Man muß im imaginativen Erkennen nur weitergehen. Aber den Anfang hat man gegeben, wenn man anfängt, von der analytischen Geometrie zu der synthetischen überzugehen.»

Der Erkenntnisweg ist mit Übungen gepflastert; die Mathematik — das Wesen Mathematica — kann die Menschenseelen auf diesem Wege der Bewußtseinsentwicklung inspirieren und leiten. «Gott geometrisiert» — so ließ Plato über das Portal seiner Akademie schreiben. Blake stellte einmal Newton dar, während er gerade um die Lösung eines bestimmten

«Newton» von William Blake

geometrischen Problems bemüht war. Es ist ein Maßproblem innerhalb des quantitativen Bereiches des mathematischen Denkens, in welchem die Gesetze von Maß, Zahl und Gewicht herrschen. Dies sind die Gesetze, die der Mensch benötigt, will er mit den irdischen Dingen – Quantitäten und Substanzen – Umgang pflegen. Doch inzwischen sind wir an diese irdische Welt festgeschmiedet wie Prometheus an den Fels.

Die Mathematik enthüllt uns aber auch andere universelle Gesetze, und Rudolf Steiner hatte solche anderen Gesetze im Auge, als er davon sprach, daß man – wenn man mit innerem Seelenanteil den Übergang von der analytischen zur synthetischen Geometrie verfolge – zum selben inneren Erleben komme, das man habe, wenn man vom gewöhnlichen Denken zum imaginativen Denken aufsteigt.

Die Ausbildung einer mathematischen Denkweise, die neben den quantitativen auch die qualitativen Bereiche umfaßt, verläßt den meßbaren, materiell-substantiellen Bereich und betritt das Reich von Qualitäten wie Farb- und Lichtqualitäten.

Ein solches qualitatives mathematisches Denken beschäftigte in weitem Umkreise die Denker und Philosophen des ausgehenden 19. und des beginnenden 20. Jahrhunderts. In der Zeit, als George Adams in Cambridge studierte und abschloß, hatten Geister wie G. H. Hardy, der berühmte Mathematiker, oder – neben manchen anderen – A. N. Whitehead und Bertrand Russell einen großen Einfluß. Durch sie wurde Adams, der als Physiker den einseitigen Monismus der atomistischen Theorien zu überwinden suchte, mit diesem neuen Gebiet der synthetischen Geometrie bekannt, welches die Ideen der Polarität und der Raum-Transformation in sich schließt. Diese Wissenschaftler arbeiteten mit den nicht-euklidischen Geometrien und suchten auf deren Grundlage die Wissenschaftsphilosophie weiterzuentwickeln. Bereits für Whitehead war es unmöglich, «die Mathematik darauf zu beschränken, die Wissenschaft der Zahl oder der Quantität zu sein».[3]

Alfred North Whitehead wurde im selben Jahr geboren wie Rudolf Steiner; auch er sorgte sich ein Leben lang um die Zukunft der Erziehung; er dachte über den Sinn und die Zukunft aller Bildung nach und war einer der bedeutendsten Philosophen des 20. Jahrhunderts. Inspiriert durch die Arbeit von Cayley und Klein, beschrieb Whitehead die Beziehung des gewöhnlichen Raumes zu verschiedenen projektiv metrisierten Räumen. Der Ausdruck «Anti-Space» stammt von Whitehead, doch hat man ihn zu seiner Zeit als Leitgedanken in bezug auf die Physik wohl nicht als wichtig genug erachtet. Adams hat es zutiefst interessiert, daß eine detaillierte mathematische Ausarbeitung dieser Idee während seiner Lebzeit in der Literatur nirgends zu finden war.

In den folgenden Kapiteln wollen wir versuchen, uns in elementarer Weise den Übergang von der alten zur modernen geometrischen Denkweise zum Erleben zu bringen, um uns dann in einige Ideen von polar-euklidischen Räumen und polaren Kräften zu vertiefen. Die Wissenschaft ist der Vorstellung, daß *sämtliche* Prozesse im Weltall den bekannten Gesetzen der klassischen Mechanik innerhalb eines kartesisch-euklidischen Raumes entsprechen, längst entwachsen. Daß die Sonne und die Elemente das Leben auf der Erde erhalten, ist eine Tatsache. So kann die Idee eines «Sonnenraumes», der in polarem Gegensatz zum «Erdenraum» steht und in dem die Kräfte des Lebens den irdischen Todes- und Zerstörungskräften entgegenwirken, im Grunde als ein ziemlich direkter Weg zum Verständnis des *Lebens* aufgefaßt werden.

IV. Der Übergang von der euklidischen zur projektiv-synthetischen Geometrie

«Man . . . muß hindeuten auf den Übergang von der
analytischen Behandlung der Geometrie zu der
synthetischen Behandlung, und wie man da findet, wie
ein Weiterbeschreiten dieses Weges in imaginatives
Betrachten hinführt, wenn man nur nicht beim Formalen
stehenbleibt, sondern zu einem lebendigen Erfassen
desjenigen, was da eigentlich vorliegt, übergeht.»

Rudolf Steiner, Vortrag vom 6. April 1921

Perspektivische Transformation – die Idee der Unendlichkeit

Nehmen wir nun einen Bleistift und ein Lineal zur Hand, um den im letzten Kapitel erwähnten und von Rudolf Steiner erläuterten Satz von Pappos betrachtend zu verstehen. Wir wollen dies zunächst in der Form versuchen, in der Pappos diesen Satz gefunden und bewiesen hat. (Die Beweise sind in allen klassischen Lehrbüchern zu finden.)

Man zeichne zwei gerade Linien a und c und wähle auf jeder von ihnen drei beliebige Punkte aus; man numeriere die Punkte so, daß diejenigen der einen Linie mit jenen der anderen Linie jeweils Paare bilden. Nun verbinde man alle Punkte miteinander, *außer den Paaren*, und man wird sehen, daß sich drei neue Punkte ergeben, die wiederum auf einer Geraden liegen (Abbildung 1). Wie auch immer die Zeichnung gemacht wird, die Schnittpunkte einander entsprechender Linienpaare (1/2' – 2/1' und so weiter) werden stets auf einer Linie zu liegen kommen.

Euklid lehrte, daß eine Linie als der kürzeste Abstand zwischen zwei Punkten zu definieren sei; das heißt, sie ist von endlicher Länge und durch die Idee des Maßes bestimmt. Sind in unserer Übung die drei Punktpaare einmal gewählt, so sind dadurch auch die verschiedenen Distanzen zwischen ihnen festgelegt. Und dann geschieht das Unerwartete: Eine dritte Linie entsteht, und *daß* diese Linie entsteht, *hängt nicht von den einmal festgelegten Maßen ab.*

Wir haben es also hier mit einem Satz zu tun, für welchen das Maß keine ausschlaggebende Rolle spielt, wie das sonst in der euklidischen Geometrie der Fall ist; (für die projektive Geometrie ist allein die Idee der gegenseitigen Beziehungen grundlegend). In seiner vollständigen Gestalt, die erst Jahrhunderte später entdeckt wurde, ist der Satz von Pappos für den Aufbau der projektiven Geometrie, die von dem wichtigen, erst in der Neuzeit entdeckten *Prinzip der Dualität* beherrscht wird, von fundamentaler Bedeutung.

Gerade dieses Prinzip wollte Rudolf Steiner in dem erwähnten Vortrag seinen Hörern klar machen.

Bevor wir uns aber weiter mit diesem Satz beschäftigen, wollen wir erst einige einfache Zeichnungsübungen unternehmen, um ein Gefühl zu entwickeln für den wesentlichen Grundunterschied zwischen der alten euklidischen und der neueren projektiven Geometrie: *nämlich für den Übergang endlicher Formen mit ihren festgelegten Maßen zu solchen Formen, in denen die Idee der Unendlichkeit sowie die Prinzipien der Bewegung und der Transformation wirksam sind.*

Es zeigt sich hier ein fundamentaler Qualitätsunterschied, der den fortgesetzten Gebrauch des Ausdrucks *Geometrie* ziemlich unpassend erscheinen und in bezug auf die Untersuchung solcher beweglichen Formen nach einem weniger festgelegten Ausdruck suchen läßt. Ich verwende deshalb, wo immer möglich, den Ausdruck *Morphologie*.

Die drei Elemente, die aller Geometrie zugrunde liegen, sind *Punkt*, *Linie* und *Ebene*. In einer projektiven Morphologie ist eine Linie ein einfaches Bild der *Geradheit*; sie kann durch zwei Punkte hervorgerufen werden, ganz gleichgültig, wo sie sich befinden, oder aber durch irgendwelche zwei Ebenen, die sich durchdringen (Abbildung 2). Die Ebene ist ein Bild unermeßlicher *Flachheit*; es braucht *drei* Punkte, die nicht auf einer Geraden liegen, um sie zu bestimmen (Abbildung 3). Schließlich gibt es den Punkt, welcher ein Bild der Zentriertheit darstellt; er entsteht, wenn zwei beliebige Linien oder drei beliebige Ebenen einander durchdringen (Abbildung 4). Allein durch das Wechselspiel dieser drei Elemente – Ebene, Linie und Punkt – lassen sich schöne, in sich geschlossene Formen aufbauen – allerdings *nur*, wenn die Idee von *unendlich fernen* Elementen mitberücksichtigt wird.

Wir stehen hier vor der Aufforderung, gemeinsam mit Descartes, Kepler, Galilei und anderen eine Denkweise auszubilden, welche zur damaligen Zeit ziemlich ungewohnt war und die den Ausgangspunkt zur Überwindung der euklidischen Vorstellungen bildet.

Gehen wir vom Gedanken aus, daß die Linie nicht nur die kürzeste Strecke zwischen zwei Punkten ist, so erscheinen die vertrauten Formen der Dreiecke, Rechtecke und so weiter in ganz anderer Gestalt und regen zu ganz neuen Fragestellungen an. Ist beispielsweise das von einem Dreieck eingeschlossene Punktgebiet alles, was zu ihm gehört, wenn jede Seite in die unendliche Ferne hinausverlängert wird, das heißt in sich selbst zurückkehrt? Müssen wir von den uns vertrauten geometrischen Formen nicht ganz neue Vorstellungen bilden lernen (Abbildung 5)?

Innerhalb der projektiven Morphologie (Formgestaltung) ist das Dreieck, wie wir es normalerweise auffassen, nur ein *Teil* des gesamten, in der Ebene ausgebreiteten Dreiecks. Der Begriff eines «Innen», das von einem «Außen» völlig getrennt und unabhängig wäre, ist verschwunden; im Rahmen der projektiven Morphologie gibt es also auch noch andere Punktgebiete, die im selben Sinne zum Dreieck gehören wie das ursprüngliche «Innengebiet» (Abbildung 6).

Drei Linien, die sich in drei Punkten durchdringen, bestimmen ein Dreieck, und dieses Dreieck kann Myriaden von Gestalten annehmen und liegt gleichsam in einer weit ausgedehnten Ebene eingebettet. Die schwierige Frage ist nun: Was geschieht an den «Enden» der drei Linien? Die sachgemäße Antwort auf diese Frage ist von grundlegender Bedeutung und führt uns einen ersten Schritt in das Unbekannte hinein.

Seit Descartes' Zeit im 17. Jahrhundert sind die Mathematiker der Auffassung, daß der «End»-punkt in der einen Richtung derselbe ist wie derjenige in der anderen Richtung, daß er aber im «Unendlichen» liegt.

Zur Verdeutlichung dieser Idee wollen wir eine Linie zeichnen und irgendwo außerhalb von ihr einen Punkt hinsetzen. Dann stellen wir uns vor, wie sich in diesem Punkte – er wirkt nun gleichsam als Angelpunkt – Linien drehen (Abbildung 7).

Die einfache denkende Beobachtung lehrt, daß jede Linie, die sich um den fixierten Punkt dreht, mit der festgelegten Linie einen Punkt gemeinsam hat. Dieser gemeinsame Punkt bewegt sich auf der gegebenen Linie hinaus, solange die Drehbewegung anhält, bis schließlich mit absoluter Notwendigkeit der Augenblick kommt, wo die beiden Linien parallel sind. In diesem Augenblick stellt sich die Frage: «Wo müssen wir nun den gemeinsamen Punkt der beiden unendlich langen Linien suchen?» Euklid würde antworten: «Wenn die beiden Linien parallel sind, dann *gibt es keinen gemeinsamen Punkt*.» Doch die modernen Mathematiker schufen die Idee eines *unendlich fernen Punktes*.

Dreht sich die rotierende Linie weiter, so wird sich dieser Punkt aus der entgegengesetzten Richtung nähern und schließlich zu seiner Ausgangslage zurückkehren. Die bloße Rotation von Linien in dem festgelegten Punkt bringt somit den sogenannten «idealen» unendlich fernen Punkt der ruhenden Linie ins Spiel.

Wir beobachten, wie dieser wandernde Punkt schließlich in der Ferne verschwindet (und zwar in beiden Richtungen, je nachdem, welche Drehrichtung wir in unserer Vorstellung der Linie im festgelegten Punkt verleihen). In einem ganz bestimmten Augenblick wird der wandernde Punkt ins Unsichtbare verschwinden – er ist über alle meßbare Entfernung hinaus, er ist im Unendlichen. Die Linie ist also nicht einfach nur die kürzeste Strecke zwischen zwei gegebenen Punkten; in der projektiven Geometrie haben wir uns zu jeder beliebigen Linie, die in jede beliebige Richtung weisen kann, einen *einzigen* unendlich fernen Punkt zu *denken*. Mit anderen Worten: Der unendlich ferne Punkt einer Geraden ist eine Idee. Obwohl er im Unendlichen liegt, hat er nicht zu existieren aufgehört, und es ist immer noch ein *einzelner* Punkt, doch er befindet sich nun in unmeßbarer Ferne, dem endlichen Auge unsichtbar geworden. Die Mathematiker nennen diesen Punkt einen *idealen* Punkt, was eine ganz zutreffende Bezeichnung ist.

Ich glaube, es ist in bezug auf den Elementarunterricht sehr wichtig, daß wir uns gleich bei diesem ersten Schritt eine Terminologie aneignen, die frei ist von den Raumassoziationen, wie sie in manchen Lehrbüchern der projektiven Geometrie bis zum heutigen Tag anzutreffen sind. Manche Mathematiker verwenden noch immer alte Ausdrucksformen, zum Beispiel wenn sie davon reden, daß sich Parallelen «im Unendlichen *schneiden*», was offensichtlich absurd ist. Wir werden, wo immer möglich, derartige Ausdrücke zu vermeiden versuchen. So wie zwei Menschen etwas miteinander gemeinsam haben können, etwa einen gemeinsamen Gesichtspunkt, so können parallele Linien einen *gemeinsamen* Punkt im Unendlichen haben. – Beliebige zwei Linien, die einen gemeinsamen Punkt haben, werden stets auch eine gemeinsame Ebene haben (der Gedanke läßt sich auch umkehren: Zwei beliebige Linien, die eine gemeinsame Ebene haben, werden stets auch einen gemeinsamen Punkt haben). Und so werden auch parallele Linien, die in derselben Ebene liegen, stets auch einen gemeinsamen Punkt haben – den idealen Punkt im Unendlichen, auf welchen die Richtung der Parallelen hindeutet. Ich halte den spezifischen Gebrauch solcher (und anderer) Ausdrücke in pädagogischer Beziehung für wichtig, denn die eigentliche Aufgabe der neuen Morphologie besteht eben darin, ein exaktes Denken auszubilden, das über den Materialismus, ja sogar über unsere gewöhnlichen Raumvorstellungen hinausführen kann. Man braucht nur eine Zeitlang diese «Geometrie» zu unterrichten – und wird realisieren, wie hartnäckig wir heute noch an räumlichen Denkformen haften.

In den Grundgesetzen der projektiven Geometrie offenbart sich in gewissem Sinne auch ein sozialer Aspekt, ja, *die Gedanken dieser Geometrie haben im wesentlichen einen sozialen Charakter*, denn sie haben in erster Linie *Beziehungen* zum Inhalt, nicht meßbare Größen. Warum sollen wir also von Linien und Ebenen, die sich durchdringen, sagen, sie würden sich *schneiden*? Und außerdem haben wir ja vor allem die Aufgabe, uns mit Gedanken und nicht nur mit Sinnesdingen, die allenfalls «geschnitten» werden können, zu beschäftigen. Die Mathematik zeigt uns den Weg zur Gedankenrealität, und in dem projektiven Bereich der Mathematik werden wir zu Übungen angeregt, die unser Denken über das Reich der endlichen Sinnesdinge hinausführen können.

Liniengewobene Formen in der projektiven Ebene

Beim Zeichnen der verschiedensten projektiven Konstruktionen werden wir die Erfahrung machen, daß die unendlich fernen Elemente funktionell genauso wie die gewöhnlichen Punkte, Linien und Ebenen gehandhabt werden müssen; mehr noch: Ohne die unendlich fernen Elemente werden unsere Formen niemals vollständig sein! So würde zum Beispiel die Ellipsenkonstruktion auf Abbildung 31 nicht vollständig sein, wenn wir beim Zeichnen den entsprechenden unendlich fernen Punkt nicht berücksichtigt hätten.

Es ist hilfreich, wenn der Leser die Konstruktionen, wenn immer möglich, selbst zeichnerisch nachvollzieht. Man ziehe eine beliebige gerade Linie, entsprechend der unteren Linie auf Abbildung 8; dann wähle man einen beliebigen Punkt auf ihr, sagen wir A' und ziehe durch ihn zwei beliebige Linien. Nun bestimme man auf der Grundlinie in freier Weise einen zweiten Punkt B. Es ist im Prinzip gleichgültig, wo man ihn wählt; bei gewissen Lagen dieses Punktes wird allerdings die zeichnerische Konstruktion unser Zeichenblatt verlassen; deshalb wähle man einen Punkt in der Gegend von B. Dann ziehe man von B eine Linie, welche die beiden von A' ausgehenden Linien durchkreuzt.

Daraus ergeben sich zwei neue Punkte, etwa 1 und 3. Nun wähle man einen neuen Punkt A und ziehe von diesem Punkt A Linien zu den neuen Punkten 1 und 3. Dadurch entstehen wiederum zwei neue Punkte: 2 und 4, deren gemeinsame Linie auf der Grundlinie einen vierten Punkt B' erzeugt.

Man nennt diese Figur ein Harmonisches Viereck; und das wunderbar Überraschende an ihr ist das Folgende: Zeichnet man ein weiteres Viereck, indem man in beliebiger

Weise, doch in derselben Reihenfolge wie zuvor (erst von A', dann von B, dann von A) neue Linien zieht, so wird die letzte Linie *immer* zu *demselben* vierten Punkt B' zurückführen! In diesem Prozeß haben wir es mit keinerlei von vornherein festgelegten Maßbestimmungen zu tun; sind einmal die notwendigen Punkte und Linien gegeben, so setzt sich der Prozeß in einem sie alle umfassenden Beziehungsgesetzes mit innerer Notwendigkeit fort.

Dieses Gesetz hängt nicht von der Größe oder der Gestalt der Vierecke ab, sondern beruht lediglich auf der besonderen Beziehung zwischen den vier Punkten auf der Ursprungslinie (man nennt diese Beziehung ein harmonisches Verhältnis). Wird die Lage der Punkte beibehalten, so kann unsere Figur in unendlich vielfacher Weise in Bewegung gebracht werden und sich verwandeln. Stellen wir uns beispielsweise vor, wir lassen den unteren Eckpunkt (4 auf Abbildung 9) sich nach unten bewegen, das Unendliche passieren und von oben wiederum zurückkehren. Infolge der Bewegung dieses Punktes verändert sich in entsprechender Weise auch die Lage der drei anderen Eckpunkte sowie der vier Seiten des Vierecks. Das Viereck macht eine kontinuierliche Verwandlung durch, indem es in diesem Falle das Unendliche durchschreitet und – in beinahe unerkennbarer Gestalt – wiederum zurückkehrt (Abbildung 9).

Während solch einer kontinuierlichen Transformation verändert die Form zwar ihre Gestalt, und dennoch bleibt sie sich selbst treu: Sie behält ihre funktionelle Ganzheit durchaus bei. Dies sind wichtige imaginative Vorstellungen der neueren Geometrie; sie erweitern buchstäblich den Horizont unserer gängigen räumlichen Vorstellungsbilder und Gedankenformen.

Wenn wir nun die erste Linie die Rolle der Horizontlinie spielen lassen und ein Viereck neben das andere setzen, so erhalten wir ein Bild, das einem perspektivischen Bild, etwa einer Anzahl von Quadraten in einem euklidischen Feld, sehr ähnlich sieht (Abbildung 10). Man zeichne zunächst eine Linie durch einen der beiden Punkte auf der Ausgangslinie, durch welche die Diagonalen des ersten Vierecks gehen, zu einem seiner Eckpunkte. (Dadurch ergibt sich die richtige Folge der Konstruktionsschritte, um das Gewebe fortzusetzen.) Wir stellen fest, daß einfach *durch die Beziehungen*, die den Linien und Punkten der ersten Form innewohnen, *die ganze Ebene* von einem Netz von Vierecken durchwoben wird. Und die ganze Ebene zeigt, daß keine Form dieselbe Gestalt oder Größe wie irgendeine andere hat, und doch harmonieren alle Formen miteinander, und zwar aufgrund einer Gesetzmäßigkeit, die über den Bereich des gewöhnlichen Messens hinausgeht. Die Verwandtschaft dieses Gebildes mit demjenigen, was der Künstler im perspektivischen Zeichnen darstellt, kann sogleich in die Augen springen. Unsere Ausgangslinie hat dieselbe Funktion wie die Fluchtlinie im perspektivischen Bild des Künstlers. Hobbemas Pappelallee ist eine gute Illustration hierzu (Abbildung 11).

Während wir unsere Zeichnung machten, haben wir erlebt, *wie die Formen von der Peripherie (der Fluchtlinie) her nach innen zu hervorgerufen wurden;* die Linien, die wie Lichtstrahlen von der Peripherie hereinströmen, rufen zuerst ein Viereck und dann auch alle übrigen hervor. Dabei bewahrt jedes der verschieden gestalteten Vierecke seine Identität, während es andererseits zugleich die Entstehung aller übrigen Vierecke ermöglicht und gewährleistet. Wir haben es hier mit einer Gesetzmäßigkeit zu tun, welche den schöpferischen Lebensprozessen eigentümlich ist, die allen *geschaffenen* Formen vorausgehen: *Erst kommt der Entstehungsprozeß, dann die Form.*

Wenn wir über diese miteinander in Beziehung stehenden Formen etwas nachdenken, so können wir die erstaunliche Entdeckung machen: Sobald das erste Viereck einmal erschienen ist, ist die ganze Ebene sogleich durch und durch mit Schwesterformen übersät, die gleichsam zu ein und derselben Familie gehören. In unsichtbarer Weise sind sie in der Ebene bereits vorhanden – sie warten nur darauf, in der Zeichnung zum Vorschein gebracht zu werden! Ich muß in diesem Zusammenhang stets an eine kleine Szene in New England, USA, denken, die sich in einem Park abspielte: Eine junge Mutter saß mit einigen Kindern unter einem Zuckerahornbaum; ein kleiner Junge von etwa sechs Jahren kam ganz aufgeregt dahergerannt, einen Haufen bunter Blätter in den herrlichsten Farben in den Händen, und rief: «Schau! Schau! *Alle* Blätter dieses Baumes haben dieselbe Form!»

Unsere zeichnerische Übung sollte uns die Augen öffnen für die Tatsache, daß einzelne Naturformen, etwa in Kristall oder Pflanze, der Ausdruck einer archetypischen, unsichtbaren Formgesetzmäßigkeit sind, welche der Mensch durch sein Denken zu erfassen vermag.

Derartige Gesetzmäßigkeiten stehen im Einklang mit demjenigen, was Rudolf Steiner als das Wirken von Lebens- und Bildeprozessen beschreibt. Wir werden sehen, daß er oft auf die Idee von *Ebenen und Oberflächen* zu sprechen kommt, wenn er die charakteristischen Merkmale von Lebensprozessen beschreiben will.

Wenn wir zusehen, wie eine Spinne ihr Netz webt, dessen buntfarbene Tautröpfchen frühmorgens im Sonnenschein glitzern, so können wir uns voller Staunen fragen: Wie kommt es, daß durch die Arbeit eines so kleinen Geschöpfs solch eine wunderbar weise gewobene Fläche entsteht? Die Spinne bewegt sich von einem Befestigungspunkt zum anderen. Doch zweifellos ist auch das um sie gebreitete Netz ein integrierender Bestandteil des winzigen Organismus.

Die Übung des Webens von harmonischen Netzen kann auch mit anderen Formen durchgeführt werden; besonders faszinierend ist das harmonische Netz von Sechsecken. Wir erleben bei solchen Übungen in erster Linie das Wesen einer *ganzen* Ebene: ein unbegrenztes Oberflächenfeld, das sich nach unten hin in alle Richtungen ausdehnt; es würde von jenseits der Fluchtlinie wiederum zurückkehren! (Dieser Prozeß wird für ein einzelnes Viereck auf Abbildung 9 veranschaulicht.)

Es ist wichtig zu erkennen, daß die «Fluchtlinie» eine unendlich ferne Linie symbolisiert – *doch sie ist eben nur ein Bild von dieser Linie.* Man versetze sie wirklich ins Unendliche, und die ganze Ebene wird von Parallelität durchdrungen. Wir können deutlich sehen, daß die Paare paralleler Linien ihren gemeinsamen Punkt in der Linie haben, die wir uns nun im Unendlichen denken (Abbildung 12)!

Wie der Mathematiker sagt: *Die unendlich ferne Linie einer Ebene ist der Ort der unendlich fernen Punkte aller Linien, die in der Ebene liegen.* Wir müssen uns diese Linie vollkommen *gerade* denken; es ist nichts in unseren Gedankengang hineingebracht worden, was die Idee einer Krümmung erfordern würde.

Kristallweben im Lichte des Raumes

Es ist für das Folgende nützlich, wenn wir nun Abbildung 7 (eine sich bewegende Linie in bezug auf eine feste Linie) modifizieren: Wir wollen uns jetzt eine *Ebene* denken, die um einen außerhalb einer ruhenden *Ebene* gelegenen Punkt schaukelt (Abbildung 13). Dies fällt uns etwas schwerer, denn wir sind nicht gewohnt, in unserer Denk- und Vorstellungskraft eine *ganze* Ebene zu bilden. Doch mit etwas Übung können wir sehen, wie die beiden Ebenen gemeinsame Linie auf der ruhenden Ebene umherschweift; sie geht ins Unendliche über, sobald die Parallellage erreicht ist, und schießt von der einen oder anderen Seite wieder hinein, je nachdem, wie sich die schaukelnde Ebene bewegt. Die gemeinsame Linie der beiden Ebenen kann jederzeit in jeder Richtung aus dem meßbaren Bereich entschwinden, doch das heißt nicht, daß diese Linie zu existieren aufhört! Rudolf Steiner gebraucht für diese gemeinsame Linie den Ausdruck *«Umkreis»*.

So wie wir uns ein Viereck oder Quadrat denken können, das aus Linien gewoben wird, welche aus Punkten auf einer «Fluchtlinie» hereinstrahlen, so können wir uns jetzt eine Würfelform vorstellen, die in ähnlicher Weise aus einer *Ebene* heraus gewoben wird. Nun müssen wir uns nicht nur vorstellen, wie dessen Linien (Seiten), sondern auch, wie dessen Ebenen (Oberflächen) aus der Peripherie hereinstrahlen und die Form *von außen* nach innen gestalten.

Statt einer einzigen Fluchtlinie brauchen wir nun drei, die zusammen ein Dreieck bilden und damit die Ebene bestimmen (Abbildung 14 a). Man denke sich nun die oberste Linie des Dreiecks als die Fluchtlinie für die obere Fläche der Würfelform; man zeichne diese Fläche wie auf Abbildung 8 (nur in umgekehrter Richtung) als harmonisches Viereck ein. Zeichnet man in genügend großem Maßstab und mit großer Genauigkeit, so wird sich herausstellen, daß die «Senkrechten» von der unteren Ecke des großen Dreiecks aus eingezeichnet werden können und daß aufgrund des harmonischen Gesetzes auf beliebiger Höhe eine untere Würfelfläche eingezeichnet werden kann, die stets ganz genau paßt! Diese Basisfläche wird bereits durch die erste, eine ihrer Seiten bildende frei gewählte Linie vollkommen bestimmt. Abbildung 14 b zeigt, wie man auf andere Weise zur gleichen Form kommen kann.

Abbildung 14 b zeigt, wie in ähnlicher Weise wie das harmonische Netz von Vierecken auch ein Würfelnetz gezeichnet werden kann. In diesem Fall ist der untere Eckpunkt des Dreiecks ins Unendliche versetzt worden (die «senkrechten» Linien sind hier tatsächlich senkrecht – und parallel). Dies bedingt eine weniger starke perspektivische Verzerrung, so daß die Zeichnung leichter auf dem Blatt bleibt. Auch können die Formen sowohl oberhalb wie unterhalb voneinander gezeichnet werden; wir können uns vorstellen, wie die Würfelformen den ganzen projektiven Raum ausfüllen, gerade so, wie wir uns den gewöhnlichen Raum idealiter von lauter Würfeln – gleichsam von einem riesigen Würfel-Gitter – ausgefüllt denken können.

Dies ist ein geometrisches Bild, das unserer Vorstellung vom Erdenraum entspricht, und doch haben wir es hier von der Peripherie her in Erscheinung treten lassen, gewoben aus Ebenen und Linien, wobei die Punkte zuletzt und nicht zuerst kamen. Statt diese Formen aufgrund von bestimmten Maßen zwischen Punkten aufzubauen, sind die geordneten Maßverhältnisse dieser Formen ein *Ergebnis* des Bildevorganges.

Das ganze Gebilde wird von den besonderen Beziehungen zwischen dem harmonischen «Wurf» der Punkte auf jeder der Seiten des «archetypischen Dreiecks» beherrscht; sie kommen numerisch in einem bestimmten Doppelverhältnis zum Ausdruck.

In einem proportionalen Verhältnis treten zwei *Längen* miteinander in Beziehung; im Doppelverhältnis werden zwei proportionale Verhältnisse aufeinander bezogen. In diesem Prozeß verläßt unser Denken das Gebiet des additiven Messens; es betritt einen Bereich, in dem *Beziehungen* das «Maß»-gebliche sind. Die Vorstellung einer harmonischen Folge von Punkten auf einer Linie (wie auch von Linien in einem Punkte) ist für diese «Geometrie», die statische Formen in Bewegung bringt, von fundamentaler Bedeutung.

Die projektive Geometrie ist gänzlich auf diese neue Art des mathematischen Denkens gebaut, wie es sich die Menschheit ab dem 15. Jahrhundert angeeignet hat. Es ist wichtig für die Erziehung – ja auch für die Selbsterziehung –, ein derartiges Denken anhand solcher einfachen Übungen auszubilden: Wir können zunächst die Befreiung von der Herrschaft des Maßes erleben, werden dann feststellen, welche innere Aktivität zum Durchdenken und zur äußeren Durchführung der Übung vonnöten ist, und werden schließlich *staunen*, wenn uns die Übung gelungen ist und die Grundlage einer schönen Zeichnung bildet! Wie jemand einmal während des Unterrichts sagte: Man kann fühlen, daß «Gott in seinem Himmel ruht und die Welt in Ordnung ist».

Diese Art von mathematischem Prozeß hat George Adams dazu veranlaßt, seinem ersten Werk den Titel «Strahlende Weltgestaltung» zu geben. Was der projektive, schöpferische Prozeß zur Offenbarung bringt, könnte als «Kristallweben des Lichtes» oder als «Formschöpfung im Raum» bezeichnet werden.

Wir sollten uns darüber im klaren sein, daß wir die Kristallformen in unseren Zeichnungen *in linien- und ebenenhafter Weise aus der Peripherie nach innen zu* haben entstehen sehen. Wir haben sie nicht, Punkt für Punkt, von einem Mittelpunkt aus nach außen zu aufgebaut, wie wir dies ja im wesentlichen bei allen im euklidischen Raum angesiedelten mechanischen Konstruktionen tun müssen. Wir haben die Erfahrung gemacht, daß Maßverhältnisse von zweitrangiger Bedeutung sein können. Zuerst haben wir es mit dem *schöpferischen Prozeß* zu tun; die *geschaffene Form* ist zweitrangig. Es ist dies eine außerordentlich gesunde Übung, denn sie fordert ein klares und bewegliches Denken, ein gewisses ästhetisches Empfinden sowie auch eine exakte zeichnerische Ausführung (siehe zum Beispiel Abbildung 15).

Bis jetzt haben wir nur Formen mit geraden Linien und Flächen betrachtet; doch durch denselben Prozeß einer «strahlenden Weltgestaltung» kommen auch viele Arten von räumlichen Kurven und sphärischen Gebilden zustande, zum Beispiel die schon den Griechen bekannten Kegelschnitte. Mit etwas Übung werden wir manche einfachen wie komplizierten metrischen Beziehungen mathematischer Kurven und Flächen während des Zeichnens vor unseren Augen entstehen sehen. Diese Maße treten erst durch den Entstehungsprozeß der Formen so in Erscheinung, wie dies auch an einem sich entwickelnden Organismus beobachtet werden kann. In dieser Weise wurden die Ellipse, die Parabel und die Hyperbel auf den Abbildungen 16 bis 18 gebildet.

Ineinander gewobene Formen

Wir haben bisher nur solche Formen betrachtet, die *nebeneinander* liegen, ein Verhältnis, wie es den bereits geschaffenen und im Erdenraum erscheinenden Naturformen angemessen ist; ja selbst im lebendigen Pflanzenreiche behalten sich die vollendeten Formen ein Eigendasein im *Nebeneinander* vor. Es ist aber auch möglich, in der perspektivischen Transformation das harmonische Lichtweben so durchzuführen, daß *ineinander gewobene* Formen entstehen (Abbildung 19). Tun wir dies, so ist es, wie wenn wir eine ganz andere Welt betreten würden und den *lebendigen* Dingen mit einem Male näher kommen würden. Nicht umsonst hat Rudolf Steiner auf das russische Puppenspielzeug (ineinander geschachtelte Puppen) für Kinder aufmerksam gemacht, das sich bei kleinen Mädchen großer Beliebtheit erfreut.

Während wir vorher mit *einer* Unendlichkeit arbeiteten (der Linie oder der unendlich fernen Linie oder Ebene), wobei die sich ergebenden Formen ein Netzsystem bilden und gleiche Schritte im Raum *(Schrittmaß)* bewahren, so finden wir nun die Formen *zwischen zwei Unendlichkeiten* ausgespannt, nämlich zwischen der unendlichen Linie oder Ebene im Äußeren und einem Punkt im Innern, auf welchen der perspektivische Prozeß oder die «Fluchtleiter» hinaus- und hineinläuft (Abbildung 20). Hier nun ist das Maß die perspektivische Transformation einer simplen logarithmischen Progression *(Wachstumsmaß)*. Plötzlich finden wir uns im Reich jener Spiralentypen, die in lebenden Organismen (nicht zu verwechseln mit der Spirale des Archimedes, welche im Schrittmaß verläuft) entdeckt werden können. Wir berühren damit ein außerordentlich wichtiges Phänomen; es wird uns bei unserem Bemühen, das wahre Wesen der lebendigen Morphologie zu begreifen, später noch gute Dienste leisten. Alles Leben spielt sich zwischen *zwei Unendlichkeiten* ab. Die archimedische Spirale wird im Zentrum von *einem* bestimmten Punkt im Endlichen festgehalten. Sie versinnbildlicht den Abstieg zur Erde, wo Form neben Form steht, doch sie sagt nichts von Welten innerhalb von Welten, und gerade das ist charakteristisch für alles Lebendige.

Auf Abbildung 21 sehen wir die Rechtecke von Abbildung 10, doch jetzt befinden sie sich eines in dem anderen, in bestimmtem Maßverhältnis und wie zuvor aus der «Fluchtlinie» heraus gebildet. Wenn diese «Fluchtlinie» wie auf Abbildung 22 wirklich ins Unendliche entschwunden ist, so entsteht die Matrix, aufgrund welcher die logarithmischen Spiralen gezeichnet werden können (Abbildung 23). Es wird klar, daß die ideale Form in diesem Spiralentypus — es ist dies der Typus, wie er in Pflanzen und allen Arten von Muscheln zur Erscheinung kommt (Abbildung 19) — zwischen null und unendlich zu denken ist; sie geht immer weiter, auch nach innen, auf den innersten Punkt zu, ohne ihn aber je zu erreichen! Mathematisch ist dieser innerste Bereich durchaus *denkbar*; doch führen wir einen Bleistift, so werden wir ihn nur allzu rasch erreichen; das Wesen, das sein Heim nach solchen Proportionen bildet, muß einen Kompromiß schließen!

Abbildung 24 zeigt einen ersten Schritt, wie dies im *drei*dimensionalen projektiven Raum aussehen würde, zunächst in bezug auf eine Würfelform (vergleiche dazu Abbildung 14 a). Wenn wir einen Blick auf Abbildung 25 werfen, so wird vielleicht leichter verständlich werden, daß, entsprechend diesem Prozeß von verschiedenen ineinander verwobenen Formen, innerhalb der Würfelform eine neue Form, ein Oktaeder, entsteht (vergleiche dazu den Prozeß, der auf Abbildung 21 a zu sehen ist). Die Geometrie würde im Idealfall zeigen (obwohl es sehr schwierig ist, von einem Bildeprozeß viel mehr auf das Zeichenblatt zu bringen), daß die Würfel- und die Oktaederformen abwechslungsweise nach innen auf der innersten funktionalen Unendlichkeit *und* nach außen hin in die horizontale Ebene verflachend entstehen aufgrund des Gesetzes, wie es auf Abbildung 9 für das Viereck zum Ausdruck kommt.

Wenn nicht nur das Quadrat (oder Sechseck), sondern auch der Kreis in dieser Art verwandelt wird, entsteht die ganze Welt von fließenden Formen, die ein Gefühl lebendiger Bewegung hervorrufen. Diese Kurvenformen mit all ihrer beweglichen Ausgeglichenheit zu zeichnen stellt eine wirkliche therapeutische Betätigung dar. Lassen wir uns von der Gedankenklarheit führen, so lernen wir die künstlerische Qualität der beweglichen und doch ganz exakten Form schätzen, und nicht nur Hand und Auge, sondern ein wahres inneres Formgefühl, das den ganzen Körper durchströmt, verleihen uns die hierzu nötige Geschicklichkeit. Denken, Fühlen und Wollen werden gleichermaßen in Anspruch genommen. So lernt man erleben, was als *die Dynamik der Form* oder als *dynamische Form* bezeichnet werden könnte.

Farben können dabei die Bewegung von einer Kurve zur nächsten in Erscheinung bringen, wenn sie gemäß den objektiven Farbgesetzen, das heißt gemäß dem Farbkreis und ihrem Entstehungsprozeß zwischen Licht und Finsternis verwendet werden. Diese Formen, die nicht mehr im Schrittmaß fixiert sind, sondern durch die Proportionsgesetze entstehen, befreien die Seele von der allzu lastenden Herrschaft des Schrittmaßes und wecken sie auf für die musikalischen Harmonien unseres Weltalls, aus welchen die materielle Welt hervorgegangen ist.

Auf Abbildung 25 sehen wir, wie sich die Kurven auf einen Punkt zu, den sie nie erreichen werden, hereinbewegen und auswärts auf eine Linie zu bewegen, die ein Bild der unendlich fernen Linie einer Familie konzentrischer Kreise ist (vergleiche Abbildung 22). Einige der Kurven gehen durch die wirkliche Unendlichkeit, wenn sie in die «Fluchtlinie» hineinverflachen. Die große Ellipse verwandelt sich in eine Parabel, die die unendlich ferne Linie nur berührt; die fünf Kurven, die ihr folgen, sind Hyperbeln, und sie gehen durch. Dieses Bild gibt einen Vorblick auf dasjenige, was den auf Abbildung 24 dargestellten Prozeß hervorruft.

Abbildung 26 stellt eine Familie von Kegelschnitten oder Kreiskurven, wie wir sie lieber nennen möchten, in asymmetrischer Projektion dar. Sofort erscheint das Bild noch lebendiger. Das harmonische Netz von Vierecken, welche eine Art Skelett oder Gerüst für sie bilden, ist hier ausgelassen worden, und auch der Kreis fehlt unter diesen Formen.

Auf Abbildung 27 kommt wiederum ein anderer Aspekt einer Familie von Kreiskurven zum Ausdruck. Hier wurde ein anderer projektiver Prozeß durchgeführt, wodurch sich eine veränderte Beziehung dieser transformierten Familie von Kreiskurven ergibt. Diesmal stehen sie in einer Art intimem Verhältnis zueinander, denn sie verlaufen, punktweise betrachtet, alle durch zwei festgelegte Punkte und berühren, linienmäßig betrachtet, zwei festgelegte Linien. George Adams, der diese aus dem 19. Jahrhundert stammenden Gedanken in eine mehr bildhafte Darstellung brachte, hat ihnen auch weniger gelehrte Bezeichnungen gegeben. Die «atmende Involution», die hier in den fließenden Formen sichtbar wird, erinnert an Formen, wie sie zuweilen durch Wasser hervorgerufen werden, beispielsweise am Meeresufer im Wechselspiel von Ebbe und Flut. Hier kann unsere Aufmerksamkeit nicht nur für die Form an sich, sondern auch für die «Geste» der Form geweckt werden. *Formen sprechen*, und wir müssen lernen, ihre Gesten wahrzunehmen und zu hören.

Die euklidische Geometrie hat uns gelehrt, auf die monumentähnliche Großartigkeit toter und unbeweglicher Formen zu achten. Welch zeitloses Wunder eines Lebens — oder mehrerer Leben — spricht sich in der Antlitzgeste eines Verstorbenen aus! Die vorangegangenen, die vielfältigen Lebens- und Erfahrungsprozesse sind es doch, die jene sprechende Unbeweglichkeit herausgebildet haben.

Die projektive «Geometrie» ist nicht mehr Geo-Metrie (das heißt Erdmessung) so wie in Ägypten oder im alten Griechenland, und doch beschäftigt auch sie sich mit der Untersuchung von Formen (Morphologie). Adams prägte für diese neuere Geometrie den Ausdruck «Strahlende Weltgestaltung». Man könnte auch von projektiver Morphologie sprechen. Der Würfel erzählt uns von der Erde und offenbart uns die drei Dimensionen des Weltenkreuzes. Die projektive Morphologie zeigt, wie dieser Würfel aus einer U*rdreiheit* in der unendlich fernen Ebene entstanden ist — einem Dreieck aus Linien und Punkten. Was für die gewöhnliche Geometrie unsichtbar und unvorstellbar ist, wird in der projektiven Morphologie sichtbar und für ein klares Denken in exakter Weise faßbar. Wir brauchen dazu nur unser leichnamhaftes Denken zu erwecken und in Bewegung zu versetzen.

Die Abbildungen zeigen, daß Formen — gleichgültig, ob sie nebeneinander oder ineinander zu liegen kommen — in völlig freier Weise aus der Peripherie einwärts gebildet werden können durch Linien und Ebenen, die — wie Licht — hereinstrahlen aus der Peripherie des Raumes — aus der unendlich fernen Ebene.

In den auf diese projektive Weise gebildeten Formen kommt es trotz all ihrer Plastizität in erster Linie auf den *liniengewobenen, ebenenhaften oder flächenhaften* Aspekt an (siehe zum Beispiel Tafel III); Punkte ergeben sich aus dem Zusammenspiel von Linien und Ebenen und werden nicht als Ausgangspunkte von Maßbestimmungen als erstes hingesetzt.

In langvergangenen Zeiten haben wir in Ägypten und Griechenland die Gesetze des Erdenmaßes kennengelernt, um in dauerhafter Weise auf die Erde zu bauen.

Seitdem sich die kopernikanische, kartesianische und galileische Denkweise endgültig durchgesetzt hatte, erwies sich der geschickte algebraische Umgang mit Punkten als bahnbrechend in der Wissenschaft; ein analytisches Denken dieser Art ist bis heute vorherrschend. Die neue Morphologie ruft uns wieder etwas in Erinnerung, was die analytische Denkweise weitgehend außer acht gelassen hat: nämlich, daß wir lernen *können*, die Ebenen und Flächen der Welt des Lichtes und der Farbe, die in unsere Welt hereinstrahlen, in unserer Imaginationskraft aufleuchten zu lassen, und zwar nicht nur in der Kunst, sondern auch in der Wissenschaft.

Formen werden nicht aus Substanzen gebildet; vielmehr wird die Substanz in Form gebracht — durch einen Vorgang, den wir noch zu erkennen lernen müssen. In der modernen Optik untersuchen wir nur den Leichnam des Lichtes, und zwar ganz mit Recht. Doch es ist heute an der Zeit, das Licht auch in seinem schöpferischen Aspekt kennenzulernen. Worte aus Rudolf Steiners Drama «Die Pforte der Einweihung» mögen uns hier in den Sinn kommen!

«Des Lichtes webend Wesen, es erstrahlet
Durch Raumesweiten,
Zu füllen die Welt mit Sein.»

Das Erwachen im 17. Jahrhundert

Alles, was wir bisher betrachtet und zu verstehen gesucht haben, geht auf die Gedanken jener mathematischen Pioniere zurück, die als erste mit Euklid gebrochen und das statische und starre Wesen der griechischen Geometrie überwunden haben. Erste Ansätze zu solchen Gedanken finden sich bei Girard Desargues (1593–1622) und Blaise Pascal (1623–1662). Sie kamen auf den Gedanken, Kegelschnitte als perspektivische Transformationen von Kreisen zu behandeln. Dies wurde durch Desargues' Idee ermöglicht, daß die beiden «Enden» einer geraden Linie im Unendlichen sind und daß parallele Linien (in der Ebene oder im Raum) sich nur dadurch von anderen Linienpaaren unterscheiden, daß sie ihren gemeinsamen Punkt im Unendlichen haben. Zur griechischen Auffassung, daß sich diese Kurven als *Schnittkurven* von endlichen Kegeln ergeben – eine Auffassung, die in inniger Verwandtschaft mit dem Tasten innerhalb der physischen Welt steht –, fügten sie eine ergänzende Ansicht hinzu, indem sie denselben Kurven Gesetzmäßigkeiten zuschrieben, welche mit dem Bewegungssinn und dem Sehsinn in Zusammenhang stehen.

Es war dies ein dramatischer Zeitabschnitt in der Geschichte der Mathematik und der Wissenschaften. Desargues war ein Freund von René Descartes (1596–1650), jener für die Weiterentwicklung der Wissenschaften so bedeutenden Gestalt. Zahlreiche andere berühmte französische Mathematiker waren Fachkollegen von Desargues, Pascal und Descartes; so erstreckte sich zum Beispiel auch die Lebenszeit Galileis (1564–1642) beinahe über die gesamte Lebenszeit der drei Genannten; und unmittelbar an Galilei schloß sich Newton (1642–1727) an.

Von dieser Zeit an ist der «Erdenraum» für die Mathematiker und Physiker jener Raum, den man sich dadurch vorstellen kann, daß man von irgendeinem Punktzentrum ausgeht und nach außen strebt, bis die unendlich ferne Ebene erreicht ist. Diese Vorstellungsrichtung inspirierte das grundlegende Prinzip der drei rechtwinklig aufeinanderstehenden Achsen – das berühmte kartesianische Achsensystem, auf dem unsere Raumvorstellung wie die ganze klassische Mechanik beruht. Wir haben es hier mit dem mathematischen Bild oder der mathematischen Imagination des dreidimensionalen Raumes zu tun; ebenso auch mit Newtons Idee des absoluten Raumes.

Desargues wurde oft als Vater der projektiven Geometrie bezeichnet. Er verließ die ausgetretenen Gedankenwege und entdeckte gemeinsam mit Pascal neue und wundervolle Tatsachen der neuen Geometrie. Doch Descartes Gedankenrichtung, die von der analytischen Geometrie inspiriert wurde, stellte diese Entdeckungen in den Schatten und ließ sie in Vergessenheit geraten. Bis zum Beginn des 19. Jahrhunderts waren Desargues' Schriften verschollen; und auch dann konnten sie nur zum Teil wiedergefunden werden.

Descartes unterstützte zwar seinen Freund, den er hoch achtete, doch für sich selbst beschloß er, wie er selbst sagte, «die abstrakte Mathematik, das heißt die Betrachtung von Fragen, die *nur der Übung des Geistes dienen*, aufzugeben, und dies, um eine andere Art der Geometrie zu studieren, deren Ziel die Erklärung der Naturerscheinungen ist...».[4]

Galileo Galilei, in der Kathedrale sitzend und die schwingende Lampe beobachtend, und Newton, der einen fallenden Apfel sieht – in diesen teilweise legendenhaften Bildern kommt die Schicksalsträchtigkeit dieses historischen Augenblicks zum Ausdruck. Descartes zog es zur Wissenschaft der Mechanik, und gerade diesem Aspekt der Naturerkenntnis hat seine Koordinatengeometrie den Weg geebnet. Der neue Schritt, den er in der Geometrie unternahm, war die Einführung einer analytischen Methode, die ihm erlaubte, Kurven durch algebraische Gleichungen darzustellen. (Man könnte hier allerdings die Frage aufwerfen, ob der von Descartes gebrauchte Ausdruck «abstrakt» wirklich den Unterschied zwischen den beiden Geometrien angibt.)

Es ist eine Epoche der Paradoxa, die wir nicht im einzelnen beleuchten können; wir wollen hier lediglich festhalten, daß der in der Mathematik damals unternommene Schritt über das Endliche hinaus zur Vorstellung von unendlich fernen Punkten, Linien und Ebenen auch zu einem tieferen Erfassen der materiellen Reiche führte. Als Philosoph seines Zeitalters und den Geist mit den Mitteln des Intellektes suchend, baute Descartes ausschließlich auf die zentrale Tatsache seines inneren Selbstbewußtseins: «Ich denke, also bin ich.» Dies war alles, was sich seinem ehrlichen intellektuellen Bemühen ergeben konnte. Und doch gehörte er zu jenen, die den Begriff des Unendlichen wieder in die Mathematik einführten und die damit die Tat des Euklid gleichsam wieder aufhoben und der Entwicklung der Mathematik dadurch ganz neue Perspektiven eröffneten. So hat gerade die Kraft des Intellektes den Weg zu einem höheren, spirituellen Aspekt der Menschenseele geebnet.

Rudolf Steiner bezeichnet die Zeit vom 15. Jahrhundert an als die Entwicklungsphase des spirituellen menschlichen Seelenelementes – der «Bewußtseinsseele».[2] Mit diesem Seelenelement ist einerseits die Freiheitsfrage verbunden; andererseits übernimmt der Mensch bei wachsendem Bewußtsein auch größere individuelle Verantwortung, und diese kann ihn durch dunkle wie auch durch lichtvolle Reiche führen...

Es ist sehr verständlich, daß auf der Bühne der modernen Naturwissenschaft ein Mann wie Descartes eine derart prominente Rolle spielte. Nach der Überlieferung soll er einen hartnäckigen und aggressiven Charakter gehabt haben; er führte oft Kontroversen, und gelegentlich wurde seine eigene Arbeit von seinen Kollegen scharf kritisiert. Desargues andererseits ist eine eher unscheinbare Gestalt; es gibt nur ganz wenige Bildnisse von ihm, und sein Werk blieb zwei Jahrhunderte lang verschollen. Er arbeitete als Architekt und Ingenieur in Lyon und bemühte sich, Bauleuten und Handwerkern ihre Arbeit zu erleichtern. Der nach ihm benannte Satz (welchen wir hier ausgelassen haben) ist ein wichtiger Pfeiler innerhalb des neuen geometrisch-mathematischen Denkens. Zweifellos werden seine und Pascals eindrücklichen Beiträge zur Geometrie auch noch die Wissenschaftler der Zukunft beschäftigen und inspirieren, denn entgegen einer weitverbreiteten Ansicht sind sie noch lange nicht voll ausgeschöpft.

Wenn wir uns nun wieder unseren Übungen in synthetischer Geometrie zuwenden, werden wir gleichsam zwei Jahrhunderte überspringen, um wieder Fuß zu fassen in der Zeit, als die Arbeiten von Desargues und seinem genialen Schüler Pascal erneut aufgegriffen wurden.

Wiedererwachen im 19. Jahrhundert – das Prinzip der Dualität

Wir haben uns bisher lediglich mit jenem Aspekt des Satzes von Pappos beschäftigt, der im 17. Jahrhundert zur *perspektivischen Transformation* geführt hat. Das Dualitätsprinzip, welches Rudolf Steiner in dem angeführten Vortrage beschreibt, kann nämlich einen noch viel tieferen Wandel unseres Denkwillens bewirken, insofern es den ersten Schritt zum Verständnis der sogenannten *polar-reziproken Transformation* (vergleiche unten) bildet. Diese Transformation wurde im ersten Drittel des 19. Jahrhunderts entwickelt und führte zu einem ganz neuen Aspekt des synthetisch-mathematischen Denkens.

Die folgende Übung mag zunächst einige Schwierigkeiten bereiten, denn sie führt uns über unsere gewohnte räumliche Vorstellungsweise hinaus. Gerade darin besteht aber ihre besondere Bedeutung, und vielleicht liegt die polar-reziproke Transformation als mathematischer Prozeß gerade wegen der angedeuteten Schwierigkeit noch weitgehend auf einer Art Pioniergelände. Wir sind noch immer derart erdgebundene Sterbliche, daß unser Denken, auch wenn unsere Vorstellungskraft innerhalb der modernen Wissenschaft über noch so unendlich kleine wie unendlich große und scheinbar ganz unräumliche Elemente gebietet, noch immer an das Kreuz der drei Dimensionen geschlagen bleibt. Denn Descartes' analytisches Denken ist auch heute noch durchaus bestimmend.

Greifen wir also noch einmal die Übung auf, von der wir ausgegangen sind, und versuchen wir nun, in den *dualen* Aspekt von Pappos' Theorem einzudringen, auf den Rudolf Steiner mit solchem Nachdruck aufmerksam machen wollte. *Im dualen Gegenaspekt dieses Theorems vertauschen Punkte und Linien ihre Rollen.* Während wir vorher mit zwei Linien, a und c, den Anfang machten, beginnen wir nun mit den Punkten A und C. Und statt auf jeder Linie drei beliebige Punkte zu wählen, ziehen wir nun durch jeden der beiden Punkte drei beliebige Linien. Nun müssen wir nicht den Punkten gemeinsame Linien suchen, sondern den Linien gemeinsame Punkte. Auch hier müssen wir die sich paarweise gegenüber liegenden Elemente (hier also die Punkte) außer acht lassen und alle übrigen Möglichkeiten in Betracht ziehen. Etwas Seltsames und Bemerkenswertes geschieht – und wird immer geschehen: die Punkt-Paare lassen drei Linien entstehen, die sich stets in einem *gemeinsamen Punkt* durchdringen (während wir vorher drei Punkte gefunden haben, die stets auf einer *gemeinsamen Linie* liegen)!

Wenn wir das Theorem von Pappos und seine Dualisierung zusammen betrachten – wie Rudolf Steiner dies bei seinem Beispiel für die Bedeutsamkeit der projektiven Geometrie getan hat –, so erleben wir in Gedanken in bezug auf die punktmäßigen und linienmäßigen mathematischen Beziehungen eine qualitative Umstülpung (Abbildung 28). Ein weiteres Beispiel für das Dualitätsprinzip stellen die beiden folgenden Sätze dar.

Theorem von Pascal (1660)	*Theorem von Brianchon (1806)*
Die gemeinsamen Punkte sich entsprechender Linienpaare eines einem Kegelschnitt eingeschriebenen Sechsecks liegen in einer Linie.	Die gemeinsamen Linien sich entsprechender Punktpaare eines einem Kegelschnitt umschriebenen Sechsecks liegen in einem Punkte.

Charles Brianchon (1785–1864) entdeckte die duale Entsprechung zu Pascals berühmtem Theorem in bezug auf das *Hexagrammum mysticum*, wie es genannt wurde (Abbildung 29). Pascals Theorem ging über den rein quantitativen Aspekt der metrischen Geometrie der Griechen hinaus. Seiner projektiven Methode verdanken wir die Einsicht, daß zwar metrische Eigenschaften nicht invariant sind, morphologische *Qualitäten* aber im Laufe perspektivischer Transformationen ihren invarianten Charakter beibehalten. Dasselbe Prinzip liegt auch dem Satz von Brianchon zugrunde. Doch gleichsam zwischen diesen beiden berühmten Theoremen entsteht nun eine ganz neue Idee: das *Prinzip der Dualität*. Erst zu Beginn des 19. Jahrhunderts erschließt sich den Mathematikern das duale Gegenstück zum alten Theorem von Pappos!

Rudolf Steiner richtet sich in seinen Darstellungen dieses Papposschen Theorems – in seinem alten *und* in seinem modernen Aspekt – gerade auf dieses Prinzip der Dualität aus, welches der Schlüssel zum eigentlichen Verständnis der Polarität ist.

Wege zu einem tieferen Verstehen der Polarität: die polar-reziproke Transformation

Viele berühmte Mathematiker aus verschiedenen westlichen Ländern trugen in der ersten Hälfte des 19. Jahrhunderts zur Entwicklung der Mathematik Wesentliches bei, sowohl in bezug auf ihren algebraisch-analytischen Aspekt wie auch im Zusammenhang mit der synthetischen Methode. Die synthetisch-projektive Geometrie wurde sehr populär und gelangte in dieser Zeit zu einer gewissen Blüte. Jean Victor Poncelet (1788–1867), ein weiterer Franzose (er wurde oft als Vater der projektiven Geometrie bezeichnet, obwohl deren Anfänge in Wirklichkeit bereits bei Desargues und Pascal liegen), bewirkte zusammen mit Charles Brianchon ein wachsendes Interesse an diesem Thema und gab der projektiven Geometrie auch einen starken neuen Impuls. Nach einem Studium an der Ecole Polytechnique wurde er als vierundzwanzigjähriger technischer Offizier während des Rückzugs der französischen Armee aus Moskau im November 1812 auf dem vereisten Schlachtfeld von Krasnoi zurückgelassen und gefangengenommen. Während er sich in einem Gefängnis am Ufer der Wolga wieder erholte, wandte er sich im sonnigen Frühling des kommenden Jahres der Mathematik zu, um seinen Geist in Übung zu halten; er beschloß, alles, was er in der Mathematik jemals gelernt hatte, vor seinem geistigen Auge rein innerlich zu rekonstruieren – ohne alle Bücher und mit nur ganz wenigen Instrumenten. Im September 1814 kehrte er mit einer Anzahl von Manuskripten nach Paris zurück; sie bildeten den Keim zur Herausbildung der synthetischen Geometrie in ihrer klassischen Form.

Indem Poncelet Brianchons Entdeckung des Dualitätsprinzips aufgriff, führte er zugleich die Methode der polar-reziproken Verwandlung ein und begann in der Geometrie als erster, mit «idealen» Raumelementen sowie mit «imaginären» Zahlen[4] zu arbeiten.

Mit dem Dualitätsprinzip eng verknüpft ist Poncelets Theorem von *Pol und Polare in bezug auf einen Kegelschnitt oder eine Kreiskurve*; es führt die Idee der polar-reziproken Verwandlung ein und eröffnet ein viel tieferes Verständnis des Wesens der *Polarität* als einer Einheit von Gegensätzen, zum Beispiel von Nord- und Südpol, von hoch und tief oder einfach von innen und außen.

Wir wollen im folgenden versuchen, das Wesen der Polarität sowohl in rein ideeller als auch in morphologischer Hinsicht zu begreifen; dadurch kann es, in das meditative Gedankenleben integriert, zu einem unschätzbaren Schlüssel für die Erscheinungen des Ätherischen werden.

Setzen wir unsere Elementarexkursion in dieses neue «geometrische» Reich fort. Zeichnen wir eine Kurve (eine Ellipse oder irgendeinen anderen Kegelschnitt), und ziehen wir dann eine in derselben Ebene liegende Linie, wobei wir zunächst eine außerhalb der Kurve liegende Linie wählen wollen. Dann suchen wir uns auf der Linie einen beliebigen Punkt aus und zeichnen die beiden Linien, die dieser Punkt ausstrahlt und die die Kreiskurve außen berühren (das heißt die Tangenten), ein. Die beiden Berührungspunkte auf der Kreislinie lassen eine neue Linie entstehen, die auf der Linie, von der wir ausgegangen sind, ihrerseits einen neuen Punkt ins Dasein ruft. Ziehen wir nun von diesem zweiten Punkt aus die Tangenten zur Kurvenlinie, so werden wir zu unserem Erstaunen feststellen, daß die den Berührungspunkten des zweiten Tangentenpaares gemeinsame neue Linie auch den Punkt enthält, von dem wir ausgegangen sind! Auch hier erhalten wir wieder ein wunderbar in sich geschlossenes Bild.

Wir fingen mit einer *Linie außerhalb* des Kreises an und entdeckten, daß ein ihr entsprechender *Punkt im Innern* existiert. Diesen Punkt bezeichnet man mit Bezug auf diesen speziellen Kegelschnitt als den «Pol» zu der ihm entsprechenden «Polare». Befindet sich die «Polare» außen, so liegt der Pol innen; liegt die Polare im Innern, so finden wir den Pol außerhalb der Kurve (Abbildung 30).

Zu jedem Punkt auf der Linie außerhalb der Kreiskurve wird es eine polare Linie geben, die durch den inneren Pol läuft. Die Bewegung eines Punktes oder einer Linie wird die geordnete Bewegung aller übrigen Punkte und Linien bewirken, denn sie stehen gleichsam in organischer Beziehung miteinander, entsprechend dem harmonischen Gesetz, durch welches sie entstanden sind. Man mache sich klar, wie, infolge der Bewegung der Linien, wenn wir sie in unserer Vorstellung im Punkt kreisen lassen, die Punkte der Linie entlang kreisen werden, wobei sie in der einen Richtung ins Unendliche entschwinden, um aus der Gegenrichtung wieder zurückzukehren (Abbildung 31).

Nun wollen wir das Bild noch auf eine andere Weise in Bewegung bringen, indem wir *entweder* die Polarlinie *oder* ihren Pol auf das Zentrum der Kurve oder auf die Peripherie zulaufen lassen. Wir werden feststellen: Führen wir die Polare weiter hinaus, so bewegt sich der Pol auf den Mittelpunkt der Kurve zu. Diese reziproke Bewegung wird durch die Kurve selbst hervorgerufen und ist die Grundlage der *polar-reziproken Verwandlung*. Aus diesem Prozeß wird ersichtlich, daß *die unendlich ferne Linie der Ebene, in welcher die Kurve liegt, die Polarlinie von deren Mittelpunkt ist* und ferner daß *der Pol einer Kurventangente deren Berührungspunkt mit der Kurve sein wird*.

So ist dem Mittelpunkt eines Kreises eine unendlich ferne Linie zugeordnet; ebenso müssen wir uns zu jedem Punkt der Kurve seine Tangentenlinie denken (Abbildung 32). Denn es ist einseitig, sich Kurven nur aus Punkten gebildet vorzustellen.

Damit haben wir eine umfassendere Vorstellung von einem Kreis oder von irgendeinem anderen Kegelschnitt gewonnen. Statt *Kegelschnitt* sagen wir lieber Kreiskurve[2]. Euklid definierte den Kreis als Kurve, die durch alle Punkte gebildet wird, die zu einem bestimmten Punkt denselben Abstand haben. Wir können nun erkennen, daß Euklids Kreis auch eine polare Form hat, nämlich die Gesamtheit der ihn umhüllenden Linien, die *ebenfalls* einen Kreis bilden (Abbildung 33).

Man nehme einen euklidischen Kreis und polarisiere ihn mit Bezug auf einen größeren Kreis, der konzentrisch zu ihm ist. Die polare Form ist ein Kreis, der von Linien umhüllt wird, die das Ganze umkreisen. (Hat man einmal die Polare *eines* im Innern gelegenen Punktes gefunden, so sind die Maße der reziproken Radien bestimmt, und es ist eine einfache Aufgabe, die ganze Linienhülle einzuzeichnen.)
Dieses einfache, in Bewegung versetzte Bild (Abbildung 34. a, wenn vollendet) kann interessante Fragen aufwerfen. Man lasse den inneren Kreis wachsen, bis er den Umfang des «Einheitskreises» erreicht hat, und man wird sehen, wie ihm die Kreishülle nach innen zu entgegenkommt. Die nach außen gerichtete Expansion des Punktkreises über die Grenze des Einheitskreises hinaus wird dazu führen, daß die Kreishülle *nach innen zu auf dessen Mittelpunkt eindringt*, mit welchem sie allerdings erst dann verschmelzen würde, wenn sich der Punktkreis ins Unendliche ausdehnte. Würden wir uns umgekehrt vorstellen, die Kreishülle dehnte sich so weit aus, daß alle ihre Linien mit der unendlich fernen Linie der Ebene verschmelzen würden, dann würden die Punkte des inneren Kreises tatsächlich mit dem Mittelpunkt zusammenfallen! Die polaren Kreisfamilien auf Abbildung 34. b können uns dies veranschaulichen.

Wir haben es hier mit einer reziproken ein- und auswärtsatmenden Bewegung zu tun; sie kann uns auf eine wichtige Frage aufmerksam machen, die mit dem Gebrauch der Ausdrücke «Expansion» (Ausdehnung) und «Konzentration» verbunden ist. Diese Ausdrücke sind der Qualität der punktartigen Bewegung angemessen, doch wie wir später noch sehen werden, ist ihre Verwendung in bezug auf die Linienhülle inadäquat und irreführend. Es wäre besser, beispielsweise die einwärts gehende Bewegung der Hüllen auf deren innerste Unendlichkeit zu, die ein *Punkt von Linien* wäre, als *intensiv* zu bezeichnen. Frühere Mathematiker haben diesen Punkt einen «Stern» genannt (Abbildung 34. b).

Diese Übungen führen zum Verständnis des Wesens eines «Lemniskaten-Raumes» – eines Raumes, in welchem zwei archetypische Welten miteinander vereint sind. Auf Abbildung 35 wird die Vereinigung dieser beiden Welten dadurch sichtbar gemacht, daß die Kreuzungspunkte der polaren Kreisfamilien dazu benutzt werden, die Punkte der sogenannten Cassinischen Kurven und der Bernoullischen Lemniskate[9] zu finden.

Auf Tafel II sehen wir eine perspektivische Verwandlung eines solchen Raumes.

Es erfordert nun eine größere Anstrengung unserer Imaginationskraft, den Kreis als Sphäre (oder die Ellipse als Ellipsoid) und den entsprechenden reziproken Prozeß vorzustellen, der nun zwischen Punkten und *Ebenen* in bezug auf diese Einheitssphäre waltet. Genauso wie ein Kreis in unserem Denken erst vollständig ist, wenn sich sein tangentialer mit seinem punktuellen Aspekt vereinigt, so gilt ein Entsprechendes auch für die Kugel, doch ist unsere gewohnte Vorstellung einer Kugel zunächst ganz besonders einseitig. Sie kann in einer geometrischen Zeichnung nicht vollständig gezeichnet werden, und so muß die Kraft der Imagination ergänzend hinzutreten. Denn der Idee nach ist eine Hohlkugel, die von unendlich vielen Ebenen eingehüllt wird, für die synthetische Geometrie ein unbezweifelbarer Gegenstand mathematischer Imagination.

Es liegt vielleicht am überwältigenden Einfluß der einseitig auf die euklidisch-punktuelle Vorstellung ausgerichteten heutigen Schul- und Universitätsbildung – nicht nur auf dem Felde der Physik, sondern auch innerhalb der Biologie –, daß die licht-erfüllten Imaginationen der synthetischen Geometrie für den Geist nur schwer faßbar sind. Sie erfordern ein ganz anderes Denken, als es zur simplen Ansammlung von Fakten und Phänomenen nötig ist, mögen diese auch noch so wunderbar und anregend sein.

Es soll hier aber nochmals festgestellt werden, daß wir auf unserem Ausflug in einige elementare Gebiete der modernen Mathematik natürlich vieles unberücksichtigt lassen müssen. Die eingehende Betrachtung der im folgenden beschriebenen Abbildungen wird dem sinnenden Betrachter dennoch klarmachen können, daß sich in bezug auf die gleichsam magische Qualität der Kugel zu jeder Form eine Geschwisterform gesellt, die polare Eigenschaften besitzt.

Flache Oberflächen können in spitze Formen, konvexe in konkave Formen umgewandelt werden. Wir haben es hier mit Gesetzen der Metamorphose zu tun. Die Untersuchung von Formen – Morphologie – nimmt plötzlich faszinierende und ganz überraschende Aspekte an: Die lebenden Naturformen werden, betrachten wir sie im Lichte der Polar-Metamorphose, mit einer ganz neuen Beredtheit zu uns sprechen.

Die von den Mathematikern des beginnenden 19. Jahrhunderts unternommenen Schritte waren ebenso epochemachend, wie es die von Desargues, Pascal und Descartes seinerzeit unternommene radikale Erweiterung der Erdengeometrie der Griechen gewesen war. Diese Fortschritte spiegeln die Evolution des menschlichen Erkennens wider, welches beginnt, über die Erde hinaus das ganze Weltall zu umfassen. Der Übergang von der perspektivischen Transformation zur Polar-Reziprokation (von Kollineationen zu Korrelationen) stellt ein ungeheures morphologisches Erlebnis dar. Vergleichsweise gesprochen: Es ist, wie wenn wir uns zuerst auf einer Pappelallee fortbewegen und dabei die Bewegung und die Veränderung der Landschaft erleben und dann in rätselhafter Weise durch jenen unendlich fernen Punkt schlüpfen und uns auf der anderen Seite wiederfinden würden –

wie Alice, die im Kaninchenloch verschwindet oder durch das Spiegelglas in ein jenseitiges Wunderland eingeht.

Vielleicht ist der Vergleich gar nicht so weit hergeholt; jedenfalls ist die durch einen polar-reziproken Prozeß bewirkte Veränderung einer gegebenen Form tiefgehender und radikaler Art, denn in komplizierter Weise werden Qualitäten umgestülpt, indem sie vielleicht von links nach rechts gelangen und durch das Unendliche gehen. Unerwartete Dinge geschehen, und die Durchführung solcher Übungen erfordert Geistesgegenwart und völlige Freiheit von vorgefaßten Vorstellungen.

An der Pflanze und am Insekt kann dieser radikale Transformations-Typus gleichermaßen studiert werden; beide erreichen, nachdem sie eine Weile nur Blätter produziert respektive immer wieder die Raupenform zur Erscheinung gebracht haben, ein ruhiges Stadium, wie etwa in der Blüte, um dann in wunderbarer Weise eine ganz neue Form hervorzubringen.

Die polar-reziproke Verwandlung lehrt uns, solche Wunder zu erwarten und die hier waltende Art von Gesetzmäßigkeit zu erkennen. In der Ebene können nicht nur Kreise, sondern alle möglichen Kurven dazu gebracht werden, sich in eine radikal andere und doch nahe verwandte Form zu verwandeln. Auf Abbildung 36 wurde zum Beispiel die innere lemniskatische Kurve innerhalb des polarisierenden Kreises gezeichnet – man sehe, was daraus entsteht! Diesen Vorgang im einzelnen zu erklären, würde hier zu weit führen. Wir müssen uns mit dem Hinweis begnügen, daß alle *Qualitäten* der einen Kurve (starke Krümmung oder Flachheit beispielsweise) in der Geschwisterkurve *in ihr Gegenteil verwandelt* erscheinen. In solchen Formen offenbart sich, wie in einem Wechselspiel zwischen Frage und Antwort, die Reziprozität in reiner Form. Die beiden Kurven balancieren sich gegenseitig punkt- und linienmäßig vollkommen aus; interessiert sich die eine für den Mittelpunkt, so strebt die andere zur unendlich fernen Ebene hin.

Die einzelnen Phasen der polaren Verwandlung in bezug auf *sphärische Formen* näher zu erläutern, ist hier ebensowenig der Ort. Die dreidimensionalen Zeichnungen zeigen, wie wir solche Verwandlungen aufgrund der bereits betrachteten Kreisverwandlungen verstehen können. Es kommt dasselbe Gesetz in Betracht, nur daß die Reziprozität nun zwischen *Ebene* und Punkt waltet, wie dies auf den Abbildungen 37 und 38 veranschaulicht ist. Abbildung 37 zeigt, wie sich die Polarebene hinausbewegt, was den Pol nach innen schweben läßt, und umgekehrt; beide verschmelzen an der Kugeloberfläche miteinander. So, wie wir erkennen, daß ein Kreis durch alle ihn umhüllenden Linien gebildet werden kann, so können wir uns auch *eine von außen durch Ebenen umhüllte Kugel* vorzustellen lernen, wobei sich diese Hüllebenen bis zur unendlich fernen Ebene hin im Außenraum der Kugel gegenseitig durchdringen. Die Kugelfläche ist dann *ein nach innen zu gebildeter Hohlraum* – keine leichte Vorstellung, die sich auch jeglicher Zeichnung entzieht!

Abbildung 38 zeigt die Polarität zwischen Punkt und Ebene in bezug auf die Kugelfläche noch einmal. Zu der äußeren Ebene gibt es im Kugelinnern einen entsprechend markierten Pol. Man bringe den Punkt in freie Bewegung, *halte ihn jedoch in seiner eigenen Ebene*, und man wird sehen, wie seine Polarebene (die durch die elliptische Ebene im Kugelinnern dargestellt wird) sich so bewegen wird, daß sie auf dem inneren Pol schaukelt. Dabei muß man sich vorstellen, daß sich beide Ebenen in allen Richtungen ausdehnen und sich in einer Linie, die sich ebenfalls bewegt, durchdringen. Sämtliche Bewegungsmöglichkeiten, die in dieser Abbildung liegen, auszuschöpfen kann eine wichtige und lohnende Übung sein.

Abbildung 39 zeigt die Kugel von einem Würfel umgeben, der sie an der Außenseite gerade berührt. Die Punkte, wo die Würfelflächen die Kugel berühren, bilden die Ecken der polaren Form im Kugelinnern. Auch diese Form balanciert die Würfelform, indem sie deren polares Gegenstück bildet, vollkommen aus; es ist das Oktaeder, welches sechs Ecken statt sechs Flächen und statt acht Ecken acht Flächen hat. Man kann auch noch weitere reziproke Eigenschaften zwischen diesen beiden Formen finden.

Auf Abbildung 40 sehen wir das gleiche Paar wieder; nun befindet sich das Oktaeder draußen und der Würfel drinnen. Ferner sehen wir auf dieser Abbildung, wie das Oktaeder wächst, was das Schrumpfen des Würfels bedingt! Man stelle sich vor, was passiert, wenn die acht Flächen des Oktaeders so weit weg sind, daß sie dem Blick entschwinden und auf einmal in die unendlich ferne Ebene eingehen! Im Augenblick, wo dies geschieht, müssen die Würfelecken mit dem Kugelmittelpunkt verschmelzen. (Man vergesse aber nicht, daß die Linien und Ebenen des Würfels immer noch da sind, denn wir dürfen uns diese Formen nicht so denken, als ob sie nur endliche, euklidische Formen wären, obwohl wir sie natürlich in endlicher Art zu zeichnen haben.) Schließlich würde der schrumpfende Würfel in die drei Linien und die drei Flächen eingehen, die ihm im Kugelmittelpunkt seine Dreidimensionalität geben.

Würfel und Oktaeder sind zwei der fünf bereits den Griechen bekannten regulären Körper – die einzigen einfachen, regelmäßigen Körper, die gedacht werden können. Erst in der Neuzeit aber wurden ihre polaren Beziehungen in bezug auf die Kugel entdeckt. Die beiden übrigen Körper sind das Tetraeder (siehe Abbildung 41), eine selbst polare Form, und das Pentagon-Dodekaeder, das auf Abbildung 42 um die Kugelfläche herum gezeichnet ist. Die polare Form des letzteren, das Ikosaeder, wird durch die Berührungspunkte der zwölf Dodekaederflächen mit der Kugel gebildet. Das Ikosaeder hat somit zwölf Punkte; es hat zwanzig Flächen, während das Pentagon-Dodekaeder zwanzig Punkte hat.

Mit all ihrer Schönheit der Form und Freiheit der Bewegung, wie sie durch die projektive und polar-reziproke Verwandlung im projektiven Raum zur Erscheinung kommen, kulminiert die ganze Entwicklung der synthetischen Geometrie in der eigentlichen Grundidee: *Polar zu irgendeinem Mittelpunkt ist die unendlich ferne Ebene.* Dadurch ist die moderne Auffassung des Erdenraumes charakterisiert. Doch bleibt damit immer noch die Frage offen: *Was ist polar zu dieser Auffassung des Erdenraumes?*

Niemand schien an dieser Frage besonderes Interesse zu finden; zumindest hat George Adams in der mathematischen Literatur nirgends deren ausführliche Bearbeitung entdecken können.

Auf den folgenden Seiten werden wir uns mit der Antwort auf diese Frage beschäftigen – eine Antwort, die die projektive Geometrie von dem Punkt, an dem sie in der ersten Hälfte des 19. Jahrhunderts gestanden hatte, um einen wesentlichen Schritt weiterbrachte.

Polar zu einem Mittelpunkt ist die unendlich ferne Ebene mit den Myriaden von Punkten und Linien in ihr; darin haben wir ein Bild des Raumes, wie er uns erscheint, wenn wir auf einem bestimmten Punkt stehen und zum Sternenhimmel emporschauen. Das polare Gegenstück dazu wäre, daß wir nun vom Sternenhimmel nach innen schauen, auf eine innerste Unendlichkeit, das heißt auf einen inneren Punkt zu, der seine Myriaden von Ebenen und Linien «enthalten» würde (siehe Kapitel V, Seite 74).

Derartige Überlegungen, die sich ihm schon während seiner frühen Forschungszeit in Cambridge ergeben haben und später durch Rudolf Steiner konkretisiert wurden, veranlaßten George Adams im Jahre 1933 zu seiner mathematischen Darstellung des polareuklidischen Raumes, der er den Titel vom «Physischen und ätherischen Raume» gab.

Dies war die erstmalige Darstellung dieser Theorie; doch wohl zum Teil infolge ihrer nahen Verwandtschaft mit Rudolf Steiners Geisteswissenschaft fand sie in akademischen Kreisen kein Echo. Bezeichnenderweise richtete sich gerade in den damaligen Jahren die Aufmerksamkeit der Naturwissenschaftler – manche von ihnen waren Adams' Kollegen gewesen – in vermehrtem Maße gewissen scheinbar praktischeren Anwendungsbereichen zu, nämlich der Frage der Atomspaltung.

Aus der Distanz eines halben Jahrhunderts wird deutlich, daß der Keim, der durch Adams' Theorie von physischen und ätherischen Räumen und Kräften gelegt wurde, ein polares Gegenstück zu jenen Theorien bildet, die zur Herstellung der Atombomben führten.

Einige Jahre nach Adams veröffentlichte auch L. Locher-Ernst seine diesbezüglichen Überlegungen. Er kam unabhängig von George Adams auf dasselbe Ergebnis und arbeitete die Grundgedanken gleich in sein Lehrbuch der «Projektiven Geometrie» ein. Es folgte dann das Buch «Raum und Gegenraum».

V. Rudolf Steiner über polare Räume

«Verbinde Erdenstaub und Sternenstrahlen in der
Auferstehung,
Geh von dem Orte aus, worin du hausest,
dem Kerker aus Granit: dem Vatergrunde.»

Albert Steffen

Hoch oben in einem Gebirgsgarten bewegen sich im strahlenden Herbstlicht der Mittagssonne bei sanfter Brise die Spitzen von malvenfarbenen Astern, und es ist, wie wenn sie vor
den majestätischen Bergen gleichsam Verbeugungen machten. Durch die rhythmische
Folge von Tagen und Nächten wechselt mit der wechselnden Gebirgsstimmung auch die
Pflanze die Farben – manchmal strahlt sie, dann, im Mondlicht, erscheint sie blaß und fast
weiß, dann wieder zeigt sie einen tief gesättigten violetten Farbklang, wie wenn sie von
innen heraus leuchten würde.

In deutlicher Weise offenbart sich hier die Goethesche Wahrheit, daß die Farben aus
den «Taten und Leiden des Lichtes» heraus entstehen, das mit der Finsternis im Wechselspiel steht. Dies widerspricht nicht der Entdeckung, die Newton machte, als er den
Lichtstrahl in seinem abgedunkelten Zimmer von einem Prisma brechen ließ und ebenfalls
Farben sah. Es sind dies zweierlei Aspekte ein und desselben Phänomens, in ähnlicher
Weise, wie wir auch bei der Untersuchung der Formen auf einen Doppelaspekt gestoßen
sind.

Nun hat die heiße Mittagssonne eine Welt von summenden Bienen zur Pflanze gezogen,
den letzten Sommernektar zu holen. Auch Rote Admirale, Schmetterlinge, die der Pflanze
mit ihren eigentümlichen Flügelbewegungen den Hof machen, versammeln sich und
breiten sich über den malvenfarbigen Blumen aus. Alles ist in Bewegung und – so kann
man empfinden – voller Zufriedenheit. Eine Erfüllung findet statt, sowohl für die Pflanze
wie für die Insekten. Beide bilden eine *ganze* Welt – ein kleines Universum für sich.

Wie unmöglich, ja absurd erscheint in diesem Moment der Gedanke, wir könnten
jemals herausfinden, wie diese winzigen Formen zum Leben erwachen – und mögen wir
mit noch so mächtigen Mikroskopen in ihre Stofflichkeit hineinschauen! Doch vielleicht
werden eines Tages selbst die Mikroskopaufnahmen von weniger einseitigen Gesichtspunkten aus betrachtet werden. Denn die Menschheit läuft heute Gefahr, sich durch die
Ergebnisse einer rein analytischen Erforschung der Stoffeschemie gefangennehmen, wenn
nicht gar ersticken zu lassen! Kein Wunder, daß die Menschen, ja auch die Erde selbst
widerspenstig werden!

Könnte nicht eine umfassendere, ganz andere, sozusagen eine komplementäre Erschließung der Entstehung und Verwandlung lebendiger *Formen* auch für das Forschungsgebiet
der *Chemie* relevant sein? Diese Frage hatte Adams während seiner Forschungszeit in

Cambridge im Grunde dazu veranlaßt, sich in die Gedankenwelt der modernen synthetischen Geometrie einzuleben.

Adams war in seinen Schriften – es seien hier beispielsweise die Artikel[5] «Science at the Crossroads» (1927) und «Die Physik und das Licht der Welt» (1930) genannt – stets darum bemüht, die damals herrschende wissenschaftliche Vorstellungsart zu kennzeichnen und auf die Überwindung des wissenschaftlichen Materialismus hinzuweisen – «Der wissenschaftliche Materialismus ist durch den Fortschritt der Wissenschaft selbst überwunden worden». Doch machte er in diesem Zusammenhang auch auf die Tatsache aufmerksam, daß gerade im Laufe dieses Überwindungsprozesses der Wissenschaftler selbst, der sich in einer Welt reiner Gedanken bewegt, allen Kontakt mit der *Realität* verloren habe. Adams führte in diesem Zusammenhang Professor Eddington an: «Je weiter die Physik fortschreitet, um so leerer wird die Welt.»

«Wie jedermann weiß», lesen wir in Adams Arbeit aus dem Jahre 1930, «gehen mit der Physik unvorhergesehene Veränderungen vor. Sie hat sich bereits um mehrere Stufen vom unerschütterlichen Materialismus entfernt, der ihr im 19. Jahrhundert ein sicheres Fundament gab oder zu geben schien.

Für eine kurze Zeit vermochte die Elektrizitätstheorie der Materie der materialistischen Betrachtungsweise eine vorübergehende Wohnstätte zu bieten. Obwohl das ‹Elektron›, wie schon sein Name sagt, nicht ein ‹Materie-›, sondern ein ‹Elektrizitätspartikel› war, stellte man es sich immer noch – das gilt jedenfalls für die Mehrheit der Gelehrten – auf materialistische Weise vor. Es kommt nicht auf den *Namen* an, es kommt auf die *Qualität* der Idee an. Doch das war, wie gesagt, nicht mehr als eine vorübergehende Wohnstätte. Die Entdeckungen und die Gedankenformen, die der ‹Elektronentheorie› zugrunde liegen, führten sehr schnell zu einer weiteren Auflösung. Das ‹Elektrizitätspartikel› (wie es sich die populäre Phantasie naiverweise vorstellte) wurde seinerseits von den Gedanken-Wellen ‹unter Wasser gesetzt›. Heute ist die Physik, was ihre fundamentalen Ideen angeht, zu einer reinen Gedankenstruktur geworden. Es gibt kein *Ding*, kein *Substrat* mehr, *über* welches in den Theorien der modernen Physik der Wissenschaftler nachdenkt. Er bewegt sich in einer Welt von reinen Gedankenformen: Diese sind die ‹Gesetze›, aber er hat keine Ahnung, wer oder was ihnen gehorcht.

Vor langer Zeit war es ein *Wer* – es war das lebendige Wesen, die Göttin Natura. Die Gesetze der Wissenschaft waren die Gedanken Gottes; die Natur seine Handlangerin. Die Wissenschaft entstand als Naturphilosophie. Später wurde aus dem Wer ein *Was?* Die Wissenschaft wurde atheistisch – wenn nicht der Empfindung, so wenigstens der Substanz nach. Die Materie gehorchte den Gesetzen der Bewegung. Diese bildeten in ihrem Wesen und in ihrer Wirkung die Totalsumme der ‹Naturgesetze›. Jetzt ist sogar auch das *Was* entfernt worden. Heute haben die ‹Gesetze›, das heißt die leeren Gedanken*formen*, das *Wesen* oder das *Ding*, das ihnen gehorchte, völlig aufgeschluckt. (Die Bewegungs-Gesetze, mit denen wir es in der modernen Theorie zu tun haben – ‹Quantum›, ‹Relativität› und ‹Wellenmechanik› etc. –, beziehen sich nicht mehr auf räumliche Verhältnisse, in welchen sich der menschliche Geist irgendeine ‹materielle› Existenz vorstellen kann. Deshalb ist für die moderne Wissenschaft die alte Vorstellung von Materie oder irgendeiner Quasi-Materie wie Elektrizität oder Äther, die allem zugrunde liegen soll, inhaltslos geworden.) Die Physik kommt jenem Zustand gefährlich nahe, den der humorvolle

Rationalist Bertrand Russell – jener Philosoph des 18. Jahrhunderts, der von einer Laune des Schicksals in unsere Zeit versetzt wurde – der Mathematik zuschrieb: Sie ist die Wissenschaft, in der wir weder wissen, worüber wir sprechen, noch ob das, was wir sagen, wahr ist.»

Interessanterweise hat gerade Bertrand Russell George Adams in besonderer Weise zum Studium der synthetischen Geometrie angeregt!

«Kaum ein Wunder, wenn in einer solchen Lage der Wissenschaftler selbst erklärt – ich beziehe mich auf Professor Eddington in seiner Swarthmore-Rede –, daß sich der Mensch, um die *Wirklichkeit* zu finden, wieder seinem Innenleben, das heißt der dichterischen und religiösen Erfahrung zuwenden soll. *Je weiter die Physik fortschreitet, um so leerer wird die Welt.* Das ist der Kern der Situation. Das anwachsende Wissen verflüchtigt die feste Wirklichkeit aller Dinge, welche der ungeschulte Geist ‹Materie› nennt. Die äußere Welt, die uns so voll erscheint, ist leer. Möchtest du Fülle finden, o Mensch, dann muß du nach innen blicken!

So sieht das Urteil eines heutigen Wissenschaftlers, der Physik und Astronom ist, aus.»

Mystik und Mathematik im Aufgang der Neuzeit

Im Mittelalter wurde die materielle Außenwelt vom europäischen Menschen noch immer als eine bis zu einem gewissen Grade beseelte Welt erlebt, doch konnte die menschliche Seele, solange ein solches Naturerleben noch anhielt, keine wahrhafte Freiheit des Geistes erlangen. In der weiteren Entwicklung der Naturwissenschaft durch das 17. und 18. Jahrhundert hindurch wurde die Materie stufenweise entseelt, bis – als notwendiges Endresultat dieses Prozesses – die Naturwesen, die Diener hierarchisch-geistiger Wesenheiten, in die verstaubten Regale von Bibliotheken verbannt wurden und die Göttin Natura ihr Gesicht hinter einem dichten Schleier verbarg.

Im Herbst des Jahres 1900 eröffnete Rudolf Steiner in Berlin eine längere Vortragsreihe, die er später in dem Buche «Die Mystik im Aufgange des neuzeitlichen Geisteslebens und ihr Verhältnis zur modernen Weltanschauung» zusammenfaßte. «Durch die Meinungen der Mystiker von Meister Eckhart bis Jakob Böhme fand ich die Ausdrucksmittel für die geistigen Anschauungen, die ich eigentlich darzustellen mir vorgenommen hatte», schreibt Rudolf Steiner im «Lebensgang» in bezug auf die Intention dieses Werkes. (Jenes Buch stellte ebensowenig eine Geschichte der Mystik dar, wie «Die Philosophie der Freiheit» als ein philosophisches Buch im üblichen Sinne gedacht war.)

Bis in das 13. Jahrhundert führen uns Rudolf Steiners Betrachtungen zurück, in denen er die wesentlichen Stufen im Aufwachprozeß innerhalb der europäischen Kultur beleuchtet und zeigt, wie dieses Erwachen eine Freiheit und Intensität des individuellen Denkens entzündet und wie dieses neue Denken das Zeitalter der modernen Naturwissenschaft herbeiführt. In der amerikanischen Ausgabe dieser Schrift mit dem Titel «Mysticism at the dawn of the Modern Age» findet sich eine schöne Einführung des Historikers Paul M. Allen, der von den betreffenden Mystikern kurze, aber äußerst lebendige Lebensschilderungen gibt.

Es besteht eine Möglichkeit, ja, wie Rudolf Steiner betont, sogar eine Notwendigkeit, innerhalb des heutigen Naturerkennens, wenn dieses in seinem wahren Charakter erfaßt wird, einen Weg zu finden, «der so die Seele stimmen könnte, daß sie in mystischem Schauen das Licht des Geistes findet. Warum finden mystisch gestimmte Seelen zwar Befriedigung bei dem Meister Eckhart, bei Jakob Böhme usw.; nicht aber in dem Buche der Natur, soweit dieses heute durch die Erkenntnis aufgeschlagen vor dem Menschen liegt?» Rudolf Steiners Buch will zeigen, daß sich aus der Seelenverfassung der alten Mystik heraus eine neue Denkart entwickelte, welche das neuere Wissen durchaus in sich aufzunehmen in der Lage wäre. Ganz besonders gilt dies beispielsweise für den Kardinal Nikolaus von Kues: «An solchen Persönlichkeiten zeigt sich, daß auch die gegenwärtige Naturforschung einer mystischen Vertiefung fähig ist. Denn ein Nikolaus von Kues könnte sein Denken in diese Forschung hinüberführen. Man hätte zu seiner Zeit die alte Forschungsart ablegen, die mystische Stimmung bewahren und die moderne Naturforschung annehmen können, wenn sie schon dagewesen wäre.»

Nikolaus von Kues (1401–1464) war ein ausgebildeter Mathematiker, der dem menschlichen Denken die Idee eines unendlichen Weltalls wiederum zugänglich machte. Bei dem Versuche zu verstehen, was Rudolf Steiners Wort von der «mystischen Vertiefung» in diesem Zusammenhang bedeuten soll, kann es uns helfen, wenn wir den Blick auf den Übergang vom Quantitativen zum Qualitativen, vom Berechenbaren zum Unberechenbaren richten, wie er sich bereits innerhalb der Mathematik zeigt. In der griechisch-römischen Kultur des Altertums wurde das menschliche Denken auf den quantitativen Aspekt der starren und endlichen Welt der geschaffenen Dinge hingelenkt. Es war dies Welten-Schicksal. Das neue Zeitalter steht vor der Aufgabe, die aus den Methoden irdischen Berechnens gewonnenen Erfahrungen mit dem anderen, ebenso realen Aspekt des Weltalls in Einklang zu bringen — mit dem geistig-unendlichen Aspekt dieses Weltalls. Die mathematische Idee der Unendlichkeit rückte bereits im 13. Jahrhundert allmählich in den Horizont des menschlichen Denkens herein. Thomas von Aquino (1225–1274), der zwar Aristoteles' Behauptung, daß es kein Unendliches (in äußerer Richtung) gebe, nicht widersprach, anerkannte doch bereits, daß ein Kontinuum nicht aus unteilbaren Entitäten bestehen könne. Er deutete im Zusammenhang mit seiner inneren Gottessuche auf das Unendliche, wenn er davon sprach, daß es möglich sei, ein bestimmtes Kontinuum ad infinitum aufzuteilen. Damit näherte er sich der Idee des Unendlich-Kleinen im Innern. Er hatte einen abstrakten Gedanken formuliert, der es der Seele erlaubte, einen Bezug zu dem im Innern erlebten Göttlichen herzustellen — den Gedanken, daß Gott in einer jeden Menschenseele wohnt.

Zwei Jahrhunderte später, als die Epoche der Verstandesseele in der Menschheitsentwicklung allmählich dem Anbruch des neuen Zeitalters Platz machte, in welchem der Mensch die Kräfte der denkenden Seele voll entfalten sollte (Rudolf Steiner nennt sie Bewußtseinsseele[2], vollzog, wie bereits erwähnt, Nikolaus von Kues eine bedeutende geistige Horizonterweiterung, als er die Idee eines Weltalls, das unbegrenzt ist, einführte.

Paul Allen schreibt: «Nikolaus von Kues ist heute für seine kosmologischen Vorstellungen, seine originelle und umfassende Gedankenbildung sowie für seinen Denkermut bekannt ... Wie der berühmte französische Mathematiker und Philosoph René Descartes beinahe zweihundert Jahre nach von Kues' Tod schreiben sollte: ‹Der Kardinal von Kues und mehrere andere Theologen haben sich die Welt als eine unendliche vorgestellt, und die Kirche hat sie dafür niemals verdammt. Im Gegenteil: Man denkt, seine Werke ganz groß erscheinen zu lassen, ist eine Art, Gott zu ehren.› Von Kues' Werk wurde von Menschen wie Giordano Bruno, dem Philosophen, Dichter und — Märtyrer, von dem Astronomen Johannes Kepler sowie von Descartes geschätzt, um nur ein paar wenige Namen zu nennen. Der Mut, den ein damaliger Denker brauchte, um die Tragweite der neuen Zeitimpulse zu begreifen, war bei Nikolaus von Kues vorhanden, und seine umfassenden Untersuchungen in der Welt des Denkens bezeugen seine Bedeutung und seine Größe.»

Von Mut und wahrer Gottesliebe fühlten sich diese frühen Denker inspiriert. Ihre Lebensgeschichten berichten keineswegs nur von dauernd geebneten Wegen; oftmals hatten sie gegen Schwierigkeiten und Widerwärtigkeiten aller Art anzukämpfen, und doch haben sie den Mut zu ihren Überzeugungen nie sinken lassen, auch wenn sie von der Inquisition und dem Scheiterhaufen bedroht wurden.

Die Geschichte der Entwicklung der Mathematik und der kopernikanischen Weltanschauung ist tief verwurzelt in solchen menschlichen Erfahrungen. Die Menschen suchten einen inneren Weg zur Erleuchtung, gleichzeitig aber eröffnete sich ein äußerer Weg, der zum Verständnis der Natur und des Lebendigen führte. Manche dieser «Mystiker» waren Theologieprofessoren, manche waren Lehrstuhlinhaber der Mathematik oder praktizierende Ärzte. Die letzten drei, über die Rudolf Steiner schreibt, waren Zeitgenossen von Desargues, Pascal und Descartes: Es handelt sich um Jakob Böhme (1575–1624), Giordano Bruno (1548–1600) und Angelus Silesius (1624–1677). Unter den insgesamt elf von Rudolf Steiner beschriebenen Mystikern befindet sich auch Paracelsus, der im 16. Jahrhundert lebte. Das komplizierte Gewebe solcher menschlichen Schicksale wurde für den Seher des 20. Jahrhunderts durchsichtig.

Rudolf Steiners Buch «Die Schwelle der geistigen Welt», 1913 geschrieben, kann dem modernen Forscher in sehr exakter Weise den Weg weisen, der — jetzt aber im Lichte des modernen Gedankenelementes — zur erneuten Entschleierung der *Göttin Natura* führt. Es zeigt, wie wir durch das Denken wiederum zu einer Wahrnehmung jener Welt von *Wesenheiten* dringen können, welche der heutigen Anschauung einer von Atomen erfüllten Welt verborgen oder verlorengegangen ist.

Doch ebenso wenig, wie jemand das Reich der Mathematik betreten kann, ohne mit ihren Gesetzen Bekanntschaft zu schließen, so kann ein Mensch in die real geistige Welt eindringen, ohne mit dem ernsten Hüter der Schwelle konfrontiert zu werden. Nur wer mit offenen, erkennenden Augen und mit einer Liebe zu allen Wesen im Herzen vor diesem Hüter zu stehen kommt, wird in freier Weise den Weg in die Zukunft finden können. Hier ist Mut vonnöten. Der Materialismus ist ein «seelisches Furchtphänomen». Zweifellos spielt Furcht in der heutigen Welt eine zentrale Rolle. Schon immer aber wurde von denjenigen Menschen, welche die Welt der Sinne verlassen wollten, um jene andere Welt zu betreten, die vom Schleier der *Maya* verhüllt ist, Mut verlangt. Heute führt der Erkenntnisweg, wie in der alten Mystik, nach innen, *zugleich aber* führt er auch zur Entschleierung der Mysterien, die in der äußeren Natur oder in der Welt der Sinne walten. Deutlich kann heute der Doppelruf vernommen werden: «Mensch, erkenne dich! Mensch, erkenne die Welt!»

Es ist wirklich Mut vonnöten, doch Mut spielt auch in der heutigen Welt in elementaren Bereichen eine große Rolle; wie viele Männer, Frauen und Kinder in der ganzen Welt müssen ihn infolge der heutigen Zeitverhältnisse nicht schon innerhalb der ganz gewöhnlichen Alltagsroutine aufbringen.

Wir können uns dazu entscheiden, mit geschlossenen Augen herumzuwandeln; oder aber, unsere Rolle zu spielen. In unserer Zeit befindet sich der Mysterien-Tempel nicht irgendwo im Verborgenen, so daß nur wenige den Zugang finden; die *ganze Welt* ist heute der Tempel der Mysterien, und jeder Mensch kann darüber entscheiden, ob er ihn betreten möchte oder nicht und ob er das Wagnis einer tieferen Selbsterkenntnis eingehen will, denn «die im Menschen steckende geistige Wesenheit, die man selbst ist, die man aber so wenig durch das gewöhnliche Bewußtsein erkennen kann, wie das Auge sich selbst sehen kann, ist der ‹Hüter an der Schwelle› in die geistige Welt».

Die extreme Klugheit des kalten Intellektes hat die unendlichen Verwicklungen unserer modernen materialistischen Zivilisation hervorgebracht. Was in den paar letzten Jahrzehnten aufgrund der erfindungsreichen praktischen Anwendungen der mathematischen Physik geschehen ist, hat die Welt in einer Art verändert, wie sie in den letzten tausend Jahren niemals verändert wurde. Doch im Angesicht dieses Materialismus beginnen die Menschen, in anderen Richtungen zu suchen, um seelisch noch überleben zu können; andere Kräfte verstärken sich und werden in Zukunft noch stärker werden; auch zeigen sich vermehrt Tendenzen, über alle Grenzen hinweg zusammenzuarbeiten. «Wo Liebe, wo Mitgefühl sich regen im Leben, vernimmt man den Zauberhauch des die Sinneswelt durchdringenden Geistes», so heißt es in dem genannten Werk Rudolf Steiners

Noch einmal, jetzt aber in verwandelter Form, tönen uns aus dem ersten Mysteriendrama, «Die Pforte der Einweihung», die Worte entgegen:

> «Des Lichtes webend Wesen, es erstrahlet
> Von Mensch zu Mensch,
> Zu füllen alle Welt mit Wahrheit.»

Die Mathematik an der Schwelle

In ihrer weiteren Entwicklung erweist sich die Mathematik zugleich als Führer wie als Werkzeug, sowohl in spiritueller wie auch in ganz praktischer Hinsicht. Die Gewißheit, die uns die Durchsichtigkeit des mathematischen Denkens schenken kann, vermag alle Schleier der Unsicherheit zu durchdringen, die sich heute auf den allerverschiedensten

Gebieten bemerkbar machen. Es liegt am Menschen selbst, vom Schwerte des Erzengels Michael Gebrauch machen zu lernen – vom Schwert eines klaren, durch einen feurigen Willen erwärmten Denkens.

Auf dem Pferd des Intellektes reitend, brauchen wir Mut, um uns dem Drachen entgegenzustellen. Michael, der Erzengel der Sonne, der der führende Geist unserer Zeit ist, kann uns den Weg weisen, *sofern Menschen dies wollen*; denn in der Welt des Denkens kommt es auf Freiheit an. Die Menschheit muß, während sie der Materialismus beim Kragen hält, den Weg weiter finden. Zwar hat der Materialismus seinen festen Griff zu lösen begonnen; dennoch sind mehr denn je Vertrauen und Unterscheidungsvermögen erforderlich. Die Mathematik ist ein weites und riesiges Feld; es birgt sehr viele Antworten. Das Wesentliche ist, die rechte Frage an sie zu stellen.

Die Geschehnisse und Wesen und die geschaffenen Dinge, die uns in der physischen Welt der Sinne umgeben, sind die äußeren Erscheinungsformen von Welten, die außerhalb unserer räumlich-zeitlichen Sinneswelt liegen. Die erste dieser jenseitigen Welten ist die *ätherische* Welt; ihre Gesetze zu studieren heißt, den ersten Schritt über die Schwelle der Sinneswelt hinaus zu tun.

Wie hat nun Rudolf Steiner versucht, in seinen Zuhörern die Einsicht zu erwecken, daß wir auf der Grundlage der synthetischen Geometrie dazu genötigt sind, eine *Raumidee* auszubilden, *die mit der Wirklichkeit der ätherischen Welt im Einklang steht?*

Am 8. April 1922 führt Rudolf Steiner in einem Vortrag mit dem Titel «Die Stellung der Anthroposophie in den Wissenschaften» aus, wie der Anthroposophie Schwierigkeiten gemacht werden, wenn sie die verschiedenen einzelnen Wissenschaftsgebiete betreten wolle. Er zeigt, wie die grundlegende Bewußtseinshaltung der Anthroposophie aus jenem modernen Wissenschaftszweig stammt (nämlich aus der Mathematik), der von allen Wissenschaftsgebieten in bezug auf seinen Wissenschaftscharakter und seine Bedeutung am allerwenigsten angegriffen wird. Er gibt seinem Bedauern Ausdruck, daß er, um die Idee des ätherischen Raumes charakterisieren zu können, genötigt sein werde, seinen Zuhörern etwas «entlegenere Auseinandersetzungen» zuzumuten, und beschreibt dann im weiteren die Seelenhaltung, in die sich ein Mensch versetzt, wenn er sich in aktiver Weise dem mathematischen Denken hingibt. Und dieses mathematische Denken, so erfahren wir weiter, führt «wenn richtig ausgeführt, zur übersinnlichen Wahrnehmung». Von der Geometrie – der «Raumeslehre», wie er sie nennt – seinen Ausgangspunkt nehmend, zeigt er dann bis in die Einzelheiten, wie wir in der Kindheit zuerst durch unseren Körper die drei Raumesdimensionen *erleben* und erst später abstrakte *Gedanken* von ihnen bilden.

Rudolf Steiner möchte, daß wir uns deutlich machen, wie unsere Vorstellung des gewohnten drei-dimensionalen euklidischen Raumes dadurch entsteht, daß wir in abstrakte Gedanken verobjektivieren, was wir zuvor in realer Weise durch unseren Leib erlebt haben, als wir lernten, uns aufzurichten, uns zwischen links und rechts zu orientieren und schließlich auch die dritte Dimension durch die Ferneinstellung unserer Augen abzuschätzen. «Dasjenige, was wir erst in uns selbst erlebt haben, das tragen wir außerhalb unseres Leibes heraus», sagt Rudolf Steiner in bezug auf diesen Verobjektivierungsvorgang. «Wir gehen tatsächlich, indem wir den Raum in dieser Weise in uns bilden, aus uns heraus ... Indem wir so den Raum erst verobjektiviert haben, können wir jetzt eben mit den Vorstellungen, die wir geometrisch innerhalb des Raumes bilden, die äußeren

Bewegungs- und Lageverhältnisse der Dinge so studieren, daß wir wirklich empfinden: Wir stehen auf sicherem wissenschaftlichem Gebiete . . .»

Nachdem wir erst in ziemlicher Unbewußtheit die physische Realität der aufrechten Haltung, der Links-Rechts- und der Vorn-Hinten-Dimension erlebt haben, können wir im späteren Leben abstrakte Gedanken davon bilden; indem wir uns also gleichsam außerhalb unseres Leibes versetzen, sind wir imstande, auf ihn zurückblickend, die drei geometrischen Raumesdimensionen in ihm zu erkennen. *Ein tief intuitives Erlebnis wird dadurch ins Bewußtsein gehoben.*

Die Tatsache, daß sich der einzelne Mensch in einem dreidimensionalen physischen Leib inkarniert findet, ist die Wiederholung oder Widerspiegelung eines Prozesses, der im Laufe der Menschheitsentwicklung (bei der gesamten) Menschheit stattgefunden hat. Durch die ganze Menschheitsgeschichte hindurch finden wir in der Kunst ein Abbild dieses Prozesses: Szenen werden sichtbar, die allmählich gleichsam aus dem Goldhintergrund hervortreten und sich, dank der Entwicklung der Perspektivengesetze, in den drei Dimensionen des Raumes abzuspielen beginnen. Denn erst im Beginn des 15. Jahrhunderts wurde durch Maler und Zeichner die dritte Dimension eigentlich erst wirklich eingeführt.

So, wie der Mensch mit jeder einzelnen Inkarnation die Stufen durchläuft, welche im Laufe der Evolution die gesamte Menschheit durchgemacht hat, und wie im individuellen Leben die Zeit kommt, wo das Kind fähig wird, in abstrakter Weise über geometrische Tatsachen Gedanken zu bilden, so wurde die Geometrie, wie wir sie mit ihren Gesetzen des Parallelismus und der Rechtwinkligkeit kennen, einst in Büchern niedergelegt. Und dann traten im 16. Jahrhundert die Vorstellungen des kartesischen Raumes und die Gesetze der Perspektive hinzu.

So ging der historische Entwicklungsgang der Mathematik Hand in Hand mit der Entwicklung der modernen wissenschaftlichen Denkweise, welche auf der sicheren Grundlage des mathematischen Denkens fußt.

In dem weiter oben angeführten Vortrag stellt Rudolf Steiner fest, daß das mathematische Erlebnis des dreidimensionalen Raumes *bereits eine übersinnliche Erfahrung ist,* auch wenn wir es nicht für eine solche halten. Als geistig-denkende Wesen erleben wir die Dinge in unserer Umgebung: Wir lernen die Gesetze der Phänomene verstehen, die wir im Raume antreffen – der Formen und Substanzen. «Wer in der richtigen Gesinnung an Mathematik sich heranbegibt, der wird dazu kommen, gerade in dem Verhalten des Menschen im Mathematisieren das Musterbild zu sehen für alles dasjenige, was dann erreicht werden soll für eine höhere, eine übersinnliche Anschauung.» Die mathematischen Strukturen, die wir im Raume «wahrnehmen», sind also in Wahrheit übersinnliche Wahrnehmungen – «wir geben es nur nicht zu, weil wir gewöhnt sind, es hinzunehmen».

Nachdem er so charakterisiert hatte, wie unsere gewohnte Vorstellung des physischen Raumes eigentlich entsteht, eröffnete Rudolf Steiner eine weitere wichtige Perspektive: *Könnte der Mensch unter Umständen vielleicht auch mit anderen Erlebnissen vollbringen, was er in bezug auf die Umwandlung seiner leibbedingten Raumerfahrung in eine mathematische Idee bereits getan hat?* «Wenn wir», so beantwortet Rudolf Steiner diese Frage, «ebenso, wie wir in unserer Raumvorstellung subjektive Erlebnisse so umgestalten können, daß wir dann mit dem umgestalteten Erlebnis außer uns stehen, auf uns selbst zurückschauen können und so weiter, wenn wir das zum Beispiel könnten mit Bezug auf die Sinneswahrnehmungen, mit Bezug darauf, wie wir die Sinnesqualitäten empfinden, die Farben, Töne und so weiter – wenn wir, ebenso wie wir das Raumeserlebnis aus uns heraus schafften und bilden: wenn wir ebenso anderes bilden könnten! So daß wir ebenso, wie wenn wir einen Salzwürfel ansehen, wir ja die Gestalt des Würfels aus unserer Geometrie mitbringen und wissen, daß eine vollständige Identifizierung der Gestalt des objektiven Salzwürfels mit dem, was wir in der Raumesvorstellung gebildet haben, stattfindet, wenn wir ebenso aus uns erschaffen könnten, sagen wir, die Welt der Farben, und dann gegenübertreten würden den äußeren gefärbten Gegenständen, dann würden wir in der gleichen Weise dasjenige, was wir erst in uns ausbilden, gewissermaßen herauswerfen in die Welt...»

Rudolf Steiner sagt nun, daß es auch eine Seite der Mathematik gebe, die uns ermögliche, in den Bereich des *Qualitativen* einzudringen – einen Bereich, der bis dahin als etwas außerhalb der Wissenschaft Gelegenes betrachtet wurde. «Wie wir *unbewußt*, einfach aus unserer menschlichen Natur heraus, uns die Raumesgestalt ausbilden, um sie dann in der Welt wiederzufinden, indem wir sie erst metamorphosiert haben, so kann der Mensch durch gewisse Übung – das muß er jetzt *bewußt* ausführen – dazu kommen, aus sich heraus den gesamten Umfang der *Qualitäten* enthaltenden Welt zu finden, um sie dann wiederzufinden in den Dingen, wiederzufinden zurückschauend auf sich selbst. – Was ich Ihnen hier schildere, ist das Aufsteigen zu der sogenannten *imaginativen Anschauung*.» (Hervorhebung durch die Verfasserin.)

Der «negative Raum» des Bildekräfteleibes

Im weiteren Verlauf seiner Ausführungen weist Rudolf Steiner darauf hin, wie innerhalb der modernen Mathematik algebraische Berechnungen in solcher Art weitergeführt werden können, daß sich das Postulat einer vierten oder noch höherer Dimensionen und damit auch die Theorie von anderen (nicht-euklidischen) Räumen und Geometrien ergebe. «Diese Dinge sind mathematisch-logisch ja auch vollständig richtig, aber für denjenigen, der eben so die Entstehung der Raumanschauung kennt, wie ich es beschrieben habe, für den liegt hier etwas ganz Besonderes vor.» Nach einem vergleichenden Hinweis auf das Pendel, dessen Bewegung in der einen oder anderen Richtung sich nicht beliebig weit fortsetzt, sondern nach einem bestimmten Punkte umkehrt, stellt Rudolf Steiner fest: «Es geht nicht in ein unbestimmtes Viertes hinein, sondern man muß von einem gewissen Punkte an umkehren, und die vierte Dimension wird nämlich einfach die dritte Dimension mit umgekehrtem negativem Vorzeichen... Die Raumanschauung muß wiederum in sich zurückkehren.» Indem wir durch die dritte, zweite und erste Dimension wiederum zurückkehren, heben wir die Dimensionen eine nach der anderen auf, bis wir zu einem Punkt im «negativen Raum» kommen: «Dann wird der Raum geist-erfüllt, während der dreidimensionale Raum materie-erfüllt ist.»

Bei vielen anderen Gelegenheiten – zum Beispiel, als er den Naturwissenschaftlern deutlich machen will, wie sie sich das eigentliche Wesen der Sonne noch leerer als ein leeres Vakuum vorzustellen haben – greift Rudolf Steiner zu einem aufschlußreichen Beispiel, um das Wesen des «negativen Raumes» zu illustrieren. Wie jedermann weiß, so sein Beispiel, kann man eine Tasche voller Geld haben; und dann kann das Geld ausgegeben werden, bis die Tasche leer ist. Doch die Tasche kann auch leerer als leer sein, nämlich dann, wenn man Schulden macht! Von diesem Beispiel macht Rudolf Steiner des öfteren Gebrauch, um den «negativen Raum» der Sonne dem «positiven Raum» der Erde gegenüberzustellen. *Das ist eine völlig neue mathematische Idee, die mit den geisteswissenschaftlichen Tatsachen voll übereinstimmt.*

In dem darauffolgenden Vortrag vom 9. April 1922 mit dem Titel «Die Bildende Kunst» charakterisiert Rudolf Steiner diesen «negativen Raum», in welchem die drei positiven Dimensionen aufgehoben worden sind, ausführlicher. Während er zuvor das Pendelbeispiel aus der Physik gebrauchte, beschreibt er die zwei Arten von Räumen nun anhand des bildhauerischen Schaffens. Den zweiten Raum mit seinen negativen Dimensionen bezeichnet er hier als den «anderen Raum», den «der Bildhauer betritt». «Dieser andere Raum hat sein Geheimnis darin, daß man nun nicht von einem Punkte ausgehen und gewissermaßen auf diesen Punkt alles beziehen kann», wie es im kartesischen Koordinaten-System der Fall ist. Vielmehr «muß man ausgehen von dem Gegenteil dieses Punktes... Das Gegenteil dieses Punktes ist nichts anderes als eine unendlich weit entfernte Kugel, zu der man hinaufsehen würde, annähernd wie zum blauen Firmamente...»

Der Leser sollte sich an dieser Stelle darüber im klaren sein, daß die unendlich ferne Kugelfläche (von ihrem Mittelpunkt nach außen hin betrachtet) in Wirklichkeit die unendlich ferne Ebene ist, mit der wir mittlerweile vertraut sind! Denn eine unendlich große Kugel hat, mathematisch gedacht, keine Krümmung mehr, sondern ist vollkommen flach. Man begebe sich in einer klaren Sternennacht auf ein freies Feld mit offener Himmelssicht. Einfach hinaufzuschauen, die Sterne auf der Karte zu suchen und zu markieren ist eine intellektuelle Erden-Raum-Betätigung. «Aber wenn man mit dem ganzen Menschen diesem Sternenhimmel gegenübersteht, so empfindet man anders. Wir haben heute diese Empfindungsmöglichkeit verloren, aber sie kann wieder angeeignet werden.» Erlebt man den nächtlichen Sternenhimmel in seinen verschiedenen Stimmungen und Verhältnissen, mit den verschiedenen Konstellationen, vielleicht bei Mondschein oder auch bei Neumond, so kann man in die eigene kosmische Umgebung allmählich in einer tieferen Weise einzudringen lernen in ähnlicher Art, wie man in den eigenen physischen Organismus eindringt, um den äußeren Erdenraum zu erleben.

Wenn man nun «vorrückt von der gewöhnlichen Anschauung, die noch ausreicht für die Geometrie – dann bekommt man eine solche Anschauung, wie man sie braucht für diese Weiten, wenn man vorrückt zu dem, was ich gestern und vorgestern die imaginative Erkenntnis genannt habe... und dann bekommt man eine Imagination des ganzen Kosmos. Man bekommt das Gegenbild... der drei geometrischen Raumdimensionen. Man bekommt etwas, was sich in unendlicher Weise konfigurieren kann...»

«Man bekommt», führt Rudolf Steiner weiter aus, «da nun nicht einen Raum, der sich durch drei Dimensionen erschöpfen läßt, wenn man in dieser Weise vom Sternenhimmel herein zu der Raumesvorstellung kommen will, sondern man bekommt einen Raum, den ich auch nur bildhaft andeuten kann. Würde ich den Raum, von dem ich gestern gesprochen habe, anzudeuten haben mit den drei senkrecht aufeinanderstehenden Linien, so müßte ich diesen Raum so andeuten, daß ich überall solche Konfigurationen zeichne, wie wenn *Kräfte in Flächen* sich von allen Seiten des Weltenalls der Erde näherten und von außen her plastisch wirkten an den Gebilden, welche auf der Erdoberfläche sind.

Zu einer solchen Vorstellung kommt man, wenn man vorrückt von dem, was mit den physischen Augen an den Lebewesen, vor allen Dingen am Menschen zu sehen ist, zu dem, was ich jetzt hier Imagination genannt habe, wobei sich einem statt des physischen Menschen der Kosmos in Bildform eröffnet und einem einen neuen Raum schenkt. Sobald man dazu vorrückt, kommt man dazu, anzuschauen dasjenige, was ein zweiter Leib des Menschen ist, den ein älteres, ahnendes Hellsehen, ein instinktives Hellsehen genannt hat den Ätherleib, den man besser nennt den Bildekräfteleib; einen übersinnlichen Leib, der aber durchaus aus feiner, ätherischer Substantialität besteht und der durchdringt den physischen Leib des Menschen. Wir können diesen physischen Leib studieren, wenn wir die ihn durchströmenden Kräfte innerhalb seiner Raumausdehnung suchen. Den Äther- oder Bildekräfteleib, der den Menschen durchflutet, können wir nicht studieren, wenn wir von diesem Raume ausgehen. Wir können ihn nur studieren, wenn wir ihn als gebildet aus dem ganzen Kosmos auffassen; wenn wir ihn so auffassen, daß eben diese von allen Seiten sich der Erde nähernden Kraftflächen an den Menschen herankommen und von außen her seinen Bildekräfteleib plastisch formen.»

Es ist viel leichter, in mathematischer Art auszudrücken, wie wir uns gleichsam punktzentriert im Erdenraum befinden, als in exakter Weise das ebenfalls intuitive, polar entgegengesetzte Erleben gedanklich zu fassen – das Erleben, im ganzen Himmelszelt ausgebreitet zu sein, eins zu sein mit dem ganzen Sternenweltall. Ersteres ist eine alte und uns vertraute Erlebnisart, das zweite Erlebnis müssen wir erst noch richtig ausbilden. Ein solches Erlebnis kann in Träumen oder im Augenblick des Todes oder der Geburt auftreten: seiner innersten Natur nach ist es nichts anderes als das Erlebnis, in der unendlich fernen Ebene ausgebreitet zu sein und von da aus auf einen winzigen Punkt weit innen oder unten hinzuschauen. Das Auftreten eines solchen Erlebens ist in der Tat keine Seltenheit.

Sich von einer derartigen Erfahrung einen klaren Begriff zu bilden, ist vielleicht schwierig, sofern man sich noch keine mathematische Vorstellung eines Raumes erarbeitet hat, der dem Erdenraum des Leibes polar entgegengesetzt ist. Erarbeitet man sich eine solche Vorstellung jedoch, so wird man sich auch einen solchen anderen Raum denken lernen, wie er der Erlebnisart des eigenen Ätherleibes entspricht. Denn ebenso wie die physisch-gravitationsmäßige Erlebnisart kann auch dieses an den Ätherleib gebundene intuitive Erleben in mathematische Vorstellungen umgesetzt und dadurch verobjektiviert werden.

Tun wir dies, so bringen wir uns die Gesetze des Bildekräfteleibes zum Bewußtsein, und wir lernen allmählich, uns klare Gedanken von den Kräften zu bilden, deren wir uns bedienen, wenn wir aufrecht stehen und uns bewegen. Dieser Erlebnisart ist der Ausdruck «Levitation» angemessen. (Wir gebrauchen diesen Ausdruck in einem streng wissenschaftlichen Sinne. Der Ausdruck «Levitation» wird hier zur Beschreibung eines Prozesses verwendet, der das polare Gegenstück zu den Gravitationsprozessen bildet: nicht im Sinne irgendwelcher mediumistischer Vorstellungen und Praktiken.) Aufgrund der neuen mathematischen Idee eines polar-euklidischen Raumes, in welchem *Flächen* und nicht Punkte die Hauptrollen spielen, können wir in berechtigter Weise die Vorstellung von Kräften bilden, die von Fläche zu Fläche wirken, während die klassische Mechanik nur Kräfte kennt, die zwischen Punktzentren wirksam sind.

Rudolf Steiners neue Kunst der Eurythmie[6] *lebt* ganz von solchen neuen Gedankenbildungen: sowohl den die Bewegungen Ausführenden wie den Zuschauern vermittelt diese neue Bewegungskunst das Erleben der subtilen *Kräfteflächen* des übersinnlichen Bildekräfteleibes, der den physischen Leib sich durch den Raum bewegen läßt.

Der Raum dieses Bildekräfteleibes ist jener «andere Raum», den «der Bildhauer betritt», den aber auch der Eurythmist betritt. Wir könnten sagen: Der Ton befindet sich in der einen Art von Raum, und die Hände des Bildhauers arbeiten in dieser zweiten Art von Raum (dem Gegenraum), und zwar gemäß dessen eigenen Gesetzen. Es sind dies die Gesetze, nach denen die Bildekräfte der Lebensprozesse die physische Substanz ergreifen und formen. In diesem anderen Raum handelt es sich nicht darum, Substanz zu akkumulieren; eine solche rein additive Akkumulation ist *ein irdischer Prozeß*, wie er sich etwa beim Bau eines Hauses abspielt. Der Bildhauer holt die Form aus der Substanz heraus, er zieht die lebendige Form gleichsam heraus. Rudolf Steiner arbeitete als Bildhauer mit ungeheuren Holzmassen, welche mit dicht nebeneinander angesetzten Meißelschlägen weggehauen werden mußten, so daß jeweils eine homogene Fläche entstand. So wurden die Formen im «negativen Raum» – in dieser anderen Art von Raum, dem «Flächenraum»[7] – zur Erscheinung gebracht. Seine Holzplastik spricht demgemäß ganz die Sprache des Reliefs.

Physische Substanz ist der herunterziehenden Gravitationskraft unterworfen; sie ist im irdischen Punktraum zu Hause und unterliegt den Kräften von Druck und Konsolidierung. Der Bildhauer hebt dagegen die Substanz in eine andere Welt empor, in welcher jene Kräfte wirken, die Rudolf Steiner Saug-, Levitationskräfte oder flächenhafte Kräfte nennt.

Greifen wir auf die mathematischen Vorstellungsbilder der Polarverwandlung zurück (vergleiche Kapitel IV), so können wir uns nun innerlich vorstellen, wie die Ebenen aus der Peripherie hereinstrahlen und ihre Polarpunkte zu sich heranziehen, bis sich die beiden Welten gegenseitig durchdringen.

Ebene um Ebene kommt in dieser Art von der Peripherie des kosmischen Weltenraumes (das heißt jener «anderen Art von Raum») herein, und während dieses Prozesses ziehen sie oder «saugen» sie die Punkte herauf – die lebenden Substanzen –, die damit ihren Gravitationszentren enthoben werden.

So haben wir in der polar-reziproken Verwandlung eine mathematische Interpretation der Vorgänge, die sich beim organischen Wachstum abspielen. In bezug auf diese Wachstumsprozesse, die von dieser «anderen Art Raum» aus geregelt werden, lesen wir in dem von Rudolf Steiner und Ita Wegman verfaßten Buch «Grundlegendes für eine Erweiterung der Heilkunst» das folgende: «Die Beobachtung zeigt doch, daß die Lebenserscheinungen eine ganz andere Orientierung haben als die im Leblosen verlaufenden. Für die letzteren wird man sagen können: Sie zeigen sich von Kräften beherrscht, die vom Wesen des Stoffes ausstrahlen, vom – relativen – Mittelpunkt nach der Peripherie hin. Die Lebenserscheinungen zeigen den Stoff von Kräften beherrscht, die von außen nach innen wirken, gegen den

– relativen – Mittelpunkt zu. Beim Übergang ins Leben muß sich der Stoff den ausstrahlenden Kräften entziehen und sich den einstrahlenden fügen.

Nun hat ein jeglicher Erdenstoff und auch Erdenvorgang seine ausstrahlenden Kräfte von der Erde und in Gemeinschaft mit ihr. Er ist ein solcher Stoff, wie ihn die Chemie betrachtet, nur als ein Bestandteil des Erdenkörpers. Kommt er zum Leben, so muß er aufhören, ein bloßer Erdenteil zu sein. Er tritt aus der Gemeinschaft mit der Erde heraus. Er wird einbezogen in die Kräfte, die vom Außerirdischen nach der Erde von allen Seiten einstrahlen. Sieht man einen Stoff oder Vorgang als Leben sich entfalten, so muß man sich vorstellen, er entziehe sich den Kräften, die wie vom Mittelpunkt der Erde auf ihn wirken, und er komme in den Bereich von anderen, die keinen Mittelpunkt, sondern einen Umkreis haben.»

Im ebenenhaften oder ätherischen Raume *drücken die Kräfte nicht herab und hinein*: Sie schweben nach innen, aber *ihre Wirkung besteht darin, lebende Substanzen herauf- und herauszuziehen*, und zwar vermittels der «Levitationskraft». Zwar kommen die Ebenen herein, und infolgedessen kann man geneigt sein, wiederum zu den gewöhnlichen Raumvorstellungen zu greifen, so daß man sich vorstellt, sie würden physisch hereindrücken. Sie haben aber in Wirklichkeit eine Levitationsqualität, und ihre schöpferisch-bildende Kraft ist charakteristisch für das Reich der ätherischen Bildekräfte; sie bilden und formen mit Kräften, die dem Licht angehören und nicht der Finsternis und dem Gewicht der Materie.

In diesem Zusammenhange führt Rudolf Steiner in dem Vortrag vom 9. April 1922 über die Venus von Milo das Folgende aus: Sie «ist nicht geschaffen, indem man Anatomie studiert hat, indem man an die Kräfte appelliert hat, welche aus dem Raumesinnern des physischen Leibes heraus bloß verständlich sind, sondern sie ist geschaffen dadurch, daß man gewußt hat in älteren Zeiten von jenem Bildekräfteleib, der den physischen Leib durchdringt, der aus dem Kosmos heraus gestaltet wird, *der aus einem Raum gestaltet wird, der ebenso peripherisch ist, wie der irdische Raum, der physische Raum zentral ist.* Dadurch aber, daß ein Wesen gestaltet wird von der Peripherie des Weltenalls herein, dadurch wird ihm aufgedrückt dasjenige, was nach der Urbedeutung dieses Wortes das Wesen der ‹Schönheit› ist, nämlich der Abdruck des Kosmos, mit Hilfe des Ätherleibes, in einem physischen Erdenwesen.»

Damit haben wir den ersten Schritt in das Gebiet des «anderen Raumes» gekennzeichnet, wie ihn Rudolf Steiner auf der Grundlage der synthetischen Geometrie ins Auge gefaßt hat; es ist zugleich ein erster Schritt zur Ausbildung einer übersinnlichen Wahrnehmungsfähigkeit.

In bezug auf den Zusammenhang des Mathematisierens mit den Stufen hellsichtiger Erkenntnis erfahren wir im gleichen Vortrag:

Die «Naturwissenschaft verwendet die fertige Mathematik. Derjenige, der begreifen will den hellsichtigen Prozeß, muß ihn da aufsuchen, wo er am primitivsten vorhanden ist: im Gestalten des Mathematischen. Kann er ihn dann hinauftragen in höhere Gebiete, dann bildet er etwas aus, was sich zum Elementaren, Primitiven des Mathematisierens so verhält, wie die späteren mathematischen Gebiete sich zu den Axiomen verhalten. Die ersten Axiome des Hellsehens sind lebendig. Und gelingt es uns, das Mathematisieren durch Übungen auszubilden, so werden wir nicht nur räumliche Verhältnisse in der

Umwelt sehen, sondern wir lernen Geistwesen ... kennen, wenn wir in dieser Weise dasjenige, was wir im Mathematisieren ausbilden, hinauftragen in höhere Gebiete.»

Die geistigen Wesenheiten, von denen der Hellseher spricht, sind zunächst Elementarwesen und Engelwesen, die der ätherischen Welt angehören; sie liegen heute normalerweise jenseits unseres Wahrnehmungsvermögens, doch in seltenen Augenblicken können sie uns zum Bewußtsein kommen oder uns das leise Rauschen ihrer Flügel hören lassen ...

Es ist gut, wenn wir lernen, uns Formen im Zusammenhang mit *Ebenen und Oberflächen* vorzustellen; denn das ist in der Tat jenes Formelement, in welchem sich die Elementarwesen von Wasser, Luft und Feuer offenbaren. Wie aus uralter Erinnerung heraus gestaltet die Künstlerphantasie die Engel und die über ihnen stehenden hierarchischen Wesenheiten mit Flügeln und Heiligenschein. Solche Wesen werden ja von kosmischen Ebenen und Flächen emporgetragen, wie auch wir selbst, obgleich wir an die Erde gebunden sind, in allen unseren Bewegungen emporgetragen werden.

Die Naturwissenschaft ist gewiß nicht darauf erpicht, geflügelte Elementarwesen, wie etwa Feuerfliegen, zu entdecken. Doch indem wir zu weiteren mathematischen und morphologischen Ideen vorstoßen, können wir vielleicht zumindest unseren Gedanken Flügel verleihen und *denkend* mehr in den Naturerscheinungen zu sehen beginnen, als uns zunächst ins Auge springt.

Mit Farben, Tönen und Oberflächen spricht die Kunst von einem tieferen Formverständnis zu uns. Sie macht den ätherisch-unsichtbaren Formaspekt sichtbar und hörbar für uns. Lernen wir, Formen nicht nur in ihrem punktmäßigen Aspekt zu erleben — was ganz den Gesetzen des cartesischen Raumes entspricht, in welchem sie als *geschaffene Formen* erscheinen —, sondern auch in ihrer ebenenhaften Geste, welche uns etwas von dem *schöpferischen Gestaltungsprozeß* offenbart, so beginnen wir über den materiellen Formaspekt hinaus zu sehen. Bisher verborgene, unsichtbare Qualitäten werden in unserer Vorstellungskraft allmählich aufleuchten. Es sind die Qualitäten des Lebens, der Seele und des ihnen innewohnenden Geistes. So kann diese neue Formbetrachtung zu einer zeitgemäßen Art des «Hellsehens» führen.

Auf dem neuen wissenschaftlichen Erkenntnisweg, der durch Goethes morphologische Studien eröffnet und durch Rudolf Steiner[8] weitergeführt wurde, müssen sich Wahrnehmung und Idee stets zusammenschließen, wenn wir beispielsweise das Pflanzenreich betrachten. Wir lernen, in solcher Art zu beobachten und zu denken, daß *die einer Erscheinung wahrhaft innewohnende Idee* in der Seele erlebt wird: «Wie wir Augen haben, die physisch-materielle Welt wahrzunehmen, so müssen wir die Gedanken finden, mit welchen wir die unsichtbaren, geistigen Welten wahrnehmen können.» Dann werden wir mit eigenen Augen sehen, daß es einer Wahrheit entspricht, wenn wir sagen: Die Pflanze ist «eine mit materieller Substanz ausgefüllte ätherische Form»!

Ein entscheidender Schritt in der Mathematik des 20. Jahrhunderts

Für den Naturwissenschaftler der Zukunft ist die Unterstützung und der Beistand des mathematischen Denkens nach wie vor von wesentlicher Bedeutung, will er seine Ideen mit dem Charakter der Gewißheit versehen. Verbindet sich die neue Wissenschaft der Morphologie mit den Ideen der synthetischen projektiven Geometrie und wird beides dann einen Schritt weitergeführt, so gewährleistet das einen sicheren Erkenntnisweg. Eine klare mathematische Formulierung von *Raum und Gegenraum* ist ein erster Schritt auf diesem Weg.

Fassen wir das Wesentliche dieser durch George Adams im Jahre 1933 in seiner Schrift «Vom physischen und ätherischen Raume» gegebenen (und später in meiner «Projektiven Geometrie» wiedergegebenen) «Formulierung» zusammen, so können wir sagen: Der physische Raum ist seinem Wesen nach punktuell und zentrisch. Seine Unendlichkeit ist eine unendlich ferne Ebene (die kosmische Ebene), sie ist mit ihrem imaginären Kreis das Absolute der physischen Metrik. Der ätherische Raum ist seinem Wesen nach ebenenhaft und sphärisch. Seine Unendlichkeit ist ein innerer Punkt (der «Sternenpunkt»), er ist mit seinem imaginären Kegel das Absolute der polaren «Metrik».[4]

Als die früheren Mathematiker erst erkannt hatten, daß dem starren Raum der physischen Welt und seinen euklidischen Maßbegriffen der beweglichere Raum der projektiven Geometrie mit seiner ausgewogenen Punkt-Ebene-Symmetrie zugrunde liegt, empfand man es als unbefriedigend, daß das polare Äquivalent zur unendlich fernen Ebene und den daraus resultierenden metrischen Spezialisierungen fehlte. Vorübergehend wurde der negativ-euklidische Raum schon in der früheren mathematischen Literatur hier und da erwähnt (A. N. Whitehead bezeichnete ihn zum Beispiel als «Anti-Space»), aber für die rein formale Mathematik schien die negativ-euklidische Geometrie nichts Neues zu bieten, da sie ja unter Vertauschung der Begriffe Punkt und Ebene mit der euklidischen isomorph ist. Für die bisherigen vorwiegend punktuellen und atomistischen Vorstellungen über dasjenige, was in der Natur wirklich und wirksam sein könnte, schien sie zu naturwissenschaftlich unbrauchbaren Anschauungsformen zu führen.

Es ist sehr wichtig, sich klar zu machen, daß das Absolute des euklidischen Raumes ein permanent Gegebenes ist (es ist die unendlich ferne Ebene) und daß jeder beliebige Punkt in *diesem* Raum als ein Zentrum oder Punktursprung betrachtet werden kann, etwa die dreidimensionalen Achsen mit ihren rechtwinklig aufeinanderstehenden Ebenen. *Der absolute Punkt des ätherischen Raumes kann sich dagegen irgendwo im physischen Raume befinden*, denn die ätherischen Räume durchdringen den physischen Raum, wo immer wir Leben antreffen können; und diese ätherischen Räume haben alle ihren gemeinsamen Ebenenursprung – die unendlich ferne Ebene des physischen Raumes. Wir stehen vor einem wunderbaren Wechselverhältnis.

Im physischen Raum, der gewissermaßen innerhalb des Firmaments der unendlich fernen Ebene festgelegt ist, erscheinen und vergehen die Ätherräume in ständigem Wechsel; sie sind anwesend, wo immer Leben erblüht; sie schwinden, wo Leben erstirbt. Man könnte sie als wahre «Zeiträume» bezeichnen. Die Unendlichkeit des physischen Raumes ist der Urgrund dieser Ätherräume, ist ihr Quellgebiet; irgendein «Sternpunkt», der dem physischen Raume eingebettet ist, ist ihre Absolute – die Unendlichkeit, in die sie ihre Äther- oder Lebenskräfte verströmen.

Im physischen Raum:	*Im ätherischen Raum:*
Eine Weltenabsolute, zu der viele Zentren (Raummittelpunkte) als Ausgangspunkte eine Beziehung aufnehmen. Punktzentrierte Kräfte strahlen der peripherischen Unendlichkeit entgegen.	Viele Sternenabsolute, zu denen ein Weltenurgrund (Raumperipherie) als Ausgangssphäre eine Beziehung aufnimmt. Peripherische flächenhafte Kräfte werden nach innen zu von einer inneren Unendlichkeit in Empfang genommen.

Der Leser wird verstehen, daß sich der Ausdruck «Sternpunkt» auf die «innerste Unendlichkeit» eines polar-euklidischen Raumes bezieht. In unserem botanischen Werk über die Pflanze («Die Pflanze in Raum und Gegenraum») bezeichnen wir diesen Punkt manchmal als «Sternenzentrum» und manchmal als «Sonnenzentrum»; ätherisches oder «Sonnen-Zentrum» in bezug auf den Sproßbereich, «Sternenzentrum» meistens in bezug auf den Blütenbereich.

Cayley (1821–1895) und von Staudt (1798–1867) bezeichnen mit dem mathematischen Ausdruck des «Absoluten» jenes Gebilde im beweglichen «projektiven Raum», welches, wenn in konstanter (invarianter) Lage gehalten, eine besondere Art eines metrischen Raumes bestimmt. Wenn die unendlich ferne Ebene invariant ist, so wird dadurch der «Erdenraum» bestimmt. Der ätherische oder Sonnenraum andererseits wird durch eine innere funktionelle Unendlichkeit, das heißt durch einen unendlich fernen Punkt im Innern bestimmt.

Für den Erdenraum gibt es eine äußere Unendlichkeit: Es ist die Peripherie – die unendlich ferne Ebene. Stehen wir innerhalb des physischen Raumes eines punkt-zentrierten Leibes auf der Erde und blicken, vielleicht des nachts, zu den Lichtpunkten im Sternenhimmel empor, so schauen wir zu *dieser* Unendlichkeit hinaus.

Im Ätherischen aber leben wir zwischen zwei Unendlichkeiten, einer äußeren und einer inneren. Wollen wir uns ausgebreitet in der unendlich fernen Ebene in einer äußeren Unendlichkeit erleben (wie wir dies in den drei ersten nachtodlichen Tagen tun, wenn der physische Leib abgefallen ist und das Bewußtsein für die Ätherwelt erwacht), so sollten wir versuchen, uns vorzustellen, wie wir gleichzeitig in der *ganzen* Ebene sind und nun nach einem Lichtpunkt im Innern schauen; wir schauen nach einer *inneren Unendlichkeit*, dem «Sternpunkt» eines ätherischen Raumes – eines Raumes, welcher *flächenhaft* zu erleben ist; in welchem die lebendigen Universalkräfte wirken können. Wir würden somit von der unendlich fernen Ebene – dem «Baldachin» unseres Weltalls – nach dem inneren Sternpunkt, der funktionellen inneren Unendlichkeit eines Sonnenraumes schauen.

Der innere Punkt eines ätherischen Raumes ist etwas ganz anderes als ein gewöhnlicher Punkt, wie wir ihn uns etwa als Mittelpunkt unserer Erde denken. Mathematisch gesprochen müssen wir ihn uns als *aus lauter Ebenen und Linien gewoben denken. Dieser Punkt hat eine ebenenhafte Qualität*; er ist die Welt, in der sich Linien und Ebenen durchdringen: der Punkt «enthält» sie. *Diese Linien und Ebenen sind Teile dieses andersartigen Punktes, geradeso wie die Linien und Punkte Teile der Ebene sind, wie wir sie in unserem gewohnten Raum kennen.* Die ersten Mathematiker, die die Idee eines derartigen Punktes faßten und die der imaginativen Welt gar nicht so ferne standen, nannten ihn einen «Stern».

Später, als sich die Wolke des Materialismus zusehends verdichtete, nahm man mehr zu Ausdrücken seine Zuflucht, die physisch-materiellen Erfahrungen entstammen, indem man etwa von «Büschel» und «Bündel» sprach.

Solange wir im physischen Leib auf der Erde leben, ist es naturgemäß ein ungewöhnliches Erlebnis, sich in einer kosmischen Ebene darinnen zu fühlen und von hier aus *nach innen* auf einen Stern zu blicken! Für einen geschulten Mathematiker ist dies aber eine vollkommen durchsichtige Idee. Und er kann mit ziemlicher Leichtigkeit zur mathematischen Vorstellung von polar-euklidischen Räumen kommen, das heißt von lebenerfüllten Räumen, durch welche die ätherischen Kräfte nach innen zu weben, auf samenähnliche Punkte auf der Erde zu, die wie Brennpunkte des unsichtbaren Lichts sind. (Solche Vorstellungen können einem Mathematiker höchstens Schwierigkeiten bereiten, wenn sein Blick vom einseitig analytischen Aspekt getrübt ist.)

Was hat diese neue Entwicklung der projektiven oder synthetischen Geometrie für die Bewußtseinsentwicklung und für die Zukunft der Naturwissenschaft zu bedeuten?

Die Gedankenbildungen der euklidischen Geometrie haben, wie wir gesehen haben, die Menschheit in die Tiefen der finsteren Erdenwelt begleitet. Wir leben in den Gliedmaßen, die uns durch die Raumeswelt tragen. Wir können den Zusammenhang mit den göttlich-spirituellen Welten verlieren und völlig in der Materie versinken, gleichsam in die Bereiche des Erdenraumes und der Erdenzeit hineinsterben.

Im Zeitalter, als die Menschheit anfing, die weiten Horizonte wahrzunehmen und nach dem Gleichgewicht zwischen «Innerem» und «Äußerem» zu suchen, führte die Mathematik zum Bewußtwerden des «Umkreises» und des innersten Punktes, zwischen welchen im Herzens-Lungen-Schlage der rhythmische Puls des Lebens verläuft.

Jetzt, im 20. Jahrhundert, führt die Mathematik in aller Stille ihrer Gedankenbildung zu einem tieferen Verständnis der Welten von Licht und Finsternis und zur Erkenntnis, daß diese Welten der «Höhen» und der «Tiefen» durch den freien Menschenwillen miteinander vereinigt werden können. Das Weltall wird wiederum eine Ganzheit; durch den Willen des einzelnen, in der Finsternis das Licht zu finden, um mit ihm wiederum die Höhen zu suchen.

Die mathematische Kurve, welche die gegenseitige Durchdringung von zentrischen und peripherischen Vorgängen am besten veranschaulichen kann, ist die Lemniskate[9] (die Achterkurve), die auch Rudolf Steiner in seinen Ausführungen des öfteren verwendete. Um zu verstehen, was Steiner an dieser Kurve zeigen wollte, genügt es allerdings nicht, wenn wir uns vorstellen, sie bestehe nur aus einer Folge von Punkten, denn oft will er gerade Punktprozessen polar entgegengesetzte Vorgänge mit der Lemniskate veranschaulichen. Wir können die Bernoullische Lemniskate zusammen mit ihren Geschwisterkurven von Cassini darstellen, wie dies auf Tafel II und Abbildung 35 geschehen ist. Diese Abbildungen können (obwohl sie punktmäßig konstruiert worden sind) ein Wesensbild der Durchdringung von polaren Vorgängen zwischen einem positiven und einem negativen Raum beziehungsweise von einem «Sternen»-Brennpunkt vermitteln (siehe Seite 74). Die Komplementärfarben sollen den qualitativen Unterschied zwischen den beiden Brennpunkten zum Ausdruck bringen.

Dieses Lemniskaten-Bild läßt vielfache Abwandlungen zu (vergleiche zum Beispiel Tafel II). Eine wertvolle Übung besteht etwa darin, sich in Gedanken zwischen den polaren

Bereichen, den konkaven und konvexen Räumen, hin und her zu bewegen; hierzu muß man einen Punkte des «Nichts» passieren, um eine vollständige polare Verwandlung vom einen in den anderen Raum zu erhalten. Der eine Raum ist der peripherische Raum des Bildekräfteleibes; der andere der zentrische Raum des physischen Leibes. Auf diese Art bekommen wir ein Bild von demjenigen, was Rudolf Steiner einen «Lemniskaten-Raum» nannte – einem Raum, in welchem die Bereiche der zentrischen und der peripherischen Vorgänge tatsächlich miteinander vereinigt sind. Rudolf Steiner faßte die Beziehung zwischen Sonne und Erde wie auch die Bildung der menschlichen Gestalt in der Tat im Sinne einer derartigen Raumesbildung auf.[10]

Zum Schluß dieses Kapitels wollen wir Rudolf Steiner noch einmal zitieren. Nach einer Beschreibung des Raumes der plastischen, ebenenhaften Kräfte – der schöpferischen Welt des Bildhauers – fügte er am 9. April 1922 das Folgende hinzu:

«Aus dieser flüchtigen Andeutung – es konnte ja nicht mehr sein als eine solche skizzenhafte Andeutung, über die man weiterhin wird nachdenken müssen – werden Sie gesehen haben, daß der Bildhauer nicht bloß braucht eine Erkenntnis des Menschen, die er gewinnt, indem er ein menschliches Modell nachahmt, sondern der Bildhauer muß tatsächlich in der Lage sein, innerlich nachzuerleben die Kräfte, die durch den Kosmos wirken, indem sie die menschliche Gestalt formen. Dasjenige, was vorgeht, indem aus der befruchteten Keimzelle des mütterlichen Leibes, jetzt nicht bloß durch die Kräfte, die im mütterlichen Leibe sind, sondern wie durch die Mutter hindurch aus den kosmischen Kräften der Mensch plastisch geformt wird, das muß der Bildhauer ergreifen können. So muß er schaffen können, daß er zu gleicher Zeit dasjenige, was aus der menschlichen, individuellen Wesenheit sich enthüllt, immer mehr und mehr, je weiter man nach unten kommt, verstehen kann. Er muß vor allen Dingen verstehen können, wie diese wunderbare Außenbedeckung des Menschen, seine Hautform, zustande kommt als die Resultierende von den zwei Kräften, den Kräften, die vom Kosmos von allen Seiten herein peripherisch wirken, und demjenigen, was nun zentrifugal nach außen wirkt und sich dem entgegenstellt. Für den Bildhauer muß der Mensch sein in seiner äußeren Form ein Ergebnis von kosmischen Kräften und inneren Kräften. Man wird in allen Einzelheiten eine solche Empfindung haben müssen.»

VI. Polarität und Trinität in Natur und Menschenwesen

«Wie im physischen Leib die Erdenkräfte durch die Gestaltung leben können, so leben im Ätherleib die Kräfte, die aus dem Umkreis des Kosmos von allen Seiten auf die Erde zuströmen.»

Rudolf Steiner, «Anthroposophische Leitsätze» (Jahreswende 1925)

Die Qualität der aufrechten Haltung

Wie erleben wir unsere aufrechte Körperhaltung? Wie können wir aufrecht und frei auf der Erde stehen und gehen, wozu kein Tier imstande ist (obwohl sich einige Tiere der Aufrechten anzunähern scheinen)? Wir nehmen dies als etwas völlig Selbstverständliches hin. Und doch: Auf zwei kleinen Flächen – unseren Fußsohlen – zu gehen und zu stehen ist ein Phänomen, für das heutzutage weder ein Physiker noch ein Biologe eine befriedigende Erklärung hat.

Während des Überganges von einem Bewußtseinszustand in einen anderen, wie er sich zum Beispiel in regulärer Art zwischen dem Schlaf- und Wachzustand abspielt, ereignen sich oft Dinge, die zum Nachdenken auffordern können.

So stand ich zum Beispiel einmal während eines Wachtraums noch oben über der Erde, die in weiter Ferne unter mir lag. Langsam stieg ich, die Arme an die Seiten gelegt und die Zehen erdwärts zeigend, senkrecht zur Erde hinab. In weiter blauer Ferne umgab mich auf der Höhe meiner Schultern ein «unendlich» großer Lichtring, welcher zu mir zu gehören schien. Während meines Abstiegs zog sich dieser horizontale Lichtring immer enger um meine Schultern, je näher ich der Erde kam; und im Augenblick, als er die Schultern schließlich völlig umschloß, berührten meine Füße wie mit einem Streicheln die Erde, und ich erwachte.

Wie jedermann weiß, können Träume – und ganz besonders Aufwachträume – einen besonderen Charakter annehmen, so daß sie in der Erinnerung haften bleiben und sich nicht, wie die meisten sonstigen Träume, rasch wieder auflösen. Dieser Traum stand in einem offensichtlichen Zusammenhang mit den neuen geometrischen Ideen, aber auch mit den Erfahrungen, die ich während meiner damaligen Eurythmiestunden sowie während des Gesangsunterrichts gesammelt hatte, den ich zur gleichen Zeit bei der schwedischen Sängerin Valborg Werbeck-Svärdström genoß.[11]

Während man sich die eurythmischen (siehe Abbildung 43)[12] und gymnastischen Bewegungen anzueignen sucht, kann man zu einem unmittelbaren Erleben einer inneren

Lichtsäule geführt werden, die die äußeren eurythmischen Bewegungen gleichsam von innen heraus trägt. In ähnlicher Art kann man beim Singen eine innerste Tonsäule erleben, die, nachdem ein solches Erleben tatsächlich eingetreten ist, eine ganz neue Tonqualität entstehen läßt: Der Ton kann nun, statt gleichsam wie ein Ball vom einen Ende eines Saals zum anderen geschleudert zu werden, mit einer alldurchdringenden Qualität erlebt werden; er hat in der innersten «Tonsäule» eine Art Resonanz und ist doch zugleich ohne jegliche Forciertheit «dort draußen». Es ist dies eine sehr erstrebenswerte Erfahrung, die sich allerdings vielleicht erst nach langjährigem Üben einstellt: Viele Künstler, sowohl Eurythmisten wie berühmte Sänger, können von ihrer Realität Zeugnis ablegen. Der hiermit charakterisierte Qualitätsunterschied der Bewegung wie des Tones kann sowohl vom Ausführenden selbst wie auch vom Betrachter oder Zuhörer erlebt werden.

Abbildung 44 und Tafel I stellen urbildliche Polarität zwischen einer Zentralachse und der rechtwinklig zu ihr liegenden unendlich fernen Linie dar. Im cartesischen Raum geht die Zentralachse durch den physischen Körper hindurch, und ihre polare Linie ist eine unendlich ferne Linie, wie das zum Beispiel bei der ganzen Erde mit ihrer Achse und der Ekliptik der Fall ist (obwohl die Erdachse natürlich schief liegt). Fragt man sich, *was denn zu dieser Polarität im physischen Raum selbst wiederum polar ist*, so ist zu antworten: die äußere, unendlich ferne Linie, zu der sich, rechtwinklig zu ihr, eine *innere Linie* gesellt, die als Unendlichkeit im Innern zu betrachten ist. Dies ist das Verhältnis zwischen den beiden linearen Unendlichkeiten im Ätherraum.

Man kommt in aller Klarheit zu dieser geometrischen Imagination, wenn man sich zuvor das Gesetz der reziproken Bewegungen der Kreise in der Tangentialebene der polarisierenden Kugelfläche sowie der Kugel in ihrem Berührungspunkt mit der Sphäre deutlich gemacht hat (Abbildung 44).

Dehnen sich die Kreise um ihren Mittelpunkt immer weiter aus, so werden die Kegel von ihrer «Mittelebene» aus immer schmaler, bis ihre Ebenen alle zugleich mit der Linie zusammenfallen, welche als innere Unendlichkeit funktioniert. Bewegt man sich im Schrittmaß auf der Ebene, vom Mittelpunkt aus zu einer Linie von unendlich fernen Punkten, so wäre die Entsprechung in der ebenenhaften Welt der Kegel, daß wir in der horizontalen Ebene anfangen, um schließlich bei der funktionellen inneren Unendlichkeit der Kegelschar anzulangen (und umgekehrt). *Im Wachstumsmaß vorzugehen würde heißen, sich in beiden Fällen zwischen Unendlichkeit zu bewegen.*

Im gewöhnlichen Raum der in der Ebene liegenden Kreise sind die Ausdrücke «Ausdehnung» und «Zusammenziehung» durchaus angemessen; bei der Beschreibung der Vorgänge im ätherischen Raum der Kegel verwenden wir, um Mißverständnissen vorzubeugen, lieber die Ausdrücke «extensiv» und «intensiv». Um die Gesetze des Ätherischen zu verstehen, müssen wir lernen, uns «das *Extensive* intensiv und das *Intensive* extensiv zu denken».

Stehe ich auf einer Bergspitze und schaue ich zum fernen Horizont hinaus: Auch wenn ich mir diesen in noch so weiter Ferne denke, ich befinde mich im Mittelpunkt meines Erdenraumes. Ich bin im Zentrum, an einem Punkte, der durch den berechenbaren Schwerpunkt meines Körpers und seiner Vertikalachse – als Linie von Punkten aufgefaßt – bestimmt ist. Ich stehe in einem punkthaften Raum.

Einen polaren Gegensatz zu diesem Bild stellt jenes andere Bild dar, in welchem meine

Horizontlinie, auf eine innerste Lichtlinie bezogen, als unendlich ferner Lichtring erschienen ist; diese Lichtlinie ist meine *ätherische* Achse, eine aus Ebenen bestehende Linie, im Verhältnis zu welcher ich mich als ein Ich-Wesen aufrecht halte. Es ist wichtig, daß wir uns diese innere Linie wirklich als eine *Linie von Ebenen* denken; sie ist das polare Gegenstück zur senkrechten Punktlinie meines physischen Leibes.

Wenn die Ebenenkegel unendlich schmal werden, fallen ihren Ebenen schließlich mit der innersten Unendlichkeit zusammen. Diese innerste Linie meiner aufrechten Haltung passiert, während ich zur Erde herabsteige, den Erdmittelpunkt, der innerhalb des Raumes, in dem sich unser Denken jetzt bewegt, ein «Sternpunkt» ist.

Von exakten mathematischen Gesetzen geleitet, können wir in freier Weise vom einen zum anderen Raum übergehen und dabei verfolgen, wie sich die Bilder gegenseitig durchdringen und doch ihre individuelle Klarheit behalten. Die materielle Welt ist eine Welt von Punkten; Ebenen und Linien werden durch sie bestimmt. Die ätherische Welt ist ebenenhaft; in ihr werden Punkte und Linien von Ebenen bestimmt. Diese Linien-Linien-Polarität ist außerordentlich bedeutsam; sie birgt nämlich den kosmischen Weltgedanken in sich, nach dem in *strahlender Weltgestaltung* Welten entstehen. Dabei handelt es sich bei «Strahl» nicht um eine Linie von Punkten, sondern um eine *Linie von Ebenen*!

Das Schwert des Erzengels ist nicht so sehr zum Durchstoßen und Töten gedacht; vielmehr versinnbildlicht es einen Strahl verwandelnden Lichtes, wie es auch im Denken des Menschen aufleuchtet. Im Stadtmuseum von Philadelphia (USA) befindet sich eine bemerkenswerte Steinskulptur von St. Michael, die einst aus Mitteleuropa hinübergebracht wurde; auf dieser Skulptur steckt das Schwert senkrecht im *Innern* des Körpers, in Parallellage zum Rückgrat!

Diese Sphäre strahlender Weltgestaltung können wir erleben, wenn der Eurythmist in seiner Bewegungskunst, die vor diesem Jahrhundert noch nicht existierte, seine Ebenen und Flächen von Farbe und Bewegung hervorbringt. Diese Bewegungskunst kündet dem Betrachter von einer Welt von Formen, aus der er einst gekommen ist und zu der er durch die Kräfte der Metamorphose wieder den Zugang finden muß.

Haben wir uns damit vom festumgrenzten Gebiet der Wissenschaft entfernt? Ich glaube nicht, denn eine zukünftige Wissenschaft wird gerade auch solche Wahrheiten entdecken. Nicht durch dasjenige, was die heutige Wissenschaft allein als Menschennatur anerkennt, nicht durch den physischen Leib kann ich erfahren, daß ich in Wirklichkeit ein Lichtleib bin, der in einem Finsternisleib lebt; dies erfahre ich nur durch ein anderes Glied meines totalen Wesens, den Ätherleib.

Unser physischer Leib ist dreigegliederter Natur, er bildet in seinem Nerven-Sinnes-, in seinem rhythmischen und in seinem Stoffwechsel-Gliedmaßen-System die physische Unterlage des ebenfalls dreigegliederten Seelenlebens von Denken, Fühlen und Wollen.[13]

Stehe ich auf der Erde, so ist mein physischer Körper so strukturiert, daß er zunächst als Substanzsäule charakterisiert werden könnte: Knochen ist auf Knochen gesetzt, Glied auf Glied, von Fuß bis Kopf, wie ein Stein über Stein gebildetes Gebäude mit unteren und oberen Stockwerken, doch ansonsten undifferenziert. Dies ist die heutige Auffassung: Es scheint für diese Auffassung nicht darauf anzukommen, ob, wie in manchen modernen Sportarten, im Einklang mit den zentrischen Erdenkräften der Kopf, die Hände oder die Füße dazu gebraucht werden, um zu stoßen oder zu schlagen.

Gewiß bietet das Skelett in einem gesunden Körper einen festen Halt, doch die Kräfte, die mich am *Leben* halten, sind *nicht* die physischen Kräfte, welchen die Substanzen meines Körpers am Ende meines Lebens übergeben werden. Ich bin außerdem auch eine Wassersäule, die als physischer Träger des Ätherleibes wirkt; über 70 Prozent des heranwachsenden menschlichen Organismus sind flüssig!

Rudolf Steiner bezeichnet den Ätherleib als den zweiten Menschen in uns; dann haben wir einen dritten Menschen in uns, eine Luftsäule, den Träger des Astral- oder Empfindungsleibes (der Seele); schließlich haben wir den vierten Menschen, den Wärmeorganismus, der sich in jedem Organ in differenzierter Weise ausbildet und im gesunden Leib durch das Ich im Verhältnis zu äußerer Hitze oder Kälte im Gleichgewicht gehalten wird.

So besteht die vierfache Menschennatur aus physischem Leib, Ätherleib, Astralleib und Ich (siehe dazu die «Theosophie», Kapitel I, oder «Die Geheimwissenschaft im Umriß», Kapitel II). Die vier Ätherarten, in welchen der Ätherleib lebt, finden in den vier Elementen Erde, Wasser, Luft und Feuer ihr äußeres Abbild.

Nur der dreidimensionale, aus physischen Substanzen bestehende Leib unterliegt den Gesetzen des zentrischen, punkthaften (euklidischen) Raumes. Allein gelassen, folgt dieser Leib nach dem Tod den Gesetzen der Gravitation. Die drei anderen Leiber hängen mit den polar entgegengesetzten peripherischen Antigravitationskräften des Weltalls zusammen. Hier können uns die geometrischen Imaginationen von *Ebenen* und *Flächen* helfen, und vor allem auch der Gedanke, daß in der neuen Morphologie die Ebenen die primäre und die Punkte nur eine sekundäre Rolle spielen.

Oft charakterisiert Rudolf Steiner das Verhältnis von physischem und ätherischem Leib einerseits und von Astralleib und Ich andererseits als eine weitere Polarität. Der Ätherleib ist eng an den räumlich-physischen Leib gebunden; und er bleibt dies das ganze Leben hindurch, auch während des Tiefschlafes. Seele und Geist andererseits treten heraus, bis wir uns beim Aufwachen am Morgen ihrer wieder bewußt werden. Durch die peripherischen Kräfte des Ätherleibes können Seele und Geist den schweren Substanzleib erheben und in die Aufrechte bringen. Tritt auch der Ätherleib einmal aus dem physischen Leib heraus, dann beginnen seine Substanzen zu zerfallen.

Wasser, das Lebensblut der Erde

Wie das Wasser als das Lebensblut der Erde die Kräfte des Lebens in die Substanz hineinträgt, so vermittelt der zweite Mensch in uns, der wäßrige Leib, zwischen dem kosmischen und dem irdischen Bereich. Nur über die Bildekräfte des Ätherleibes können die kosmischen Kräfte der Seele und des Geistes in die physische Substanz hineinwirken.

Wasser verhält sich auf zweierlei Arten. Insofern es der Gravitationskraft folgt, fließt es bergab und läßt dadurch jene Gesetze in Erscheinung treten, welche die Hydrodynamik —

die das Phänomen nur von einem Aspekt aus betrachtet – findet. Der andere Aspekt des Wasserverhaltens ist dieser einseitigen Betrachtungsweise jedoch nur schwer zugänglich. Denn dazu genügt es nicht, die beweglichen, sich verändernden Formen zu betrachten, die im fließenden Wasser erscheinen: Auch gewisse mathematische Gedanken müssen in klarer Weise in Betracht gezogen werden, wenn wir unmittelbar verstehen wollen, daß das Wasser sowohl kosmische wie irdische Attribute aufweist.

In seiner abwärtsfließenden Bewegung erzeugt das Wasser jene Kraft, die Turbinen antreibt, was durch die Anwendung mathematischer Gesetze auf die Technik ermöglicht wird. Doch das Wasser besitzt auch andere Eigenschaften und ist Träger auch ganz anderer Kräfte, und auch *diese* kann der Wissenschaftler und Techniker durch das Instrument der Mathematik erkennen lernen. Doch ein ganz anderer Aspekt der Mathematik kommt hierbei in Betracht (vergleiche dazu Kapitel VII).

Theodor Schwenk hat in seinem Buch «Das sensible Chaos», welches 1960 erschienen ist und seither sechs Auflagen und mehrere Übersetzungen erlebt hat, sowohl durch Laborexperimente wie durch unmittelbare Naturbeobachtungen nachgewiesen, daß die *Oberflächenqualität des Wassers von herausragender Bedeutung ist; es ist, während es dahinfließt, durch und durch von sensiblen, membranähnlichen Oberflächen durchdrungen (Abbildung 45). Wir sehen hier Wassermengen, die sich in kreisenden Wegen und Spiralflächen bewegen; charakteristisch ist, daß das Wasser immer hinuntergezogen wird und nach einem niedrigeren Niveau strebt, aber ebenso charakteristisch ist seine Tendenz, runde Tropfen zu bilden und aufzusteigen. Es strebt immer danach, eine Kugel zu bilden, sei es in der sphäroiden Art der einzelnen Tropfen – die sowohl fallen wie aufwärts steigen –, sei es in der riesigen Kugel, die von den Wassern der ganzen Erde gebildet wird.*

So folgt das Wasser einerseits dem herabziehenden Impuls der Gravitationskraft und andererseits einem Gesetz, welches den Charakter einer Anti-Gravitationskraft, ja einer Levitationskraft (sofern wir diesen Ausdruck nicht falsch verstehen) besitzt. Wie müssen wir nun die Kapillarwirkung – oder die Oberflächenspannung in einem Wassertropfen – erklären?

Hier kann die neue mathematische Idee der Kugelfläche in ihrer Ganzheit dem Phänomen Genüge tun; wir haben gelernt, die Kugel als ein organisches Ganzes zu sehen und können dies auch beim Wassertropfen lernen. Wir haben gesehen, wie die Kugel zwischen zwei Polen ruht, und haben auch ihre alldurchdringende Wesenseigenschaft (die sie dem Wasser so verwandt macht!) kennengelernt. Die Kugelform kann sich an einem gerundeten Granitblock zeigen, wie sie durch das strömende Wasser tatsächlich oft gebildet wird, sie kann sich an einem sphärisch oder mehr oder weniger sphäroid geformten Block zeigen, der im Flußbett zurückbleibt; oder sie erscheint in Form eines Tröpfchens.

Ein Tautröpfchen beispielsweise zeigt sich schon dem physischen Auge als Sphäre besonderer Art; es ist ein Organ des Ätherorganismus der Erde – in Wahrheit ist es eine Äthersphäre. Solche Tropfen entstehen durch die sensible Oberflächenspannung innerhalb des Wassers. Sie spiegeln dem Betrachter die Farben des Regenbogens wieder. Wie der Regenbogen selbst sprechen sie von anderen Welten, die ein erwachtes Denken wirklich, im physischen Raume, vor sich *sehen* kann. *Ohne solche brennpunktartigen ätherischen Sonnenräume in der Welt um uns und in uns könnte es weder auf der Erde noch in irdischen Organismen Leben geben.*

Solche lebendigen, umhüllenden Flüssigkeitsoberflächen sind den Membranen vergleichbar, die einen lebenden Körper durchziehen. Um jedes Organ bildet sich ein lebendes Gewebe oder eine Haut, die nicht Zellcharakter hat – sie ist der heutigen Biologie als das sogenannte «Bindegewebe» bekannt. Dieses Gewebe ist deshalb ein bemerkenswertes Phänomen, weil es nicht aus einzelnen Zellen besteht, sondern ein in sich ganzes Kontinuum bildet.

Die zarten Häutchen und Oberflächen – durchlässige Membranen und Epithelien –, die sich in einem Organismus gegenseitig durchdringen, sind Organe des Ätherleibes. Selbst die ganze Haut kann in bezug auf die Oberflächenspannung mit einem Wassertropfen verglichen werden; sie schließt das Innere vom Äußeren ab, und doch kann Inneres wie Äußeres durch sie hindurch atmen. Wie die Kugelfläche, an welcher sich im mathematischen Sinne die Polarverwandlung abspielen kann – ein Prozeß, den wir allmählich in den imaginativen Bereich zu heben lernen –, so vermittelt auch der Ätherleib zwischen den kosmischen und den irdischen Bereichen.

Man stelle sich Mutter Erde selbst vor, wie sie von Mänteln strömenden Wassers, von Luft- und Wärmemänteln umgeben wird. Können wir nicht erkennen, wie sie vielleicht einerseits ein wirklicher physischer Kugelball ist, der sich im kopernikanischen Raum um die Sonne bewegt, während sie andererseits wie ein riesiger Wassertropfen ist? In ihrem physischen Leib wird die Erde durch die Elemente Wasser, Luft und Feuer durchdrungen – dies geschieht durch die geistigen Kräfte der Sonne, welche durch die Äther wirken, deren äußere Erscheinungsform die Elemente sind.[14]

Plato bestimmte die vier grundlegenden Elemente – Erde, Wasser, Luft und Feuer – und er fügte noch ein fünftes hinzu, das später «Quintessenz» genannt wurde. Im Lichte dieser Klassifizierung betrachtete er die vier regelmäßigen Körper: Würfel, Ikosaeder, Oktaeder und Tetraeder (siehe Kapitel IV); den fünften Körper brachte er mit der *Lebensessenz* in Zusammenhang. Steiner greift diese klassische Vorstellung auf und bezeichnet die fünfte Form – das Pentagon-Dodekaeder – als das geistige Urbild des ersten Goetheanums.

Er bestimmte außerdem vier Ätherarten: den Wärmeäther, den Lichtäther, den chemischen Äther und den Lebensäther, und brachte auf diese Weise die Elemente mit dem Ätherreich in Zusammenhang. Wiederum berühren wir hier einen fundamentalen Aspekt der Anthroposophie, der auch zu den vier Gliedern der Menschennatur in Beziehung steht (Ich, Astralleib, Ätherleib und physischer Leib).

Da wir uns hier hauptsächlich mit dem Reich der ätherischen Bildekräfte – dem Ätherleib des Menschen und der Erde – befassen, konnte uns die Ebenenwelt zuerst in den Bildern fließenden Wassers entgegentreten. Sie spricht sich aber auch in den Lichtstrahlen aus, die Himmel durchfluten, oder in den züngelnden Feuerflammen.

Die Imagination des Pentagon-Dodekaeders spricht mit einer kraftvollen Stimme, enthält das Dodekaeder doch alle anderen vier Formen!

In einem persönlichen Gespräch hat Rudolf Steiner einmal darauf hingewiesen, daß es in Wirklichkeit *sieben* regelmäßige Körper gebe und daß die von innen gebildeten und die von außen gebildeten Kugeln hinzuzufügen seien. Damit meinte er einerseits die punkthaft vom Mittelpunkt nach außen hin konstruierte Kugel und andererseits die flächenhaft von der Peripherie nach innen gebildete Kugel.

Wenn der Tautropfen in das Sonnenlicht hinausleuchtet, so bringt er die vielfältigen

Farben des Lichtäthers zur Offenbarung. Vielleicht hat etwas von dieser Wahrheit in den Seelen jener Menschen aufgeleuchtet, die vom Gesichtspunkt (oder von der Gesichtsebene!) des Mondes zur Erde hin schauten. Der einfachste der fünf platonischen Körper und zugleich derjenige, der in bezug auf die Kugelfläche selbst polar ist, ist das Tetraeder — was zweifellos von Bedeutung ist, wenn wir die Tetraeder-Struktur der ganzen Erde bedenken (siehe Kapitel VII, Seite 118)!

Farben und Töne sind Qualitäten, die dem Wasser zugehören; der Ton bewegt sich schnell und leicht durch das Wasser, und überall schimmern Farben von seinen strömenden Oberflächen. Obwohl wir auch den physischen Aspekt des Wassers sehen, lernen wir das Wasser — wie auch die Wärme — allmählich vom Gesichtspunkt des ätherischen Raumes aus zu betrachten, in dem das *Gegenteil* von Gravitation herrscht.

Stellen wir uns nun den Menschen vor, wie er sich aus dem winzigen Ei im Mutterleibe entwickelt, und betrachten wir mit klarem, imaginativem Blick die wundervollen Bilder, die wir den Errungenschaften modernster Technologie verdanken.[15] Die Betrachtung von Bildern, wie sie etwa auf Abbildung 46 zu sehen sind, könnte uns sehr wohl Goethes Ausspruch in Erinnerung rufen, daß der Laboratoriumstisch zum Altar werden sollte! Es ist, wie wenn die embryologische Forschung ein kleines Fenster zum Himmel aufgestoßen hätte, ohne es zu wissen (oder weiß sie es etwa!). Dieses ganze Gebiet wird ja heute in einer so ernsthaften, umfassenden Weise erforscht.

Welch vollkommene Form zeigt uns der Amnionsack! Er ist wie ein kosmischer Raum, in welchem sich, zunächst an der Peripherie, das winzige befruchtete Ei einnistet. Die allerersten Formen entstehen als einhüllende *Oberflächen* innerhalb dieser Amnionhülle. Man vergleiche dies mit dem Raum, in dem sich die Pflanzenformen während der Keimung und der weiteren Entwicklung des Schößlings entfalten (Tafel IV).[16] Auch wenn sie unvergleichlich komplizierter sind als die entsprechenden Pflanzenprozesse: Die embryonalen Bildevorgänge vollziehen sich besonders am Anfang in einer *ebenenhaften* und *peripherischen* Weise.

Die Pflanze wird sich nach außen hin öffnen und ihre ätherischen Formen dem Licht und der Luft entgegenhalten. In die Menschengestalt werden auch die Kräfte der Seele und des Geistes hineinwirken, wie sich sehr bald zeigen wird, und dann benötigt der menschliche Sämling seine eigene Zeit zur Entfaltung, denn sie findet in einem kosmischen Raum statt, in welchem eine kosmische Zeit herrscht. Solange es noch vom Wasser getragen ist, lebt das kleine Menschenwesen nicht auf der Erde, sondern befindet sich in einem Sonnenraum.

Ärzten gab Rudolf Steiner einmal den folgenden Hinweis:

«Die Embryologie macht heute diesen Dilettantismus...», daß sie «nur auf den Menschenkeim» hinsieht, «wie er sich im Leibe der Mutter entwickelt. Da sollen die Kräfte drinnen sein, die diesen Menschenkeim formen. In Wirklichkeit wirkt durch den Leib der Mutter hindurch der ganze Kosmos auf die Konfiguration des menschlichen Embryos. Da sind die plastischen Kräfte im ganzen Kosmos» (9. April 1922).

Frits Wilmar[17] macht in seinem Buch «Vorgeburtliche Menschwerdung» darauf aufmerksam, daß Rudolf Steiner bereits vor sechzig Jahren auf gewisse Erscheinungen hingewiesen hat, die seit den vierziger und fünfziger Jahren von der Wissenschaft mehr und mehr entdeckt werden. So beschreibt er beispielsweise die plötzliche Veränderung der Embryoformen, die sich zirka am Ende der dritten Woche einstellen.

Es ist wichtig, daß wir mit neuen Ideen an die Betrachtung der Formen herantreten, die sich in diesen scheinbar winzigen Räumen entwickeln, in denen sie von ihren Hüllmembranen umhüllt werden. Es ist nicht eine Frage der Größe; die Frage ist, ob wir die charakteristischen Formgesten zu lesen vermögen, ohne in die gewöhnten cartesischen Raumvorstellungen zurückzufallen. Angesichts der Gefahren, die mit gewissen Aspekten der Genetik und der Gentechnologie verbunden sind, ist dies eine außerordentlich dringliche Aufgabe. Als Naturwissenschaftler sollten wir immer klarer erkennen: «Der *Mensch* ist das Maß aller Dinge.»

Einem neuen Bewußtsein entgegen

Wie die Sonne die kosmischen Kräfte der Sterne und Planeten in sich aufnimmt, nicht für sich selbst, sondern um diese geistigen Kräfte den Lebewesen auf der Erde zuzuströmen, so nimmt der menschliche Ätherleib wie der Tautropfen die kosmischen Kräfte in seine Sonnenräume auf, um sie dem aus irdischer Substanz bestehenden physischen Organismus zuzuführen.

Im dritten Kapitel seines bereits erwähnten Buches «Die Schwelle der geistigen Welt» beschreibt Rudolf Steiner dieses zweite Glied der Menschennatur wie folgt:

«Dieser ätherische Leib ist ein zweites Glied der menschlichen Wesenheit. In ihm liegt der Grund des Lebens des physischen Leibes. Nun ist in bezug auf diesen ätherischen Leib der Mensch von der Außenwelt nicht in demselben Maße abgesondert, wie er in seinem physischen Leib abgesondert von der physischen Außenwelt ist. Wenn in bezug auf den ätherischen Leib von einer Außenwelt gesprochen wird, so ist damit nicht die physische Außenwelt gemeint, welche durch die Sinne wahrgenommen wird, sondern eine geistige Umwelt, welche gegenüber der physischen Welt übersinnlich ist, wie der ätherische Leib gegenüber seinem physischen Leib. Der Mensch steht als ätherisches Wesen in einer ätherischen (elementarischen) Welt.

Wenn nun dasjenige, was der Mensch wohl stets erlebt, wovon er aber im gewöhnlichen Erleben nichts weiß, daß er nämlich als ätherisches Wesen in einer elementarischen Welt sich befindet – wenn dieser Tatbestand bewußt wird, so ist dieses Bewußtsein ein ganz anderes als das des gewöhnlichen Erlebens. Für die übersinnliche Erkenntnis tritt dieses Bewußtsein ein. Diese *weiß* dann von dem, was im Leben stets da ist, was sich aber vor dem gewöhnlichen Bewußtsein verbirgt.»

Wir lernen also allmählich erleben, daß wir in zwei Welten leben, in einer, die wir kennen, und in einer anderen, die uns heute zumeist noch unbewußt ist, die sich aber einem tiefer dringenden Bewußtsein eröffnet. Ein solches Bewußtsein kann durch meditative Übungen entwickelt werden, wobei die wesentliche Vorbereitung dazu darin besteht, die Seelenkräfte durch innere und äußere Disziplin zu verstärken. Die meditative Praxis selbst muß auf klares und aktives Denken gebaut sein, während *in einem tätigen und verantwortungsbewußten Leben innerhalb der physischen Welt* die Wärme des Fühlens und die Kraft des Willens auszubilden sind. Stets erfordert dieser Erkenntnisweg Hingabe und Verehrung für dasjenige, was außerhalb des eigenen Ich-Wesens liegt, doch ohne daß sich das wahre Ich darin verlieren würde.

Das erste Reich, das sich hinter der Alltagswelt mit ihren sichtbaren Dingen und lebendigen Formen eröffnet, ist daher jene ätherische Welt, in der sich die Seele ihres eigenen Ätherleibes bewußt werden kann. In dieser Welt finden wir nicht voneinander getrennt nebeneinander bestehende Dinge: Wir finden wirkliche *Wesenheiten* – zuerst die Elementarwesen der Erde, des Wassers, der Luft und des Feuers –, die Wesen, von denen wir in den alten Märchen erzählen hören. In diesem Reich herrschen die Empfindungen von Sympathie und Antipathie, von Schönheit und Häßlichkeit, von Licht und Finsternis. Auf jeder Stufe ihrer meditativen Entwicklung muß die Seele nun lernen, wiederum einen leeren Raum zu finden, ja zu schaffen, um alles bereits Errungene wieder aufzugeben – außer der Wachheit des Bewußtseins. In solchen Momenten der selbst errungenen Bewußtseins-Leerheit kann auch etwas Neues geboren werden. Denn nur, wo geopfert wird, kann neues Leben entstehen.

Darin liegt auch das Wesensmerkmal der neuen Gemeinschaftsordnung, nach der heute in mehr oder weniger bewußter Form die ganze Menschheit strebt. Wie in einem großen Kessel sitzend, der von den Feuern der Unterwelt erhitzt wird, begegnen sich heute die Menschen – Individuen wie ganze Nationen – und lernen sich kennen, damit einst ein neues Gold erschmolzen werde – kosmisches Gold, wie es für den weiteren Entwicklungs-gang von Erde und Mensch benötigt wird. In der Begegnung zwischen Mensch und Mensch ruht die tiefste und geistigste Aufgabe unserer Zeit verborgen. Darauf zu achten, daß wir nicht wie Gespenster aneinander vorbeiwandeln – «wie Schiffe, die nachts vorübergleiten» –, selbst in der Eile und Geschäftigkeit des modernen Lebens: Darin besteht eine der Prüfungen an der Schwelle zum Mysterientempel, den wir von Tag zu Tag in bewußter Weise betreten können. Und allmählich geht uns die Wahrheit auf. Freiheit gehört zum Geistesleben, Gleichheit zum Gemeinschaftsleben, und innerhalb des Wirt-schaftslebens müssen wir nach Brüderlichkeit streben. Das Herz dieser dreigliedrigen Gemeinschaftsordnung liegt zwischen den Polen des Denkens und des Handelns – in dem Gold von Menschenherzen.

In der Beweglichkeit der ätherisch-elementarischen Welt ist die Seele genötigt, viele Ideen, die sie sich in der physischen Welt angeeignet hat, zu modifizieren. Die Neigung ist stark, davor zurückzuschrecken und auch weiterhin den alten Geleisen entlang fortzuden-ken. Wird aber, durch die Kultivierung eines richtigen Denkens und eines wahrhaftigen Wollens, eine gesunde Urteilskraft ausgebildet und sind wir bereit, alte Ideen aufzugeben und eine Selbstwandlung durchzumachen, dann können wir lernen, durch die Kräfte des Ätherleibes mit wachem Bewußtsein in die elementarische Welt einzudringen. Tun wir dies, so lernen wir, die Wachstumskräfte in aktive Denkkräfte umzuwandeln, denn der Denktätigkeit liegt eine ätherische Kraft zugrunde (siehe «Grundlegendes für eine Erweite-rung der Heilkunst», Kapitel I).

Wie das Auge und das Ohr sich in der physischen Welt der Farben und Töne bewußt werden, so lernen wir in der elementarischen Welt in vollkommen neuer Art Sympathien und Antipathien kennen. Und allmählich bilden wir die Fähigkeit aus, die Leiden und Freuden eines anderen Wesens, das Leid und die Freude der ganzen Schöpfung in uns selbst zu erleben (Abbildung 47).

Die alten wie die neuen, von der Geometrie und der neuen Morphologie inspirierten Gedankenbildungen sind sowohl in der naturwissenschaftlichen Forschung wie in der Soziologie als Leitprinzipien wirksam. Wir sehen wahrhaftig, was wir im Sehen *denken*! Der Naturwissenschaftler sieht vielleicht nichts als Partikel, Punkte, Explosionen und Katastrophen! Im heutigen sozialen Leben erhalten wir ein ziemlich ähnliches Bild. In beiden Fällen finden wir uns in einer Welt der Getrenntheit.

Doch langsam kündigt sich ein Wandel an. Zumindest im sozialen Leben können wir beobachten, wie das alte Bild von Kulturen, die von einer Zentralgestalt wie von einem König oder einem Papst beherrscht werden, verblaßt und der Vorstellung von zu Gemeinschaftskreisen vereinigten Individuen Platz macht, die mit gleicher Verantwortlichkeit zusammenzuarbeiten versuchen. In der Zukunft werden wir durch gemeinsame Anstrengungen solche Sonnenkreise in wahrhafter Art zu bilden verstehen: als rezeptive Organe im sozialen Organismus, zum Beispiel in Form von Lehrerkollegien in Schulen.

In der euklidischen Geometrie sind Punkte *getrennte* Wesenheiten; das ist eine wichtige Wahrheit. Die neue Morphologie, in der die Ebenen und Linien ihre Eigenschaft der *Zusammengehörigkeit* entwickeln, wodurch Formen in ganz anderer Weise entstehen, kann auch – auf sozialem Felde – zu einer ganz neuen imaginativen Anschauung führen. Und lernen wir – im Sinne des Täufers – unser denkendes Anschauen ändern, so wird uns das auch auf neue Lebenswege führen.

Zwar ist es noch eine weite Strecke, und doch hat sich die Menschheit bereits auf den Weg gemacht. Die Finsternis ist in der heutigen Welt mächtig am Werk; in zwischenmenschlicher Kälte, in Hunger und Kampf, im Schatten von Tschernobyl. Doch der Weg führt mitten durch die Finsternis hindurch. Auf diesem Wege brauchen wir ein klares Urteil und ein gesundes Unterscheidungsvermögen, wollen wir das *Ganze* erkennen, das heißt nicht nur das Kreuz, das mit seinen drei Dimensionen ein Bild der Gravitation ist, sondern auch die *Sonne* am Kreuz – das Bild für die Auferstehungskräfte.

Aber auch die Lichtkräfte sind heute mächtig; in den Herzen zahlreicher junger Menschen, die auf das spirituelle Geheimnis in einer jeden Menschenbegegnung aufmerksam zu werden beginnen; im Bewußtseinswandel, der sich weltweit anbahnt. Wir müssen dieses Licht und diese Wärme suchen und uns dabei vom Geist der Positivität leiten lassen. Die Legende erzählt, wie der Auferstandene seine Jünger lehrte, als er sie beim Anblick eines stinkenden und zerfallenden Kadavers auf die wunderbaren Zähne aufmerksam machte. Alte Formen müssen und werden zerfallen, um für das Neue Platz zu machen, das in keimhafter Form schon allüberall vorhanden ist.

> «Sieh, du mein Auge
> Der Sonne reine Strahlen
> Aus der Erde Formenwesen.

Sieh, du mein Herz
Der Sonne Geistgewalten
Aus des Wassers Wellenschlägen.

Sieh, du meine Seele
Der Sonne Weltenwillen
Aus der Lüfte Glanzgeflimmer.

Sieh, du mein Geist
Der Sonne Götterwesen
Aus des Feuers Liebeströmen.»

Rudolf Steiner, «Wahrspruchworte»

Ätherräume der Pflanzenwelt

Zwei grundlegende Prinzipien oder Erfordernisse haben wir als Leitthemen vor uns; sie sind auf das engste miteinander verknüpft. Erstens das Prinzip, das Erfordernis, daß wir uns in Ergänzung zur punkthaften Denkweise ein Wahrnehmungsvermögen für ebenenhafte, peripherische Eigenschaften aller Arten von Formen aneignen müssen, sowohl von äußerlich wie von rein innerlich erschauten Formen. Und zweitens fordert diese neue Denkweise zur Erkenntnis auf, daß auch jene Bereiche, die *nicht* mit Substanz erfüllt, sondern jungfräulich-empfänglicher Natur sind – Reiche einer scheinbaren *Leerheit* und des scheinbaren *Nichts* –, in bezug auf alle Lebensvorgänge von zentraler Bedeutung sind.

Wir müssen einen Abgrund überqueren, was den Mut erfordert, alles Substantielle, aber auch altgewohnte Ideen loszulassen, um beides in neuem Gewande wiederzufinden.

Alle Samen enthalten solche jungfräulichen Bereiche in ihren scheinbaren Hohlräumen; in der Vergangenheit geschaffene Substanz wird hier gleichsam aufgeopfert, wodurch solche Räume empfänglich werden für die Bildekräfte, die aus dem Kosmos in diese Hohlräume einströmen. So kann Lebenssubstanz entstehen. In ihren Formen und Vorgängen offenbart die Natur damit etwas von den Fähigkeiten der Erinnerung und der Phantasie – der Erinnerung an dasjenige, *was bereits geschaffen wurde*; der Phantasie in bezug auf dasjenige, *was künftig werden kann*.

Goethe erfreute sich sehr daran, daß er, nachdem er die Idee der Urpflanze einmal geschaut hatte, dazu imstande sei, in seinem Geiste alle möglichen Pflanzenformen auszubilden, sogar solche, die Mutter Natur selbst noch niemals gebildet hat.

Rudolf Steiner hat Goethes Ideen aufgegriffen und weiterentwickelt. In unserem Buch «Die Pflanze in Raum und Gegenraum» haben wir die Idee von Raum und Gegenraum auf Goethes Morphologie angewendet und beides wiederum mit Rudolf Steiners geisteswissenschaftlichen Ausführungen in Zusammenhang gebracht. Eine große Menge von Studienmaterial steht uns zur Verfügung, und enorme Arbeits- und Forschungsanstrengungen harren unserer Initiative.

Das Thema der gegenseitigen Durchdringung von zentrischen und peripherischen Bildeprinzipien ist nach Rudolf Steiners eigenen Worten von ganz grundsätzlicher Bedeutung. Und so wollen wir wiederum aus einem seiner Haager Vorträge des Jahres 1922 zitieren; am Ende eines Vortrags beantwortet er eine Frage und macht dazu eine Tafelzeichnung (siehe Abbildung 48): «Man hat es wirklich zu tun, so lange man, sagen wir, hier die Erde hat, und die Wurzel der Pflanze ins Auge faßt, man hat es zu tun mit einer besonderen Ausbildung der Schwerkraft. Da steht man darinnen in der gewöhnlichen Raumesdimensionalität. Will man aber die Form der Blüte erklären, dann kommt man damit nicht aus. Dann muß man, statt den Koordinaten-Anfangspunkt zu nehmen, den unendlichen Raum nehmen, der ja nur die andere Form ist für den Punkt. Und dann kommt man dazu, statt hinauszugehen zentrifugal, zentripetal hineinzugehen. Man kommt zu dieser Wellenfläche.[18] Statt daß die Sache versprüht, drückt es von außen herein, und man bekommt dann jene Bewegungen, die gleitende oder schabende Bewegungen sind oder Druckbewegungen sind, bei denen man falsch gehen würde, wenn man Koordinatenachsen vom Koordinaten-Mittelpunkt aus nehmen würde, wo man nämlich die unendliche Sphäre als Koordinaten-Mittelpunkt nehmen muß und dann lauter nach dem Zentrum hingehende Koordinaten. Also man bekommt das auch qualitativ gegensätzliche Koordinatenachsen-System, sobald man ins Ätherische kommt. Daß man das nicht berücksichtigt, das ist der Fehler bei der gewöhnlichen Äthertheorie. Hierin liegt die Schwierigkeit der Definition des Äthers. Bald sieht man ihn als flüssig, bald als Gas an. Da liegt der Fehler vor, daß man ausgeht von dem Koordinatensystem, das vom Mittelpunkt aus gesehen ist. Sobald man aber in den Äther kommt, muß man die Sphäre nehmen, und das gesamte System statt von innen nach außen umgekehrt konstruieren.»

Nicht immer wird in Rudolf Steiners Vorträgen im Gegensatz zu seinen geschriebenen Werken alles in expliziter Art ausgeführt. Dies ist ganz besonders zu berücksichtigen, wenn wir seine naturwissenschaftlichen Vorträge in Betracht ziehen. Die «Wellenfläche» auf Abbildung 48 können wir mit Hilfe der Idee der «zweimal gebogenen Fläche» konkreter zu verstehen suchen: Sie ist in bezug auf die ätherische Qualität der Formen des ersten Goetheanums ein Leitmotiv.[19]

In den «gleitenden oder schabenden Bewegungen», die «von außen hereindrücken», zeigt sich der ätherische, ebenenhafte Bildeprozeß: Er wirkt aus der unendlichen Kugelfläche herein, die auf der Abbildung durch die *konkave* obere Kurve dargestellt ist; diese Kurve steht mit einem «qualitativ gegensätzlichen Koordinatensystem» des ätherischen Raumes in Zusammenhang. Auf dem unteren Teil der Abbildung, im *konvexen* Erd- und Wurzelbereich, haben wir es mit der gewohnten Dimensionalität des physischen Raumes zu tun, in welchem auch die Gravitationskraft wirkt. Durch das konkave und das konvexe Element erhält das ganze Bild eine lemniskatenartige Qualität.

Obwohl Rudolf Steiner in seinen Vorträgen oft die mathematische Lemniskaten-Kurve benutzt, um das Wechselspiel zwischen polar entgegengesetzten Kräften darzustellen, illustriert er beide Wirksamkeitsrichtungen noch häufiger, indem er die gebräuchlichen Pfeile verwendet.

Doch welcher Art auch immer seine Illustrationen sind, sie wollen uns stets zum Erleben der ebenenhaften und der nach oben «saugenden» Bildequalität der peripherischen Kräfte führen, denn auf diese kommt es vor allen Dingen an.

Die Lemniskate und die sie begleitenden Cassinischen Kurven können, wie wir gesehen haben, durch das Wechselspiel von polar entgegengesetzten Kreisfamilien hervorgerufen werden (Abbildung 35). Fließen sie ineinander über, so bilden sie den bipolaren Organismus von Kurven, welche die Lemniskate mit ihren konkaven und konvexen Schlaufen enthalten. Die beiden Brennpunkte, die allen diesen Kurven gemeinsam sind, sind sich polar entgegengesetzt; der obere Brennpunkt versinnbildlicht den innersten unendlichen Punkt eines kosmischen Raumes; der untere Brennpunkt das Punktzentrum eines Erdenraumes. *Zwischen den beiden Brennpunkten liegt ein Gleichgewichtsbereich – der Übergang zwischen den beiden Welten.*

Man bringe das Bild imaginativ in Bewegung und erlebe die polare Dynamik, welche es darstellt; es kann auf diese Weise zu einer Leitimagination für das Verständnis von universellen Polaritäten sowie der «zweimal gebogenen Fläche» werden.

Aus den kosmischen Weiten, aus dem Sternenweltall hereinkommend, finden wir ein Feld von Kräften, die entsprechend den Gesetzen der polar-euklidischen Raumart wirken. Durch das Medium der ätherischen Reiche können die kosmischen Kräfte das Physisch-Substantielle in solcher Art verwandeln, daß es nicht mehr ausschließlich den Gesetzen der physischen Welt, insbesondere der Gravitationskraft, folgt. Alle Arten von Formen entstehen in diesem Wechselspiel von kosmischen und irdischen Rhythmen (siehe zum Beispiel «Grundlegendes für eine Erweiterung der Heilkunst»).

Auf der Mikroskopzeichnung eines Maiskorns im Längsschnitt (Abbildung 49) kann im Zentrum der Plumula im Samen deutlich der winzige Hohlraum gesehen werden. Dies ist ein Urphänomen, dessen Bedeutung wir unbedingt erkennen sollten, denn es stellt sich überall ein, wo sich in irgendeinem Medium neues Leben zu bilden beginnt.

Dieser winzige konkave Hohlraum ist substanzleer, und unsere mathematische Imagination sieht in ihm die «innere Unendlichkeit» eines ätherischen Raumes. Es muß sich am Pol der ätherischen Unendlichkeit eine Art *Leere* bilden, damit die Bildekräfte neue Formen schaffen können. Der «innerste Punkt» ist jedoch *nicht die Quelle* der ätherischen Kräfte; er ist *die innere Unendlichkeit* eines ätherischen Raumes – ein Bereich, der für die kosmischen Kräfte unendlich empfänglich ist. *Die Quelle dieser Kräfte liegt in der kosmischen Sphäre; ihr Ziel ist der «intensive» Punkt im Innern.*

Fortwährend entstehen und vergehen solche Ätherräume im Laufe der Lebenszyklen organischer Wesen. Wo immer sich aus einer Keimzelle, das heißt innerhalb des keimenden Bereiches eines bereits existierenden Organismus, neues Leben bildet, und zwar ganz gleichgültig, ob solch ein Keim in wässerige Lebenssubstanz eingetaucht ist oder, wie beim Pflanzensproß, frei über dem Wachstumskegel liegt und von den Blattflächen umhüllt wird: Immer können wir das Vorhandensein eines «allbezüglichen Punktes», einer inneren Unendlichkeit eines ätherischen Raumes, feststellen.

Als allgemeines Prinzip gilt: In der Region des neuen Wachstums muß die Materie ihre bereits bestehende molekulare oder punkthafte Struktur stets bis zu einem gewissen Grade aufgeben und «chaotisiert» werden, damit sie, gleichsam wie eine unbeschriebene Schiefertafel, zu einer empfänglichen Matrix werden kann – zu einer «Materia» im ursprünglichen Sinne des griechischen Wortes Χάος. Dieses Wort, im antiken Sinne verwendet, bildet den Gegensatz zum «Kosmos», das heißt zu einer offenbaren und geordneten Formstruktur. Materie, die an ihrer bereits gegebenen Struktur festhält, wird nicht fähig sein, sich den Bildekräften lebendigen Wachstums hinzugeben; hält sie ihre Formstruktur aufrecht, so bleibt sie ein «Kosmos».

Es ist also von grundlegender Bedeutung für unseren Zusammenhang, Rudolf Steiners Gebrauch der Ausdrücke «Kosmos» und «Chaos» richtig zu interpretieren. Ein Kosmos in seinem Sinne ist auch das Wasser im kalten und statischen Zustand des Eises. Sobald Licht und Wärme auf dem Wasser zu spielen beginnen, entsteht Bewegung. Wärme und Licht verursachen rhythmische Bewegungen im Wasser, die sehr stark und heftig werden können, wenn sich der Wind erhebt. In der stürmischen Bewegung entstehen Tropfen und Wirbel; von den spiralförmigen Oberflächen und den sphärischen Tröpfchen werden Hohlräume gebildet, in denen das Wasser belebt und erfrischt wird. Es sind dies Χάος-Ätherräume, die empfänglich sind für kosmische Einwirkungen.

In der Pflanzenwelt – wie auch in den anderen Lebensreichen – entstehen die jungen Formen so, daß jede Form für die nächste neu entstehende Form den hohlen, jungfräulichen Raum bereithält, in welchem die Bildekräfte wirken können (Tafel IV, Abbildung 50). Der sich nach oben entfaltende Wachstumskegel einer Pflanze ist mit einem Wasserwirbel eng verwandt; die kosmischen Kräfte, die in die spiralförmigen Flächenhohlräume aufgenommen werden, veranlassen die Substanz, nach oben zu steigen, um außerhalb des Wirkungsbereiches der Gravitationskraft immer wieder neue Organe zu bilden.

Man pflanze den Samen – das kleine punkthafte Wesen, das *scheinbar* ausschließlich aus materieller Substanz besteht – in die feuchte Erde; man übergebe ihn den Kräften des Wassers, des Lichtes und der Wärme, und bald werden die lebenden Formen in ihren Formgesten das webende Wechselspiel von physischen Stoffen und ätherischen Bildeprinzipien zur Offenbarung bringen. Es braucht dazu stets Feuchtigkeit, einen bestimmten Temperaturbereich, der bei den verschiedenen Pflanzen variiert, sowie freien Sauerstoff zur Atmung. Die physischen Formen müssen den drei anderen Elementen Wasser, Luft und Feuer übergeben werden, bevor eine lebende Form hervorgezaubert werden kann. Wasser ist dabei das Hauptelement. Ist der Same eine Weile von ihm durchtränkt worden, so wird zuerst die Keimwurzel erscheinen und nach unten wachsen, um sich später zur Wurzel auszubilden, von der Seitenwurzeln abzweigen. In der zweiten Phase wird die Plumula nach oben wachsen, um den ersten grünen Schößling zu bilden.

Eine eingehende Untersuchung zeigt die faszinierende Entwicklung der bipolaren Pflanzen-Embryoform, in der die konsolidierte Wurzelform wie auch die aus ebenenhaften Organen gebildete Plumula bereits vorhanden sind; sie können oft schon von bloßem Auge gesehen werden, noch bevor sich außerhalb der Samenhülle Formen zeigen.

Im winzigen Samen liegt ein Raum verborgen, der gleichsam nach Form hungert, und sobald die kosmischen Kräfte in ihm wirksam werden, beginnt eine Form nach der anderen zu erscheinen, wobei sie zunächst stets *senkrecht* nach oben wachsen. Die Substanzen, aus denen die Pflanzen gebildet werden, sind in eine Kräftesphäre aufgenommen worden, die es ihnen erlaubt, sich der abwärtsziehenden Schwerkraft zu entziehen.

Stellen wir uns zum Beispiel die Lombardische Pappel vor. Sie ragt über einem Stamm von weitem Umfang hoch empor; der Stamm reicht immer höher hinauf und wird dabei immer schmaler und ist stets von beblätterten Ästen und Schößlingen umgeben, von denen jeder seinen eigenen Wachstumspunkt besitzt: Myriaden von samenähnlichen Räumen, die weiteres Wachstum ermöglichen.

Im Erdenraum wächst die Pflanze nach oben; ihr Wachstums*prozeß* jedoch bewirkt von den jungen, wachsenden Spitzen aus eine *Konsolidierung nach unten.*

Durch die Wurzelspitzen werden mineralische Substanzen herein- und heraufgesogen, während in den grünen Sprossen durch den geheimnisvollen Vorgang der Photosynthese neue Substanzen entstehen und sich allmählich zu den mehr hölzernen Formteilen verdichten. So wächst die Pflanze in Wahrheit zugleich nach oben und nach unten; nach oben durch den aufwärtsfließenden Saft, der an den Wachstumsspitzen die jungen Organe entstehen läßt, nach unten im Konsolidierungs- und Verdichtungsprozeß, der die jungen Formen ergreift. Im aufsteigenden Saft können wir wiederum den kosmischen Aspekt des Wassers finden, wie er bei jeglicher Geburt von Lebendigem wirksam ist.

Jedesmal, wenn ein Same in die Erde gepflanzt wird, entsteht ein solcher innerer Leerraum, in welchen sich die ebenenhaften Kräfte hineinergießen, um ihn mit nährender Substanz zu füllen. Es entsteht auf diese Weise wie aus einem ewigen Jungbrunnen sich stetig erneuerndes Leben. Wir rühren hier an das Geheimnis einer göttlich-magischen Wirksamkeit, und wir können verstehen, weshalb in weniger materialistischen Zeiten als der unsrigen Quellen als heilige Orte galten und die Verrichtungen des Säens und Erntens Gegenstand von Gebet und Verehrung waren, denn man wußte, daß Menschenarbeit hier in die Geistestiefen, die allem Erdendasein zugrunde liegen, hineinreicht. Auf dem Bild der Quelle, das aus dem Jahre 1625 stammt, ist eine innere, verborgene Welt dargestellt. Die Geheimnisse des Wassers kommen in symbolischer Art zum Ausdruck, und die vier Ecken müssen wir als die vier Elemente Feuer, Luft, Wasser und Erde auffassen (Abbildung 51).

Die Pflanze und die menschliche Gestalt

Sowohl die Pflanze wie der Mensch erfreuen sich des Aufrechtstehens, während alle Tiere in unterschiedlicher Art auf die Horizontallage bezogen sind. Die Tierleiber umfassen die Erde und befinden sich meistens in Parallellage zu ihrer Oberfläche; der Mensch und die Pflanzen (jedenfalls die höheren Arten) sind in ihren unteren Teilen zumeist auf den Erdmittelpunkt hin orientiert, während sie das Haupt dem Himmel entgegentragen.

Die Pflanze hat drei Hauptteile: Wurzel, Blätter und Blüten; der Mensch ebenso: Kopf, rhythmisches System und Stoffwechsel-Gliedmaßen-System. Rudolf Steiner hat seine Anschauung des dreigliedrigen Menschen bis in die Einzelheiten dargestellt.[13] Oft vergleicht er den dreigliedrigen Menschen mit der Pflanze, und zwar den Kopf mit der Wurzel (und ihren Erdprozessen), das rhythmische System mit den Blättern und Zweigen und das Gliedmaßen-Stoffwechsel-System mit der Blüte und den Fruchtprozessen. Ebenso oft bringt er die Gliedmaßen jedoch auch mit der Erde und den Kopf mit dem ganzen Kosmos in Zusammenhang. Solche Aussagen weisen in nüchterner Art auf ein völlig neues und lichtbringendes Wissenschaftsfeld hin; sie müssen in allen Einzelheiten erarbeitet werden, liegt doch der «dreigliedrige Mensch» der ganzen Anthroposophie zugrunde.

Wir wollen hier versuchen, einige dieser morphologischen Vergleiche zu beleuchten, um im Zusammenhang mit unserem Hauptthema der Polarität von Sonne und Erde zu weiteren Forschungen anzuregen.

Das ganze Gebiet hat mit Polaritäten zu tun, sowohl in bezug auf Formen wie auch in bezug auf Vorgänge. Wir können dieses Gebiet hier aber nur streifen und müssen auf die Notwendigkeit weiterer Forschungen interdisziplinärer Art verweisen.

Während sich die Pflanze entwickelt, öffnen sich die Formen der umhüllenden Blätter, die den Sonnenraum am Wachstumspunkt umgeben; Knoten um Knoten, Zweig um Zweig erscheint und wächst – Fläche um Fläche – in den Erdenraum hinein. Schließlich steht die Pflanze in ihrer ganzen individuellen Gestalt, zum Beispiel in Form des schönen Baumes auf Abbildung 52, vollendet vor uns.

Betrachte ich unbefangen einen Baum, so kann ich die Verwandtschaft seines starken Stammes mit meinen starken Gliedmaßen empfinden, die mich über dem Erdboden halten. Umgekehrt kann mich die plastische Bildung seines oberen Teiles, die, wie von außen nach innen gebildet, bei jedem Baum eine charakteristische Gestalt annimmt, an meinen Kopf erinnern, der sich in seinen Sinnesorganen dem gestaltenden Licht öffnet. (Wie kommt es, daß die Zweige und später die Blattoberflächen in ihrem Zusammenspiel eine Gestalt bilden, die gerade eine solche plastische Umrißlinie erhält?)

So ist es auch mit der Menschengestalt. Ich kann mich mit geschlossenen Füßen hinstellen und die Arme seitlich in die Horizontebene auf Schulterhöhe strecken, mit nach oben oder nach unten gekehrten Handflächen. Diese Handflächen – kleine ebenenhafte Oberflächen – sind Augen meines ebenenhaften Ätherleibes. Sie erzählen mir von meinem Ätherleib, ebenso wie ich, wenn ich ruhig dastehe, intuitiv weiß, daß meine ganze Gestalt sicher im Erdenraum orientiert ist. Wenn ich mit nach oben gekehrten Handflächen dastehe und die Arme nun seitlich in die Senkrechte hebe, so fühle ich mich in natürlicher Weise gedrängt, den ganzen Körper mitzunehmen und ihn auf die Zehenspitzen *hinaufziehen zu lassen*. Meine Handflächen – jetzt oben – schauen nun beide nach innen, wie wenn sie in *ebenenhafter* Art zur inneren, senkrechten Lichtlinie schauten, *die auch meine Gestalt in der Aufrechten erhält*. Es ist nicht so, daß ich mich einfach von unten nach oben schiebe, obwohl die Beine dies scheinbar tun; ich werde *nach oben gezogen* und kann in der Einheit von Wollen, Fühlen und Denken mit der Zeit erkennen lernen, daß ich ein Mikrokosmos im Makrokosmos bin.

Drehe ich nun die Handflächen nach außen und werden die Arme wieder gesenkt, so kann ich wieder zur normalen Ruhelage zurückkehren, und dasjenige, was ich durch die Hände und damit durch den ganzen Körper erlebt habe, kann mir vielleicht zum Bewußtsein bringen, daß ich zugleich in beiden Räumen leben kann, während ich wach und lebendig auf der Erde wandle (Abbildung 53). Ich *erlebe* den polar-reziproken Prozeß und kann ihn nun auch in klarer Weise *denken*.

Wir haben es hier mit intuitiven Erfahrungen zu tun, die bereits bei jedem gesunden Kind wie angeboren auftreten und welche die neue Erziehungskunst bei heutigen Kindern und

Jugendlichen am Leben zu erhalten sucht.[20] Man braucht nur eine menschliche Gestalt in Bewegung zu betrachten – in der Tat eine lebendige Morphologie –, um zum einseitigen Bild, das wir aus der kartesischen Raumvorstellung erhalten, auch den anderen Pol hinzuzufügen, und man kann von der eingliedrigen Erdenvorstellung zur *Dreigliedrigkeit* fortschreiten, wie sie sich zwischen den Polen von Erde und Sonne darlebt.

Die Kunst des Marionettenspiels kann den Menschen in bedeutsamer Weise an seinen wahren Ursprung gemahnen: Er ist aus dem Vater-Gott geboren, dessen Hände ihn seit den Tagen der Schöpfung in der Aufrechten halten und ihn dadurch von allen Tieren unterscheiden.

Goethe vermochte, in der Pflanze mehr zu sehen als nur den physischen Stab, wie er sich im starken, hölzernen Wuchs manifestiert; er sah an ihr auch das, was er einen «geistigen Stab» nannte.[21] Im Unterschied zu demjenigen, was sich in der Wurzel abspielt, entstehen die Wachstumsorgane des Sprosses aus der peripherischen Zellschicht (Kambium), und der Stiel kann in der Mitte sogar hohl sein. Goethe maß diesem innersten Bereich des Pflanzenschößlings, der Vertikalachse der ganzen Pflanze, große Bedeutung bei; er schrieb ihr in bezug auf die Spiralprozesse der sie umgebenden Blätter (Phyllotaxis) eine mächtige Bildekraft zu. Wir sehen in dieser Achse die *innere unendliche Linie*, die innerste Linie – den Empfangsort für die ätherischen Bildekräfte, die Blatt um Blatt neue Organe entstehen lassen. In ihrer vertikalen Haltung haben sowohl der Mensch wie die Pflanze einen unendlich fernen kosmischen Horizont gemeinsam, während beide eine individuell verschiedene Vertikallinie haben. Das Leben der Pflanze steht mit dem Ätherleib der ganzen Erde in Beziehung, während jeder Mensch einen individuellen Ätherleib hat. Die Pflanze bleibt an eine bestimmte Stelle der Erdoberfläche gebunden, während der Mensch die Freiheit genießt, sich seinen Empfindungen und Zielen gemäß auf der Erde herumzubewegen, denn er besitzt außer dem Ätherleib auch Seele und Geist.

Die Pflanze ist, jedem Menschenauge wahrnehmbar, zwischen eine Vertikalachse und eine unendlich ferne Linie hineingestellt; auch der Mensch befindet sich, während er über die ebene Erde schreitet, zwischen seiner innersten Lichtlinie und dem Horizont, der ihn umgibt – dem «Umkreis». Die Pflanzen, die die Erde bedecken, die Knospen an jedem Baume: Sie atmen das Leben, das zwischen ihrem Horizont und der innersten Unendlichkeit ihres «geistigen Stabes» pulsiert.

Bereits im 16. Jahrhundert gewann die Arbeit des belgischen Arztes Vesalius einen großen Einfluß. Vesalius verbreitete die Ansicht, daß die einzig zuverlässige Art, den menschlichen Körper kennenzulernen, nur in der Autopsie bestehen könne. Als erster machte er eine ganze Reihe von Zeichnungen, die die sezierte Leiche darstellen. Zuerst entfernt er die Haut, dann legt er Schicht um Schicht die Muskelfasern frei, bis schließlich das Skelett bloßgelegt wird. Zwei dieser schönen Zeichnungen werden auf Abbildung 54 und 55 wiedergegeben.[22]

Rudolf Steiner erkannte in der Haut und in den Muskeln Organe des Ätherleibes; er schilderte die Muskulatur als geronnenes Blut. Vesalius hat auf seinen Zeichnungen somit eine ätherische Oberfläche nach der anderen entfernt, um zuletzt bei der knochenhaften Form anzulangen. Weisheitsvoll plaziert Vesalius das Skelett in eine aufrechte Haltung und versieht es mit einer nachdenklich-meditativen Geste; er stellt es direkt in die Welt der drei Dimensionen, mitten in die Welt der Sinne hinein.

Es ist vielleicht nicht überraschend, daß Rudolf Steiner das Skelett als das Organ des Denkens bezeichnet; das Gehirn ist nicht der Produzent, sondern vielmehr der *Vermittler* von Gedanken. Wir denken mit unseren Knochen! (Sagt man im Englischen nicht: «I know it in my bones!»[23])

Man betrachte die langen Knochen mit ihren parallelen und rechtwinkligen Eigenschaften – so ganz anders als die sphärische Form des Schädels. Dazwischen liegt die Wirbelsäule mit dem Brustkasten, der ebenfalls eine sphärische Formtendenz hat; dann haben wir noch eine dritte Hohlform, das Becken. Drei Hohlformen!

Vesalius erweckt den Eindruck, als ob das innere Licht des Denkens das Skelett immer noch aufrecht halten würde. Die mineralisierte Form des Skeletts, das so deutlich im Erdenraum darinnen steht, ist in Wirklichkeit ein Organ für das geistigste Prinzip des Menschen – für das Ich. Dank dieser treuen Diener, unseren Skeletten, schreiten wir über die Erde hin; doch wir beschreiten sie als Geistwesen, die über drei geistige Stufen der Erdenentwicklung herabgestiegen sind, als die Erde die vierte, physische Daseinsstufe erreichte, und erst auf dieser vierten Stufe können wir von Maß, Zahl und Gewicht und von drei Dimensionen des Raumes sprechen.[24]

Die langen Knochen – zumindest die Beine – reichen in die drei Dimensionen der Erde hinab, so wie wir sie durch die gleichmäßigen Schritte unserer zwei Füße abmessen. Die Formgesten der drei Hohlräume dagegen sprechen in ganz anderer Art zu uns. Sind sie nicht wie Erinnerungen an die kosmische Vergangenheit der Menschheit, als der Abstieg in die Welt der drei Dimensionen noch nicht erfolgt war?

Das Haupt ist nicht nur eine irdische Knochensphäre; es ist zugleich ein kosmischer Raum, in welchem das Gehirn durch die Gehirn-Rückenmarksflüssigkeit in die Leichte gehoben wird. Und im Becken haben wir zwar ein irdisches Gefäß zu sehen; doch durch diese «Schale» können kosmische Kräfte wirken, wenn neues Leben gespendet oder empfangen wird. Auch in diesem Bereich können wir die Wirksamkeit von lebendigem Wasser finden. Wir haben es somit mit drei kosmischen Räumen oder *Gegenräumen* zu tun; dies können Saturn-, Sonnen- oder Mondenräume sein; in solchen Räumen können die Kräfte der Planeten und der Konstellationen wirksam werden.

Zwischen den Polen des Hauptes und des Stoffwechsel-Gliedmaßen-Systems liegt das Rückgrat mit dem Brustkorb, der das rhythmische System von Herz und Lunge birgt. Dies ist der menschliche Seelenbereich – das wahre Sonnenreich, das wir mit dem Blattbereich der Pflanze vergleichen können, der zwischen den Polen von Wurzel und Blüte liegt. Man sehe, wie das Herz zwischen den Lungenlappen lebt, geradeso wie der Wachstumspunkt der Pflanze im Sonnenraum lebt, den ihm die Blätter bilden! (Siehe Abbildung 56.)

Die alten Alchemisten erlebten diesen mittleren Bereich im Zusammenhang mit dem alten Symbol alles Heilens – mit dem Caduceus oder dem Merkurstab. Sie betrachteten die Welt der Substanzen im Sinne von Salz-, Merkur- und Schwefelprozessen. Das rhythmische System ist der wahre Gleichgewichtsbereich zwischen dem Salz (oben) und dem Schwefel (unten); Merkur hält die Waage.

In wundervoller Art konnten die Griechen die harmonische Ausgeglichenheit der Menschengestalt zur künstlerischen Darstellung bringen. Sie brachten in ihren großartigen Bildwerken ihr intuitives Erleben des menschlichen Leibes zur Gestaltung. Wahre Kunst kann in uns ja immer wieder das Gefühl solcher Ausgeglichenheit wecken, das wir in uns tragen (Abbildung 57). Heute ist es nun an der Wissenschaft, die *Gesetze* dieser Sphäre der Ausgewogenheit zu erkennen. Denn Formen sprechen immer in Übereinstimmung mit den entsprechenden Form*ideen*, wie sie im Geist des Betrachters aufleben können. Man beachte etwa, wie schön die Knochen der menschlichen Hand das Wachstumsmaß offenbaren (Abbildung 58 a, von Rauber-Kopsch).

Betrachten wir einmal die Form des Rückgrates, wie sie von Vesalius gezeichnet wurde (Abbildung 58 b) in einer Zeit, als die Medizin in ihrem Anfange stand. Zwischen den radialen Knochen, die zum gleichmäßigen Beschreiten der Erde gebildet sind, und dem Haupte – dieser königlichen Sphäre mit ihren kreisenden Formen, die umhergetragen werden soll, damit sich die Welt in aller Ruhe überschauen läßt – liegt diese großartige Knochensäule.

Die Wirbelsäule zeigt uns jene Art des Maßes, das auf der Beziehung von Proportionen beruht, denen wir auf Abbildung 20 begegnet sind. Dieses Maß ist nicht Schrittmaß, sondern Wachstumsmaß; es läuft von Unendlichkeit zu Unendlichkeit. Doch jetzt müssen wir es in seinem projektiven Charakter erkennen; ich habe es neben Vesalius' Zeichnung eingetragen, und zwar in einer projektiven Transformation. Die Geste eines solchen *projektiven Wachstumsmaßes* hat einen ganz eigenen Charakter, der überall erkennbar ist, obwohl die lebende Natur, die wie ein Künstler aus Substanzen schafft, nicht unbedingt exakte Maße erzielen wird. Die beiden unendlichen Punkte des logarithmischen Maßes erscheinen nun *beide* als funktionelle Unendlichkeiten im gewöhnlichen Raum: Beide sind gleichsam der innerste Bereich der «Spirale des Lebens».

In der Wirbelsäule des Menschen wie auch der Tiere kommt die *Qualität* dieser Wachstumsmaß-Folge in klarer Art zur Erscheinung, wie dies auch am Pflanzenstengel zu sehen ist.

Was sagt uns die Geste dieser Form? Sie sagt uns, daß das rhythmische System zwischen zwei Polen liegt, die beide sowohl einen kosmischen wie einen irdischen Aspekt haben können. Es ist damit das ausgleichende System *par excellence*, in welchem die Rollen vertauscht werden und sich irdische und kosmische Aspekte durchdringen können.

Man betrachte auch die Formen des einzelnen Wirbels (Abbildung 59). Jeder Wirbel hat einen festen Knochenteil und einen solchen, der einen Hohlraum umgibt; durch diesen Hohlraum läuft während des Lebens das Rückenmark, das dem Nerven-Sinnes-Aspekt des Organismus dient. Diese Wirbelknochen haben die Gestalt einer Achterschlaufe oder einer Lemniskate; ein Teil ist mit Substanz gefüllt, der andere ist eine Aushöhlung, die die Nerven als Organe des Bewußtseins umhüllt, wobei hier die Knochenprozesse auch flächenhaft sind. Es gibt einen Übergang von den substanzdichteren und zusammengewachsenen Formen in der Kreuzbeinregion zu den weit offenen, ausgehöhlten Formen im Halsbereich, wo die Metamorphose zu den Plattenknochen des Schädels stattfindet. Die Transformation verläuft von den ausgeglichenen Formen der Brust und Lendenregion aufwärts und abwärts, gleichsam in der Wachstumsmaß-Folge von Unendlichkeit zu Unendlichkeit. Der Atlas zuoberst ist beinahe mehr Hohlraum als Knochen! Bei den Tieren zeigt sich das Wachstumsmaß noch deutlicher, doch verläuft es hier in horizontaler Richtung – parallel zur Erdoberfläche.

Es ist von der größten Bedeutung, daß die kosmischen und peripherischen Aspekte von Formen und Kräften von der heutigen Wissenschaft erkannt und als Leitideen in ihre

Untersuchungen einbezogen werden. In einem Vortragszyklus mit dem Titel «Grenzen der Naturerkenntnis», den Rudolf Steiner 1920 gehalten hat, behandelt er in ausführlicher Weise die Funktion der Mathematik in der Naturwissenschaft und macht auf die Notwendigkeit aufmerksam, über den abstrakten Aspekt der Mathematik hinauszugehen und die innere Seelenaktivität zu kultivieren, die wir «in der wunderbaren Architektonik der Mathematik» brauchen. Rudolf Steiner spricht von der «latenten Mathematik» im Körper des kleinen Kindes und von der inneren Fähigkeit für die Wahrnehmung des Gleichgewichtes. «Beobachten Sie den Gleichgewichtssinn... Bedenken Sie, wie das Kind sich allmählich erfängt, wie es zuerst auf allen vieren kriechen lernt, wie es erst allmählich durch den Gleichgewichtssinn dahin kommt zu stehen, zu gehen, wie es dahin kommt, sich selber im Gleichgewichte zu erfassen... Und wenn Sie durchschauen dasjenige, was da geschieht, dann merken Sie, daß im Gleichgewichtssinn und im Bewegungssinn sich nichts anderes abspielt als ein lebendiges Mathematisieren... So sehen wir innerlich gewissermaßen latent eine ganze Mathematik an dem Menschen tätig sein.»

Vergleichen wir Abbildung 47 mit Abbildung 60. Schauen wir, wie die Kinder allmählich gehen lernen; und lernen *wir* erkennen, wie sie sich in die flächenhaften Bewegungen hineinfühlen und in ihrer Anstrengung, die Schwerkraft zu überwinden, das Spiel der ätherischen Lichtkräfte wahrzunehmen beginnen (Abbildung 60)! Wir dürfen dies eben nicht nur mit Gedanken betrachten, die sich auf die physikalischen und mechanischen Verhältnisse der Erde beziehen, sondern mit der Idee von Universalkräften – den wahren Himmelskräften in aller Mechanik.[6, 14] Eine solche Betrachtungsweise ist für die heutige Erziehung von allergrößter Bedeutung, denn nur allzuoft macht sich in der Körperhaltung von Jugendlichen die gegenteilige Tendenz geltend, da ihr Lebenseifer oftmals durch das, was ihnen in der Schule begegnet – etwa biologische Theorien, die auf einer rein materialistischen Grundlage physikalischer Begriffe beruhen –, aus ihnen herausgetrieben wird.

Tief ist die Intuition, daß der Mensch nach dem Bilde Gottes geschaffen ist und daß die Menschengestalt göttlichen Ursprungs ist. Betrachten wir das Kind, wie es in intuitiver Weise zur aufrechten Körperhaltung strebt und die ersten Schritte im Leben auf Erden unternimmt, so stehen wir vor einem der größten Wunder. Ein solches Wunder finden wir auch verborgen in einem der härtesten Knochen des menschlichen Schädels – gleichsam in der Höhlung von festestem Felsgestein –: das winzige Gleichgewichtsorgan mit seinen drei halbkreisförmigen Kanälen, in den drei rechtwinklig aufeinanderstehenden Dimensionen des Erdenraumes gebildet, zusammen mit der spiralförmigen Cochlea, einer Spirale im Wachstumsmaß – dem kosmischen Wirbelorgan, das für Sprache und Ton empfänglich ist; beide Organe sind durch einen Hohlgang miteinander verbunden. Das winzige dreigegliederte Organ in der dunklen Felshöhle enthält Vitalflüssigkeit, auf deren rhythmischer Wellenbewegung die Töne der Welt in innere Wahrnehmungen der Menschenseele verwandelt werden. Auch das Auge, das an der Peripherie des Hauptes gleichsam in einer Felshöhlung lebt, vermag das Licht, die Farben und Formen der Außenwelt in menschliche Erlebnisse umzuwandeln.

Die heutige Naturwissenschaft sollte die kosmische wie die irdische Formensprache des menschlichen Körpers erkennen lernen. Der Kopf ist gleichsam eine Sonne – doch auch das Herz. Am 26. August 1918 führte Rudolf Steiner dazu das Folgende aus:

«... dadurch, daß das heutige Wissen, die heutige Weltanschauung das, was weniger ist als die Leerheit, nicht kennt, dadurch wird diese heutige Weltanschauung . . . gebannt in den Materialismus. Denn es gibt auch im Menschen, wenn ich mich so ausdrücken darf, einen Ort, welcher leerer ist als leer; nicht in seiner Gänze, aber welcher eingelagert hat Teile, die leerer sind als leer. Im ganzen ist ja der Mensch – ich meine der physische Mensch – ein Wesen, welches einen Raum materiell ausfüllt; aber ein gewisses Glied der menschlichen Natur . . . hat tatsächlich etwas in sich, was sonnenähnlich ist, leerer ist als leer. Das ist – ja, Sie müssen es schon hinnehmen – der Kopf. Und gerade darauf, daß der Mensch so organisiert ist, daß sein Kopf sich immer entleeren kann und in gewissen Gliedern leerer sein kann als leer, dadurch hat dieser Kopf die Möglichkeit, das Geistige sich einzulagern.»

Der Kopf ist ein Abbild der ganzen Menschengestalt; er ist ein Dom oder ein Tempel für die Aufnahme des Gedankenlichtes, um das Licht des Denkens, um Farben und Töne aufzunehmen; die Kiefer betätigen sich wie Gliedmaßen in der Aufnahme von physischer Nahrung, doch auch im Zusammenhang mit der schöpferischen Sprechbetätigung; und zwischen Schädeldecke und Kiefer liegt der Bereich der Atmung, des Rhythmus, der uns von Geburt bis Tod begleitet. Dieselbe Wissenschaft, die sich von alten Traditionen frei gemacht hat, um sich zunächst der Materie zuzuwenden, wird einst die umfassenden Gesetze der Metamorphose erkennen. Wenn sie verstehen wird, wie das Haupt eine Metamorphose der ganzen dreigliederigen Leibesgestalt ist, so wird sie auch dahin kommen, eine noch tiefere Gesetzmäßigkeit einzusehen: das Gesetz derjenigen Metamorphose, die uns von einer Inkarnation zur nächsten schreiten läßt.

> «Du selbst, erkennender, fühlender,
> wollender Mensch,
> Du bist das Rätsel der Welt.
> Was sie verbirgt,
> In dir wird es offenbar, es wird
> In deinem Geiste Licht,
> In deiner Seele Wärme,
> Und deines Atems Kraft,
> Sie bindet dir die Leibeswesenheit
> An Seelenwelten,
> An Geistesreiche.
> Sie führt dich in den Stoff,
> Daß du dich menschlich findest;
> Sie führt dich in den Geist,
> Daß du dich geistig nicht verlierest.»
>
> Rudolf Steiner, «Wahrspruchworte»

Vom Wesen der Metamorphose

Goethes bedeutender Beitrag zur Naturwissenschaft besteht in seiner Entwicklung der Metamorphosen-Idee, vor allem in ihrer Beziehung zum Pflanzenreich.

«Goethe», sagt Rudolf Steiner einmal in bezug auf Goethes Einstellung gegenüber der Mathematik, «verlangt ... mit echt mathematischem Geiste ein inneres Hineintragen der Mathematik in die Phänomene. Und er spricht das aus, indem er sagt: Wir suchen die Urphänomene, indem wir uns bewußt sind, daß wir sie so suchen müssen, daß wir im strengsten Sinne dem Mathematiker nach seiner Gesinnung dafür Rechenschaft ablegen können. Was Goethe also sucht, das ist ein modifiziertes, ein metamorphosiertes Mathematisieren, ein Hineintragen des Mathematisierens in die Phänomene. Dies verlangt er als eine naturwissenschaftliche Tätigkeit. — Damit hat Goethe einiges Licht gebracht in den einen Pol, der sich sonst so finster ausnimmt, wenn wir den bloßen Materiebegriff statuieren. Wir werden sehen, wie Goethe an diesen einen Pol gekommen ist, wie wir Moderne aber versuchen müssen, an den anderen Pol, an den Bewußtseinspol zu kommen. Wir werden auf der anderen Seite nun ebenso suchen müssen, wie Seelenfähigkeiten sich tätig erweisen in der menschlichen Wesenheit, wie sie aus der Natur des Menschen herauswachsen und sich äußerlich betätigen. Wir werden das suchen müssen. Wir werden dann sehen, daß gegenübergestellt werden müßte dem, was Goethesche Phänomenologie ist als Erfassung der Außenwelt, ein ebensolches Erfassen der menschlichen Bewußtseinswelt, ein Erfassen, das nun im strengsten Sinne eine solche Rechenschaft ablegen will wie Goethe der Mathematik gegenüber, ein Erfassen, wie ich es in bescheidener Weise versucht habe in meiner ‹Philosophie der Freiheit›.

So stehen am Materiepol diejenigen Ergebnisse, die aus dem Goetheanismus stammen, am Bewußtseinspole diejenigen Ergebnisse, die gefunden werden können auf dem methodischen Wege, auf dem ich versuchte, in bescheidener Weise meine ‹Philosophie der Freiheit› aufzubauen.» (29. September 1920, in «Grenzen der Naturerkenntnis».)

Einen der Wege, auf denen die Mathematik umgewandelt werden kann, haben wir bereits einige Schritte weit begangen. Und wir haben gesehen, wie die Mathematik, die sonst eine rein intellektuelle Angelegenheit bliebe, welche lediglich den Kopf interessiert, von einem Element durchdrungen werden kann, welches den gesamten Menschen in Anspruch nimmt. Ihre schaffende Welt von Bildern kann uns in die Bereiche der Imagination, Inspiration und Intuition hineinführen.

Bekanntlich kann die Menschheit durch die Mathematik ebensogut in die Finsternis wie zum Licht geführt werden. In uns selbst leben die beiden großen kosmischen Wesen, die seit uralten Zeiten als Luzifer und Ahriman[25] bekannt sind und denen wir vieles zu verdanken haben. Doch der Mensch muß in der Gleichgewichtslage zwischen diesen beiden Wesenheiten seinen Weg finden; dazu braucht er höher entwickelte Seelenfähigkeiten wie «rechtes Denken», «rechtes Wollen», Gleichmut, Positivität, Unbefangenheit. Ohne solche Fähigkeiten wäre es unklug, die eigentliche Schwelle zur geistigen Welt überschreiten zu wollen.

Was ist aber *Gleichgewicht* überhaupt? Besteht es lediglich darin, daß zwei Pfund Mehl auf eine Waage gelegt werden, in jede Schale eines davon? (Hier könnte der Physiker vielleicht fragen: Woher kommt denn die Stützkraft in dem Waagepfosten, welcher die beiden Schalen[14] trägt?)

Mehr bildhaft gesprochen, können wir sagen: Was geschieht, wenn Licht und Finsternis in ein Wechselspiel treten? Goethe sagt: Dann entstehen die Farben. Sie sterben, sobald der eine oder der andere Pol dominiert. Luzifer ist aber der Name des *Licht*trägers; er zieht in eine Richtung und kann ins Extrem führen. Der andere Widersacher, Ahriman, ist der Herr der Finsternis; er zieht in die Gegenrichtung. Beide Richtungen führen im Extrem zur Vernichtung.

Wir müssen also das Doppelantlitz des Bösen erkennen lernen: Nach der einen Richtung blickt das luziferische Gesicht, nach der anderen der Geist des Materialismus. Beiden Mächten müssen wir ins Auge schauen, um unterscheiden zu lernen, wo im Weltall wie auch in der Menschenseele jede von ihnen ein berechtigtes Dasein hat, und um dann zu erkennen, wie sie zu eigentlich bösen Mächten ausarten, wenn sie ihr begrenztes Herrschaftsgebiet, das ihnen von den höheren göttlichen Mächten zugewiesen wurde, übertreten und *durch den Menschen* in *extremer Weise* wirken können. Jeder Mensch steht heute in voller Freiheit vor dieser Aufgabe. Und nicht ein starres Gleichgewicht muß gesucht werden, sondern ein solches, das auf allen Lebensgebieten in lebendiger Art stets neu angestrebt wird. Es ist deutlich zu sehen, daß die Welt heute aus dem Gleichgewicht ist, und so hat das Streben jedes einzelnen nach der Gleichgewichtslage letztlich eine allgemein-menschliche Bedeutung.

Was die Naturwissenschaft sagt, hat heute ein ungeheures Gewicht; es beeinflußt nicht nur die äußere Wohlfahrt der Menschheit, sondern auch ihr Geistesleben. Jeder einzelne kann durch die planvoll geübte Verstärkung seiner Beobachtungs- wie seiner Denkkräfte zu einer weltweiten Veränderung beitragen. Am Materiepol kann die Erübung Goethescher Phänomenologie zu einer Methode tiefdringender Beobachtung werden; für den Bewußtseinspol hat Rudolf Steiner auf die Möglichkeit hingewiesen, eine Verstärkung der Denkkräfte zu erüben. Liebe zu den Erscheinungen und Wärme im Denken können so eine Synthese bilden, durch welche das materialistisch-intellektualistische Denken neu belebt werden kann.

In der Verbindung der – in dieser Art geläuterten – Pole treten wir in den Bereich der Schwelle, wo sich beide Welten – die Welt der Beobachtung und die Welt des Denkens – durchdringen. Gerade im Hinblick auf diese Durchdringung ist es von so ungeheurer Bedeutung, die Idee der Metamorphose zu verstehen.

Ein klassisches Phänomen, das uns die Gelegenheit gibt, die Beobachtungs- und Denkfähigkeit zu schulen, um die Gesetze der Metamorphose verstehen zu lernen, ist die organische Verwandlung, wie sie sich bei der Entwicklung der höheren Insekten zeigt, etwa bei der Verwandlung vom Ei zum Schmetterling. Sie läßt sich der Verwandlung der Pflanzenblätter vergleichen, die sich in die Organe der Blüte metamorphosieren.

Als Kinder schauten wir zu, wie die winzige, grüne und mit schwarzen Haaren bedeckte Raupe (etwa eine *Vanessa*) aus dem Ei schlüpfte und wie sie (auf Brennnesseln) immer größere Mengen von grünen Blättern zu fressen begann. So wurde sie größer und dicker, bis sie sich schließlich an einem Seidenfaden, den sie aus dem eigenen Körper herausgesponnen hatte, mit dem Kopf nach unten (manche Raupen tun es mit dem Kopf nach oben, wie in Abbildung 61) aufhängte. Nach einer gewissen Zeit platzte dann die Haut hinter dem Kopf, und eine neue, größere und grünere Raupe, auch sie mit schwarzen Haaren, arbeitete sich heraus, um sich unverzüglich über die Blätter herzumachen. Dies wiederholte sich etwa viermal, und das kleine Tier wurde schließlich so unruhig, daß es weite Strecken zurücklegte, bevor es sich zum letzten Male aufhing. Und dann – welch ein Wunder – öffnete sich auch die letzte Haut, und nun arbeitete sich nicht eine neue Raupe hervor, sondern eine viel jünger aussehende Form, in einem viel zarteren Grün – eine Puppe, die sich nach kurzer Zeit mit reinen Goldsternchen überzog. Das war ein wunderbarer Anblick, den keines der Kinder verpassen wollte!

Nach einer Weile verblaßte der Goldglanz wieder; eine hellbraune, trockene und verschlossene Form blieb zurück – ohne Beine, ohne Mund – mit einem Unterleib, der zappelte, wenn er berührt wurde, und mit Segmenten und einem Schwanz, der noch an die verschwundene Raupe erinnerte. Am oberen Teil des Körpers waren auch deutliche Einprägungen wahrzunehmen – von dem, was im Innern in der Zukunft entstehen *sollte!*

Doch vorläufig gab es im Innern noch gar keine Formen! Sie waren jedoch gleichsam prophetisch der Außenseite dieser jungen grünen Form eingezeichnet, während das Innere noch nichts enthielt als eine unförmige, milchig-weiße Substanz.

Dann brauchte es viel Geduld – vielleicht durch Wochen, vielleicht einen ganzen Winter hindurch – und dann eine sehr wache Aufmerksamkeit, um das nächste unglaubliche Ereignis ja nicht zu verpassen. Wiederum zeigte sich eines Tages ein Riß hinten am Kopf – und der Schmetterling erschien mit einer einzigartigen Geste, zuerst der Kopf, dann, nachgezogen, die Fühler; so hoben sich diese Organe aus der *Ventralseite* der Puppe heraus. Flügel, Rüssel und Fühler – sie sind alle Sinnesorgane – hatten sich alle in der Gegend entwickelt, die vorher in der Raupe vom Strang der Nerven-Sinnes-Ganglien besetzt gewesen waren! Ganz allmählich entfalteten sich dann die Organe des vollkommen und kompliziert geformten Insekts zu den wundervoll gemusterten Flügeln, etwa eines roten Admirals. Während einer ganzen Weile bewegte der Schmetterling dann noch die Flügel in der Art, wie es für Schmetterlinge typisch ist – dann flatterte er dem Sonnenlicht entgegen.

Der Biologe weiß, daß die Sinnesorgane des Schmetterlings über die ganze Oberfläche der Flügel und des Körpers wie auch in seinem mehrschichtigen Auge verstreut sind. Wir haben es hier mit einer ganz anderen Art des Wahrnehmens zu tun als beim Menschen; sie ist sowohl für Insekten wie für Vögel charakteristisch. In einer ebenenhaften Welt durchdringt sich alles, und eine Trennung, wie sie im Punktraum herrscht, gibt es hier nicht. Wie anders wäre die merkwürdige «Raumweisheit» der Biene oder der Zugvögel zu erklären? Es ist lächerlich anzunehmen, diese physisch so winzigen Wesen würden mit einem dem unsrigen vergleichbaren Raumesbewußtsein von Punkt zu Punkt wie auf einer Landkarte vom Südpol zum Nordpol fliegen oder von einem Bienenstock Blütenstaub und Honig aufspüren. Wenn ein Insekt unablässig auf einer Fensterscheibe umherflattert, glauben wir vielleicht, es möchte gerne ins wunderbare Freie fliegen! *In Wirklichkeit ist es bereits draußen*: Die physische Scheibe verhindert nur seine *physische* Fortbewegung!

Jeder Bienenzüchter weiß, daß die Bienen, wenn der Bienenstock auch nur um ein weniges entfernt wird, zu der früheren Stelle zurückkehren werden. Alle diese beflügelten

Wesen leben in einer Art des Wahrnehmens, für das es keine räumliche Trennung gibt, wie sie für jenen Raum gilt, in dem *wir* heute gefangen sitzen. Die Biene ist eins mit dem Bienenstock, der Zugvogel eins mit der Erde als Lebewesen. Diese Wesen leben im ganzen Weltall, das von der Erde über Sonne und Mond bis zum Saturn reicht; sie sind also keine Erdenwesen im vollen Sinne des Wortes. Selbst ein heutiger Naturwissenschaftler wird zugeben, daß wir noch keine ausreichende Erklärung für die wunderbaren Erscheinungen des *Instinktes* besitzen.

Rudolf Steiner charakterisiert den Schmetterling einfach als *Flügel*, zu welchen der Körper lediglich ein Anhängsel bildet. «Wie der Schmetterling sein Ei legt, so entwickelt sich in der Blüte wiederum der Same zu dem Künftigen. Sie sehen: Wir blicken hinauf in die Luft zum Schmetterling, wir verstehen ihn als die in die Luft erhobene Pflanze. Der Schmetterling, vom Ei bis zum Falter, ist dasselbe unter dem Einfluß der Sonne mit den oberen Planeten, was unten die Pflanze unter dem Erdeneinfluß (und dem Einfluß der unteren Planeten) ist» (26. Oktober 1923). Die Pflanze, so führt Rudolf Steiner weiter aus, legt ihren Samen in die Erde, während der Schmetterling sein Ei nur im Sonnenbereich legt; mit anderen Worten: in die *Sonnenräume* der wachsenden Pflanze hinein.

Steiner beschreibt das symbiotische Panorama in den wechselseitigen Beziehungen von Planeten, Insekten, Pflanzen, Elementarwesen und der Erde in vielen Einzelheiten; das Schmetterlingsei ist ein im Sonnenbereich gelegter Same, die Raupe gleicht einem Blatt, die Puppe einer Knospe oder einem Kelch und der Schmetterling selbst ist der Blüte vergleichbar.

Wir können diese Imagination der sich entwickelnden Formen besser verstehen, wenn wir die Verwandlung und Metamorphose der Blätter in Kelch und Blumenkrone im einzelnen studieren (siehe Abbildung 61 und «Die Pflanze in Raum und Gegenraum»). Bei der Pflanze öffnen sich die Blätter nach außen; das heißt von ihrer innersten Vertikalachse *hinweg*; die Knoten schreiten im Wachstumsmaß fort, um erst wieder im Kelch oder in den Blütenformen, welche die künftige Krone enthält, zusammenzukommen. Dies ist ein typischer Pflanzenprozeß, der jedoch zu einer Gestaltung führt, die ein ganz neues Entwicklungsstadium ankündigt, das mit einer Einschränkung des rein vegetativen Wachstums verbunden ist. Betrachten wir die Schönheit der Blumenkrone, so stehen wir zwar immer noch vor einem ätherisch-pflanzlichen Prozeß, doch kündet dieser Vorgang bereits auch von anderen Welten. Goethe sprach von «Steigerung», und er beschrieb die einzelnen Stufen der von ihm so genannten Metamorphose.

Die Raupe dagegen ist ein kleines Tier, dessen Sinnesorgane in seinem Körper eingeschlossen liegen. Es hat eine interessante Struktur: Das Nerven-Sinnes-System ist ein Ganglienfaden, der entlang der Ventralseite vom Gehirn bis zum Anus hinabläuft; der Rückenseite entlang verläuft das sogenannte Dorsalgefäß, welches mit einer Art von ernährendem Kreislaufsystem zu tun hat; dazwischen verläuft, von Mund bis Anus, der Magen. Die Raupe kann einem Blatt verglichen werden, das so zusammengerollt ist, daß die Blattränder zusammenkommen – in dasjenige, was bei der Pflanze die innerste Achse darstellt. Diese Tierform trägt ihre «Lichtachse» des Nerven-/Ganglien-Systems bereits in sich selbst (Abbildung 61).

Wenn die Raupe von Zeit zu Zeit ihre Haut abstreift, so können wir darin einen Vorgang sehen, der auf der Ebene des Tieres demjenigen entspricht, was bei der Pflanze die ätherische Entwicklung von Blatt zu Blatt ist, wobei sich ein Blatt aus dem Hohlraum des vorhergehenden entwickelt, bis zuletzt die geschlossene Form des Kelches (bei der Pflanze) und der Larve (beim Insekt) erscheint. Hier wird die ruhigere und dauerhaftere Hohlform gebildet, aus welcher dann die völlig metamorphosierte Form entspringt – die Blüte oder der Schmetterling. In beiden Fällen kommt etwas ganz Unerwartetes und Überraschendes zum Vorschein; Blatt und Raupe sind nicht mehr wiederzuerkennen! Goethe durchschaute diesen Prozeß, den er als *Metamorphose* bezeichnete, als er abnorme Formen – halb Blatt, halb Blüte – studierte, die ihm ihr Geheimnis gerade in seiner «Nichterfüllung» verraten konnten.

Wo immer Metamorphose stattfindet, werden wir einen «hohlen» Raum vorfinden, der die Verwandlung ermöglicht. Es muß wie eine Enklave ein Raum vorhanden sein, in welchem nicht die Kräfte, die in den *geschaffenen Formen* wirken, sondern die Kräfte, die in den schöpferischen Prozessen selbst leben, voll eingreifen können.

Rudolf Steiner verwendete für solche Räume das Wort «ausgespart». Als einen solchen «ausgesparten» Raum charakterisierte er die Sonne; als einen Raum, in welchem die Naturwissenschaftler zu ihrer großen Überraschung «weniger als nichts» antreffen würden: ein ausgesparter Raum, der keinerlei Substanz enthält, sondern ein reines Vakuum respektive «mehr als ein Vakuum» ist! Dieser Raum ist der schon mehrfach berührte, zu unserem Erdenraum polar-entgegengesetzte Gegenraum.[26]

Solche mütterlichen Räume sind Chaosräume (nicht Kosmosräume), in denen der Egoismus der Substanz zurücktritt und die Schwerkraft keine Macht besitzt. Im botanischen Sinne sprechen wir hier von heliotropen Prozessen, im Gegensatz zu den geotropen Wurzelprozessen. Nicht nur bei der Pflanze, überall, wo sich Lebensprozesse abspielen, bieten solche Anti-Gravitationsräume die Gelegenheit, daß Neues entstehen kann.

Es sind dies die schweigsamen, verborgenen inneren Räume, die in der Welt des Lebendigen, aber auch der Seele und des Geistes entstehen müssen, wenn Metamorphosen stattfinden sollen. Wir haben es mit einem wahren Umstülpungsprozeß zu tun: Substanz, statt sich im additiven Sinne unablässig auszudehnen, zieht sich zurück, um einen hohlen oder «intensiven» Raum zu bilden. Es ist ein kosmischer Raum, ein Raum, in welchen die Saturn-, Sonnen-, Mondenkräfte oder andere planetarische Kräfte hineinspielen können. In einem solchen Raum entstehen ganz neue Formen, die *in keiner Weise direkte physische Fortsetzungen* der bereits vorhandenen Formen darstellen.

Menschliche Handlungen, die auf dem Egoismus oder auf bloße Gedankenlosigkeit gebaut sind, werden irgend jemanden schädigen; der Mensch aber, der es versteht, kontemplative innere Räume zu schaffen – fernab vom Getriebe des Alltags –, wird dadurch die innere Ruhe des Vorausblickens herstellen können, und schließlich wird diese innere Haltung in alle seine Handlungen einfließen.

Das wachsame Bedenken der Ergebnisse einer Handlung wird sich mit der Zeit in ein Verstehen von Karma und Reinkarnation verwandeln, in die Erkenntnis, daß jede Handlung ihr polares Gegenstück oder ihre polare Transformation besitzt: Es ist die Handlungs*folge*, die der Handelnde zu einem späteren Zeitpunkt, wie *von außen* kommend und an ihm selbst vollzogen, erleben wird. In einer künftigen, weiter fortgeschrittenen Gemeinschaft werden wir, so erfahren wir durch Rudolf Steiner, bei jeder Handlung in metamorphosierter Form ein geistiges Bild ihrer karmischen Folge erleben.

Die Naturwesen kennen das Geheimnis der Metamorphose bei Pflanzen und Insekten, und sie wissen um das Geheimnis des Opfers, das mit dem Durchgang durch die Leerheit verbunden ist, der immer stattfinden muß, wo neues Leben – aus dem Grabe auferstandenes Leben – entstehen soll. So lebt auch der Geist als Same im menschlichen Denken, und er muß in der Wissenschaft zur Blüte und zur Frucht gebracht werden.

Doch jede Metamorphose benötigt Zeit. Wenn, um ein Beispiel aus dem niederen Pflanzenleben zu nehmen, der Pilz über Nacht heranreift und seine Sporen verliert, so kann keine Metamorphose stattfinden, wie sie beispielsweise bei der Mohnblume stattfindet; *sie* nimmt sich Zeit zum Reifen, läßt ihren Kopf lange Zeit nach unten hängen, bevor sie sich öffnet, um ihre vollkommen ausgebildeten Blütenblätter mit ihrer ganzen Farbenpracht zum Vorschein zu bringen. Was die Blüte im Bereich des Ätherleibes der Erde offenbart, das bringt das Insekt in einem astralischen Bereich zur Erscheinung. Beide Male stehen wir vor dramatischen Metamorphose-Erscheinungen.

Man wird hier vielleicht an die Kromlechs und Dolmen (Abbildung 78) erinnert; an die Steinaltäre, die eine längst versunkene Kultur in vielen nordeuropäischen Landschaften hinterlassen hat, wie Denkmäler im großen Buch der Geschichte. Rudolf Steiner hat ausführlich dargestellt, wie die alten Druidenpriester im *Schatten* der Steine (sozusagen im *Hohl*raum, wo der Stein *nicht* ist) die Geheimnisse des geistigen Sonnenlichtes ablesen konnten. Zwar vermochte der Druidenpriester die geistige Welt nicht mehr in unmittelbarer Form zu erleben, doch durch die Errichtung von Steinkreisen konnte er in die unsichtbaren Sonnenkräfte hineinschauen und diese Erkenntnis dann umsetzen, um die Angelegenheiten der ihm anvertrauten Erdenmenschen zu regeln.

Diese Dinge wurden in einer Übergangszeit vollzogen, vor der Zeitenwende, als das Mysterium von Golgatha stattfand. Die Druiden konnten von den Geheimnissen der Sonne lernen zu einer Zeit, als das Sonnenwesen selbst die Erde noch nicht betreten hatte. Heute, kurz vor der nächsten Jahrtausendwende, steht die Naturwissenschaft vor der Aufgabe, alte Wahrheiten wiederzuentdecken – doch in *zeitgemäßer* Form.

Hören wir zum Abschluß dieses Kapitels den Physiker Max Planck:

«Meine Herren, als Physiker, also als Mann, der sein ganzes Leben der nüchternen Wissenschaft, der Erforschung der Materie diente, bin ich sicher von dem Verdacht frei, für einen Schwarmgeist gehalten zu werden. Und so sage ich nach meinen Erforschungen des Atoms folgendes: Es gibt keine Materie an sich! Alle Materie entsteht und besteht nur durch eine Kraft, welche die Atomteilchen in Schwingungen bringt und sie zum winzigsten Sonnensystem des Atoms zusammenhält. Da es im ganzen Weltall aber weder eine intelligente noch eine ewige (abstrakte) Kraft gibt – es ist der Menschheit nie gelungen, das heißersehnte «Perpetuum mobile» zu erfinden – so müssen wir hinter dieser Kraft einen bewußten intelligenten Geist annehmen. Dieser Geist ist der Urgrund aller Materie. Nicht die sichtbare, aber vergängliche Materie ist das Reale, Wahre, Wirkliche (denn die Materie bestünde, wie wir gesehen haben, ohne diesen Geist überhaupt nicht!), sondern der unsichtbare, unsterbliche Geist ist das Wahre. Da es aber Geist an sich nicht geben kann und jeder Geist einem Wesen zugehört, so müssen wir zwingend Geistwesen annehmen. Da aber auch Geistwesen nicht aus sich sein können, sondern geschaffen worden sein müssen, so scheue ich mich nicht, diesen geheimnisvollen Schöpfer ebenso zu nennen, wie ihn alle alten Kulturvölker der Erde früherer Jahrtausende genannt haben – Gott!»

«Du selbst, erkennender, fühlender,
wollender Mensch,
Du bist das Rätsel der Welt.
Was sie verbirgt,
In dir wird es offenbar, es wird
In deinem Geiste Licht,
In deiner Seele Wärme,
Und deines Atems Kraft,
Sie bindet dir die Leibeswesenheit
An Seelenwelten,
An Geistesreiche.
Sie führt dich in den Stoff,
Daß du dich menschlich findest;
Sie führt dich in den Geist,
Daß du dich geistig nicht verlierest.»

Rudolf Steiner, «Wahrspruchworte»

VII. Die Naturwissenschaft und das Leben

«Eine Theorie ist desto eindrucksvoller, je größer die
Einfachheit ihrer Prämissen ist, je verschiedenartigere
Dinge sie verknüpft und je weiter ihr Anwendungsbereich
ist.»

Albert Einstein in «Autobiographisches»

In seiner Heimatstadt Wien führte Rudolf Steiner in einem öffentlichen Vortrag am 26.
September 1923 das Folgende aus:

«Man kann hinsehen auf das, was uns bis in die jüngsten Tage herein die naturwissenschaftliche Forschung Großartiges gebracht hat – Großartiges gebracht hat an Ergebnissen
von Zusammenhängen über die äußere Welt. Man kann nämlich davon sprechen, daß bei
den gewissenhaften, ernsten Beobachtungen der Gesetze und Tatsachen der äußeren
Sinneswelt, wie sie die Naturwissenschaft geliefert hat, sich ganz besondere menschliche
Fähigkeiten ausgebildet haben und daß gerade von Beobachtung und Experiment ein Licht
ausgegangen ist auch auf die menschlichen Fähigkeiten selbst . . .

Wenn wir nur ein wenig uns besinnen auf das, was dieses Licht beleuchtet, so sehen wir,
wie das menschliche Denken dadurch, daß es enge und weite Zusammenhänge – das
Mikroskopische und das Teleskopische – gesetzmäßig durchforschen konnte, dadurch
selber Unendliches für sich gewonnen hat, gewonnen hat an Unterscheidungsvermögen,
gewonnen hat an eindringlicher Kraft, die Dinge der Welt zusammenzustellen, so daß sie
ihre Geheimnisse verraten, die Gesetze der Weltenzusammenhänge festzustellen und so
weiter. Wir sehen, indem dieses Denken entfaltet wird, eine Anforderung an dieses
Denken gestellt, und zwar gestellt gerade von den ernstest zu nehmenden Forschern: die
Forderung, daß dieses Denken so selbstlos als möglich sich entwickeln müsse in der
Beobachtung der äußeren Natur und im Experimentieren im Laboratorium, in der Klinik
und so weiter.

Eine große Gewalt hat der Mensch in dieser Beziehung gewonnen. Es ist ihm ja
gelungen, immer mehr und mehr Maßregeln solcher Art zu treffen, daß nichts von dem,
was im Denken selber als innere Herzenswünsche des Menschen, als Anschauungen,
vielleicht auch als Phantasien über sein eigenes Wesen aufsteigt, hineingetragen werde in
dasjenige, was er mit dem Mikroskop und Teleskop, mit Maßstab und Waage über die
Zusammenhänge des Lebens und des Daseins feststellen soll.»

Unter diesen Einflüssen hat sich allmählich ein Denken herausgebildet, von dem man
sagen muß, daß es sehr abstrakt geworden ist. Die Furcht davor, sich in das Phantastische
zu verlieren, hat davon abgehalten, in die gesetzmäßigen Zusammenhänge des Lebendigen einzudringen. Der Versuch wird immer noch gemacht, das Leben allein durch die
Gesetze der leblosen Natur zu erforschen und zu verstehen.

Strömungsforschung

Während Rudolf Steiners letzten Lebensjahren und in den Jahren nach seinem Tod im Jahre 1925 wurden seine Angaben und Anregungen auf verschiedenen Wissenschaftsgebieten allmählich weiter ausgearbeitet. Unter der Leitung von Ita Wegman (1876–1943) wurden praktische Schritte zur Erweiterung der konventionellen Medizin unternommen; Guenther Wachsmuth (1893–1963), der Leiter der Naturwissenschaftlichen Sektion, sorgte für die Weiterentwicklung der biologisch-dynamischen Anbauweise; Elisabeth Vreede (1879 bis 1943), die Leiterin der Mathematisch-Astronomischen Sektion, nahm unter anderem auch an den wissenschaftlichen Intentionen George Adams sehr tätigen und helfenden Anteil; sie verschaffte ihm die Gelegenheit, sein Werk «Strahlende Weltgestaltung» zu schreiben und zu veröffentlichen.

In den 40er Jahren begann sich aus der Arbeit in der Ita-Wegman-Klinik in Arlesheim die Krebsforschung zu entwickeln; vor allem dank der Initiative von Alexander Leroi (1906–1968), der gemeinsam mit seiner Gattin und anderen Rudolf Steiners Hinweise im Zusammenhang mit dem Krebsheilmittel – Iscador – ausarbeitete und später, als Zentrum für die Behandlung von Krebspatienten, die Lukasklinik begründete. Seit seinem tragisch frühen Tod führt Rita Leroi, seine Frau, die Arbeit der Klinik in äußerst erfolgreicher Weise weiter (siehe dazu die Bibliographie im Anhang).

Im Jahre 1959 begründete Alexander Leroi mit George Adams, Theodor Schwenk (1911–1986) und Georg Unger (siehe Seite 18) in Herrischried im Schwarzwald das *Institut für Strömungswissenschaften im Verein für Bewegungsforschung* – eine Initiative, die dank der großzügigen finanziellen Unterstützung von Hanns Voith (1885–1971) verwirklicht werden konnte.

Leroi gab im Zusammenhang mit seiner Krebsmittelherstellung den Anstoß, das Phänomen der Bewegung in seinen verschiedensten Aspekten näher zu untersuchen – menschliche und biologische Bewegung, Bewegung von Wasser, und zwar auch unter Berücksichtigung physikalischer Bewegungstheorien.

Bereits im Zusammenhang mit der Methode des homöopathischen Verdünnens zeigte sich die Notwendigkeit einer Bewegungsforschung; außerdem hatte Rudolf Steiner darauf hingewiesen, daß die Zubereitung des Krebsheilmittels außerhalb des Gravitationsfeldes zu geschehen habe. Adams hatte noch zu Lebzeiten von Ita Wegman und Elisabeth Vreede in der Beratungsgruppe in dieser Richtung gearbeitet.

Das gemeinsame Interesse einiger Mitglieder dieser Gruppe für das Phänomen der homöopathischen Potenzierung und für Rudolf Steiners Angabe im Zusammenhang mit der Herstellung des Krebsheilmittels führte die kleine Gruppe von Wissenschaftlern (Leroi, Adams, Schwenk und Unger) schließlich im Institut von Herrischried zusammen.

George Adams, der von der inneren Beziehung zwischen der Idee von Polarräumen und -kräften und der ätherischen Welt überzeugt war, hatte seine Forschungen nach Rudolf Steiners Tod weitergeführt – besonders in den Jahren 1947 bis 1963, als er intensiv mit Michael Wilson im Rahmen der Goethean Science Foundation zusammenarbeitete. Die Goethean Foundation wurde zu diesem Zwecke gegründet. Die Arbeiten zur Goetheschen

Farben- und Lichtlehre machten Michael Wilson bekannt; er wurde zum Vorsitzenden der Farbenabteilung der Londoner Physical Society gewählt und war einer der Pioniere der Kunsttherapie (zunächst in der heilpädagogischen Bewegung). Verschiedene Veröffentlichungen in wissenschaftlichen Zeitschriften zeugen von seiner Forschungsarbeit; bevor er sein zusammenfassendes Buch vollenden konnte, starb er 1985.

George Adams hatte in den Arbeiten von Christian von Staudt (1798–1867), Sophus Lie (1842–1899) und Felix Klein (1849–1925) einen lange vergessenen Bereich der Mathematik wiederentdeckt: bestimmte mathematische Flächengebilde höherer Art als die sphäroiden, hyperboloiden, ja selbst als die lemniskatenartigen mathematischen Flächengebilde.

Diese Flächengebilde werden in intimer Weise von ihren Tangentialebenen berührt und stehen nach Adams' Auffassung einem ätherischen Kräftefeld daher um so näher.

Diesem Formgebiet wandte er sich darauf zu. Er arbeitete die nötigen mathematischen Techniken aus, um solche Formtypen in verschiedenster Gestalt hervorzubringen. Lie und Klein bezeichneten solche zweidimensionalen Kurven mit dem Buchstaben *W*, Adams nannte sie *Wegkurven*, und er benützte auch die Bezeichnung *Wegkurvenflächen (Path Curves* und *Path Curve Surfaces*, Abbildung 63, Tafel III).

Die Aufgabe bestand darin, solche Flächengebilde hervorzurufen, die in ihrer ganzen Formstruktur qualitativ mit jenen Formen verwandt sind, wie sie in natürlicher Weise von strömendem Wasser gebildet werden. Es ist heute besser bekannt als es in jenen frühen Jahren war – hauptsächlich dank der Publikationen von Theodor Schwenk –, daß Wasser, wenn die Wasserläufe gerade gemacht und das Wasser in langen geraden Röhren Berghänge hinuntergelassen und in dieser Art der Gravitationskraft unterworfen wird, allmählich träge wird und seine Vitalität verliert. Adams wollte Kanäle mit Flächen von einer intensiven ätherischen Qualität konstruieren, durch welche das devitalisierte Wasser hindurchgeleitet werden sollte. Dadurch, so dachte er, könnte in die praktischen Techniken, die zur Gewinnung von Wasserkraft verwendet werden, gewissermaßen ein Kompensationsprozeß eingegliedert werden.

Schon seit langem hatte die Methode in Gebrauch gestanden, Wasser dadurch zu reinigen, daß man es in ein Kieselbett leitete, in welchem die Strudelbewegungen und die künstlich hervorgerufenen Wirbelbildungen für seine Durchlüftung sorgten. In neueren Zeiten erwies sich diese Methode jedoch als unzureichend, und so begann man, chemische Mittel einzusetzen. Weshalb sollte aber diese alte, organische Methode der Wasserreinigung nicht in intensivierter Form erneuerbar sein? Auch in der modernen biologisch-dynamischen Anbauweise wurden die natürlich-organischen Methoden des Pflanzenanbaus in intensivierter Form wieder aufgegriffen.

Den Landwirten hatte Rudolf Steiner gezeigt, wie sie biologische Präparate herstellen sollten, um das organische Leben von Boden und Kompost zu intensivieren. Den Naturwissenschaftlern schlug er bestimmte Laborexperimente vor, durch welche das Dasein und die Wirksamkeit der Ätherkräfte, von denen er sprach, erwiesen werden sollte.

Allen diesen Angaben liegt die Existenz einer ebenenhaften Bildequalität der ätherischen Kräfte zugrunde, die im Einklang mit den Gesetzen des *negativen* Raumes wirken. Bei den Testmethoden handelt es sich darum, *Bilder auf Flächen* hervorzurufen; man beobachtet die Fließbewegungen der flüssigen Substanzen und bewertet dann die Formen, die sich zuletzt ausgestalten.

Lili Kolisko erhielt von Rudolf Steiner die Anregung, in Flüssigkeit gelöste Salze und biologische Säfte unter bestimmten Bedingungen auf Filterpapier fließen zu lassen (Kapillar-Dynamolyse). Ehrenfried Pfeiffer schlug er vor, in einer dünnen Fläche einer gesättigten Lösung Kristallbildungen entstehen zu lassen (Kristallisationsmethode). Jahre später übernahm Theodor Schwenk diese Techniken in der von ihm so genannten *Tropfen-Bild-Methode*. In allen diesen Fällen muß der Experimentator durch lange Erfahrung erst lernen, die sehr verschiedenartigen Formen sowie die Art, wie sie als *Bilder in Flächen* zustande kommen, richtig zu interpretieren. Dem wohlerfahrenen Experimentator werden sich die Formen dann *in ihrer eigenen Sprache* aussprechen können.

Auch bei der Herstellung von biologisch-dynamischen Präparaten haben wir es wiederum mit Flächen zu tun: mit den organischen Hüllen, in welche bestimmte Substanzen gelegt oder eingewickelt werden, so daß sie während längerer Zeit gewisse Verwandlungen durchmachen können – in einer Art von innerem Lebensraum.[28] Ein solcher Raum ist den Räumen vergleichbar, die wir schon bei den Wassertropfen, den Pflanzensamen, den Wachstumspunkten und in tierischen und menschlichen Organismen angetroffen haben. Es sind immer «negative», empfängliche Räume, die der Bauer schafft, wenn er bestimmte Organe und Substanzen in der angegebenen Weise verwendet; und diese Räume werden dann irgendwo in den *physischen* Raum hineinversetzt, damit Reifungsprozesse in ihnen stattfinden können. Solche Präparate in ihren Hüllen werden in der Erde vergraben oder vielleicht dem Einfluß von Wasser, Luft und Licht ausgesetzt; und dann werden sie für eine ganz bestimmte Zeit den Rhythmen der Jahreszeiten eingegliedert.

Was in einem solchen Raum in bezug auf die Substanzverwandlung geschieht, läßt sich nicht mit bekannten chemischen Prozessen vergleichen, denn diese Verwandlungen *spielen sich in «negativen Räumen» ab, welche – bildhaft gesprochen – für die Wirksamkeit kosmischer Kräfte empfänglich sind*. Es handelt sich hier um verborgene Vorgänge unseres Weltalls, die sich unter bestimmten Bedingungen zwischen Sternen, Planeten und der Erde abspielen. Überdies lassen sich hier auch die bekannten Gesetze der Quantität nicht anwenden: Nur geringe Substanzmengen des ausgereiften Präparates werden benötigt, um große Landflächen zu düngen. Auch wenn die praktischen Erfahrungen in bezug auf die Wirksamkeit solcher Methoden noch wachsen, liegen heute, nach Jahrzehnten des Experimentierens, eindrückliche Ergebnisse vor. Doch auf dem Hintergrund des herrschenden allgemeinen Erkenntnisstandes muß der moderne Naturwissenschaftler, von seinem Standpunkt aus, noch skeptisch sein.

Zum Glück erweisen sich diese Methoden selbst aber als wirksam, auch wenn diejenigen, die sie in die Praxis umsetzen, ihre Wirksamkeit nicht immer völlig erklären können. Die Anthroposophie hat es naturgemäß schwer, wenn sie die heutige Naturwissenschaft konfrontiert, denn die Geisteswissenschaft kann sich eben nicht damit begnügen, nur dasjenige in Betracht zu ziehen, was in der Sinnenwelt gesehen, gemessen und gewogen werden kann. Gerade darauf aber will sich die heutige Wissenschaft in der Hauptsache beschränken. Deshalb setzte Rudolf Steiner so große Hoffnungen in die Weiterentwicklung der Mathematik, da eine fortentwickelte Mathematik die Grundlage zum Verständnis der ätherischen Gesetzmäßigkeiten bilden kann. (Wir müssen uns hier natürlich daran erinnern, daß «Mathematik» eben nicht ausschließlich auf Berechnungen beschränkt ist, sondern auch Geometrie oder Morphologie umfaßt.)

Wir können wirklich dankbar dafür sein, daß Rudolf Steiner mit großem Mut und klarem Weitblick auf medizinischem und landwirtschaftlichem Gebiet praktische Methoden angegeben hat, ohne abzuwarten, bis die herrschende Wissenschaft, der diese Dinge vom Gesichtspunkt einer mechanistischen Naturanschauung absurd vorkommen, seine Ideenbildungen eingeholt haben wird.

Aus solchen Erwägungen heraus wurde Adams klar, wie wichtig die längst vergessenen Arbeiten einiger deutscher Mathematiker im Zusammenhang mit Formen von hochgradigem Ebenencharakter waren – Formen, die er im Englischen als «Path Curve Surfaces» bezeichnete. Er begann, solche Flächenformen zu untersuchen und uns ihre Gesetzmäßigkeiten mitzuteilen. Mit großem Geschick fertigte Lawrence Edwards[29] von solchen Formen Zeichnungen an (Abbildung 63 und Tafel III). Und so wurde eines Tages beschlossen, mit Labormodellen derartiger Formen im Institut für Strömungswissenschaften experimentell zu arbeiten.

Wir müssen uns aber darüber im klaren sein, daß alle Zeichnungen und Modelle nur einen kleinen Ausschnitt solcher *idealen* Flächen darstellen können, die ja in Wirklichkeit von unendlicher Ausdehnung sind! Adams wollte an solchen Modellen vor allem die *Flächenqualität*, über die das Wasser geleitet wurde, studieren.

In diesem Stadium wurde der Bildhauer John Wilkes[30] hinzugezogen und gebeten, diese exakt berechneten Formen in Gips zu gießen; zwei seiner plastischen Modelle sind auf Abbildung 64 zu sehen. Diese und weitere Modelle wurden nach George Adams' Tod von ihm fertiggestellt und photographiert. Adams' genau berechnete Formen bis in die Einzelheiten plastisch darzustellen, war eine aufwendige Arbeit, die viel Geschick erforderte. Leider konnte Adams alle fertigen Modelle nicht mehr selbst sehen. Sein Tod wie auch der Tod von Alexander Leroi brachten diese speziellen Untersuchungen in Herrischried zum vorläufigen Stillstand.

Georg Unger, der in Dornach arbeitete, und Lawrence Edwards, der 33 Jahre in der Rudolf-Steiner-Schule von Edinburgh wirkte, waren damals zunächst die beiden einzigen Mathematiker mit einem spezifisch mathematischen Verständnis der Wegkurvenflächen.

John Wilkes, dem George Adams die praktische Herstellung der Modelle anvertraut hatte, setzte seine Wasserforschungen fort und stützte sich dabei auf sein qualitatives Verständnis der neuen Flächen sowie auf sein Künstlertalent. Wilkes untersuchte in der darauf folgenden Zeit die intimen Beziehungen, die strömendes Wasser zu verschiedenen Flächen eingehen kann.

Nach vielen Jahren ausdauernder Arbeit gelang es Wilkes, der dem Emerson College inzwischen eine Plastik-Schule eingegliedert hatte, durch seine «Fließformmethode» in strömendem Wasser, das durch einen Kanal geleitet wurde, rhythmische, lemniskatenähnliche Bewegungen hervorzurufen. Zusammen mit seinen Kollegen untersuchte er die Auswirkungen solcher Flächen und Rhythmen auf die Wasserqualität. Diese Arbeit hat internationales Interesse erweckt, wo immer sich Menschen über den Zustand des Wassers in vielen Ländern der Erde ernste Sorgen machen.

Nach George Adams' Tod wurde in unmittelbarem Zusammenhang mit seinen naturwissenschaftlichen Intentionen in aller Stille intensive Arbeit geleistet. Unterstützt durch Georg Ungers besondere Fähigkeit, die Inhalte der modernen Naturwissenschaft vom anthroposophischen Gesichtspunkt aus zu beleuchten, bildet die Mathematisch-Astronomische Sektion am Goetheanum seit vielen Jahren ein Forum zum Austausch von Forschungsergebnissen aus verschiedenen Wissenschaftsfeldern sowie zur Erörterung von pädagogischen Fragen im Zusammenhang mit dem Mathematik- und Physikunterricht.

Bedeutsame Fortschritte stellen insbesondere zwei kürzlich erschienene Publikationen von Renatus Ziegler über die geometrische Mechanik im 19. Jahrhundert und von Peter Gschwind über die Probleme von Raum, Zeit und Geschwindigkeit dar. Ziegler beschreibt ausführlich die historische Gedankenentwicklung in der mathematischen Physik, welche George Adams zur Idee von «Universalkräften in der Mechanik»[14] führte; Gschwind zeigt, daß man mit der Mathematik der Wegkurven in Berührung kommt, wenn man einen Begriff der Geschwindigkeit entwickeln will, der nicht in gewohnter Art von Raum und Zeit ausgeht. So zeichnet sich die Möglichkeit von neuartigen physikalischen Experimenten ab, die auf der Idee von Universalkräften in der Mechanik beruhen.

Wegkurvenflächen – Wirklichkeit oder Phantasie?

Bis hierher haben wir Rudolf Steiners Idee von negativen Räumen vor allem als Gegenstand des Nachdenkens und der inneren Erfahrungen sowie von Theorien und Hypothesen betrachtet, die aufgrund von mathematischen Überlegungen unter Berücksichtigung von anthroposophischen Erkenntnissen gebildet wurden. Am Ende eines lebenslangen Forscherlebens war George Adams voller Dankbarkeit für die Gelegenheit, die Theorie schließlich in die Wirklichkeit umsetzen zu können, und er bemühte sich über seine Kräfte hinaus, für das in Herrischried begonnene Projekt zur weiteren praktischen Verwirklichung genügend mathematische Einzelangaben zu hinterlassen.

Lawrence Edwards ist einer von jenen Menschen, die Adams' mathematisch-wissenschaftlichen Impuls in der kompetentesten Weise aufgegriffen haben. Sein Buch «Projektive Geometrie» vereinigt in lehrbuchmäßiger Form manches von dem, was George Adams bis zu seinem Tod im Jahre 1963 erforscht und mitgeteilt hat, allerdings ohne die Begriffe von Raum und Gegenraum zu behandeln. Er konnte auf dem Gebiet der Wegkurvenflächen selbständig weiterarbeiten. Auch Edwards war der Überzeugung, daß in den negativen Räumen des Pflanzenwachstums kosmische Kräfte wirken, und er teilte Adams' Ansicht, daß das Bild der lemniskatischen Raumbildung im Blüten- und Fruchtprozeß nur ein erster Schritt war und noch keine völlig adäquate mathematische Formulierung des Sachverhaltes darstellte (siehe «Die Pflanze in Raum und Gegenraum»).

Deshalb war Adams durch seine Forschungen dazu geführt worden, nach Formen zu suchen, die einer höheren mathematischen Klasse angehören als die logarithmische Spirale oder die Lemniskate. Seine Untersuchungen der Wegkurvenflächen hatten ihm gezeigt, daß diese Flächen vorwiegend in zwei Typen auftreten: in eiähnlichen Formen und in Wirbelformen. Zunächst wandte er sich der Eiform zu, da sie als offensichtlich kosmische Form mit dem *Leben* in Zusammenhang zu stehen schien; so liegt sie beispielsweise der Gestaltung des menschlichen Hauptes, des Herzens, der Knospen und anderen Naturformen[31] zugrunde. Im Zusammenhang mit der Strömungsforschung in Herrischried konzentrierte er sich später auf die Entwicklung von Wirbelformen. Bei den Versuchen, die gewünschten Modellformen auszugestalten, war George Adams von Edwards' Fähigkeit, sich die schönen Formen plastisch vorzustellen und aufgrund der erforderlichen Parameter aufzuzeichnen, sowie von Georg Ungers Kenntnissen in mathematischer Physik tatkräftig unterstützt worden.

Um einen einfachen Vergleich zu ziehen: So, wie wir gesehen haben, daß Familien von Kreiskurven auf projektive Art zwischen einer festgelegten (invarianten) Linie von vier harmonischen Punkten und einem invarianten Punkt von vier harmonischen Linien (siehe Abbildung 25) gezeichnet werden können, so werden wir nun dazu geführt, eine projektive Transformation von höheren Kurven in bezug auf ein *invariantes Dreieck* (Abbildung 63) und von Flächen in bezug auf ein *invariantes Tetraeder* durchzuführen (Tafel III und Abbildung 65).

Die ganze Ebene (im einen Fall) und der ganze Raum (im andern Fall) werden durch und durch von Wegkurvenflächen durchströmt, während sie sich ineinander verwandeln. Der Raum selbst wird von ihnen verwandelt. Schließlich ist festzuhalten, daß es viele verschiedene Typen invarianter Dreiecke oder Tetraeder geben kann; einige ihrer Teile können zum Beispiel im Unendlichen liegen oder (im mathematischen Sinne) *imaginär* sein.[4]

Damit ist für unseren Zusammenhang erschöpft, was sich in elementarer Art von den Wegkurvenflächen überhaupt darstellen läßt. Es sei noch hinzugefügt, daß wir es hier — während wir zuvor die Sphäre in ihrem *vollen Sinne* kennengelernt haben — mit der Betrachtung von flächenhaften Formen zu tun haben, *deren Qualität der Vollkommenheit in der sichtbaren Form zum vollen Ausdruck kommt. Als sichtbare Form offenbart jede derartige Wegkurvenfläche einen punkthaften wie auch einen ebenenhaften Aspekt; sie stellt somit eine vollkommene Synthese des physischen und des ätherischen Formaspektes dar.*

Schauen wir eine einzelne Wegkurvenform an, so müssen wir sie als einen Ausschnitt aus einem Meer von strömenden Formen auffassen, die zwischen einer inneren unendlichen Linie (auf der Tafel III senkrecht) und einer äußeren unendlichen Linie (horizontal) dahinströmen.

Einige Jahre nach dem Tod von George Adams wurde diese Forschung um einen entscheidenden Schritt weitergeführt: Lawrence Edwards erkannte allmählich, daß in der Natur bestimmte Formen tatsächlich *Wegkurvenflächen sind, andere dagegen nicht*; er entwickelte eine besondere Methode, die ihm erlaubte, außerordentlich exakte Messungen vorzunehmen, um diese Tatsache nachzuweisen. Es stellte sich zunächst heraus, daß die Formen von Tannenzapfen, Blütenknospen und vegetativen Wachstumspunkten in der Tat Wegkurvenflächen bilden, das heißt Formen, die in ihrer äußeren Erscheinung zeigen, daß sie einen negativen oder Sonnenraum bilden (Abbildung 65).

Es folgten weitere bemerkenswerte Entdeckungen, vor allem in bezug auf den Befruchtungsprozeß in der Blüte sowie im Zusammenhang mit den Formen und Prozessen des menschlichen Herzens und des Uterus. Bezüglich des Uterus haben die Untersuchungen ergeben, daß er in den allerersten aktiven Stadien der Schwangerschaft die Form einer

Wegkurvenfläche annimmt, was später nicht mehr feststellbar ist (vergleiche L. Edwards, «Geometrie des Lebendigen», Stuttgart 1986). Die jüngsten experimentellen Untersuchungen von Edwards bringen den klaren Nachweis des Einflusses kosmischer Kräfte auf vegetative Vorgänge. Bei deutlichen Veränderungen in der Gestalt von vegetativen Knospen, zum Beispiel einer Eiche, kann durch Messungen nachgewiesen werden, daß sie (in diesem Falle) mit Bewegungen des Mars im Verhältnis zum Mond zusammenhängen. In der Berechnung von Wegkurvenflächen läßt sich ein Parameter, den Adams mit dem griechischen Buchstaben λ (lamda) bezeichnete, angeben und graphisch darstellen. Zu Zeiten der Konjunktion oder Opposition von Mars und Mond zeigt sich eine deutliche Veränderung des λ-Wertes. Der λ-Wert ist ein sehr wichtiger und auch ein sehr empfindlicher Parameter; er erscheint als ein *projektives Wachstumsmaß*, das entlang der Zentralachse der Knospe (von unten nach oben[32]) abgelesen werden kann; mit anderen Worten: Er ist eine Funktion der unendlichen Linie im Innern – der funktionellen Unendlichkeit – der Knospe. Aufgrund der vorangegangenen Betrachtungen läßt sich leicht vorstellen, daß diese Sensibilität (die in einer äußerst feinen, aber doch meßbaren rhythmischen Bewegung der Knospenform zum Ausdruck kommt) von der Beziehung herrühren könnte, die im ätherischen Raum zwischen einem Aspekt der Form besteht, der auf das engste sowohl mit der innersten Achse zusammenhängt wie mit einem Prozeß, der sich in den äußeren kosmischen Sphären zwischen Mond und Mars abspielt.

Auf jeden Fall ist eine solche Beziehung durch Messungen nachweisbar geworden, und dadurch ist die Idee eines negativen oder Sonnenraums, in welchem die kosmischen Universalkräfte wirken, in den Bereich der meßbaren Tatsachen gerückt. Dies ist gewiß eine epochemachende Entdeckung! Natürlich müssen solche und ähnliche Experimente, die mittlerweile auch von anderen Forschern durchgeführt werden, als Pionierexperimente betrachtet werden, die immer wieder durchgeführt und überprüft werden müssen, bevor sich der wissenschaftliche Skeptizismus zufrieden gibt. Ferner kann die enthusiastische Freude über eine solche Umsetzung eines kosmischen Prozesses in einen meßbaren Wert leicht vergessen lassen, *daß dieser Parameter zu einem Vorgang gehört, der sich in erster Linie im ätherischen Raume abspielt* und nicht nur mit dem dreidimensionalen Aspekt der Knospe in Beziehung steht. So könnte die Gefahr entstehen, die eigentliche Grundintention des ganzen Verfahrens zu vergessen. So stark ist unsere Neigung, materialistisch und ganz im Sinne des Erdenraumes zu denken!

Bedenken wir nur einmal, was diese Entdeckung bedeutet! Schon wenn wir uns auf diese Art mit Baumknospen beschäftigen, beginnen wir, in den lebendigen Bereich des Bildekräfte- oder Ätherleibes der Erde einzudringen, der mit dem gesamten Kosmos im Einklang steht. So lassen sich Ideen über die Beziehungen von Planeten zu bestimmten Pflanzen, Metallen und anderen Substanzen[33], wie wir sie aus den Schriften von Paracelsus, Novalis, Culpepper und natürlich auch von Rudolf Steiner kennen, durch solche Experimente in einer Form nachweisen, die ein heutiger Naturwissenschaftler, der nach objektiven, das heißt für ihn meßbaren Beweisen verlangt, nicht ohne weiteres ignorieren kann.

Gewandeltes Denken im Bereich der Soziologie

Blickt man heute auf jene Jahre zurück, in denen Rudolf Steiners Lebenszeit zu einem Abschluß kam, so wird man es kaum für möglich halten, wie sehr sich unsere Welt in einer so kurzen Zeitspanne gewandelt hat.

Dennoch wird man feststellen können, daß Rudolf Steiner bereits auf viele Entwicklungen aufmerksam machte, die seither dank neuer technischer Errungenschaften von der Wissenschaft erforscht werden konnten.

Sowohl in der Ökologie, die damals noch nicht in wissenschaftlicher Form existierte, wie auch in der Soziologie, die erst spät den Status der Wissenschaftlichkeit erlangt hat, finden wir Ideen wie auch praktische Tendenzen, auf welche Rudolf Steiner bereits hingewiesen hatte.

Um ein Beispiel aus der Wirtschaftssphäre zu nennen: Es geschah in vollem Einklang mit assoziativen Tendenzen, als der britische Anthroposoph D. N. Dunlop[34] (1868–1935) bereits im Jahre 1924 die *World Power Conference* ins Leben rief. Dunlop sah in der Begründung dieser (später permanent gewordenen) Organisation einen ersten Schritt zur Schaffung eines internationalen Beratungsforums für Experten aus Technik, Industrie und Landwirtschaft – sowohl von der Produzenten- *wie* von der Konsumentenseite. Durch die Arbeit dieser Körperschaft sollten zunächst in bezug auf die Rohstoffe, von welchen unser materielles Dasein abhängt, *alle* Länder der Erde gleichermaßen Berücksichtigung finden. Daß 3000 Spezialisten – nebst zahlreichen Besuchern – aus der ganzen Welt im Oktober 1986 einmal mehr zum jüngsten Kongreß der heute *Weltenergiekonferenz* genannten und alle drei Jahre in Kongressen zusammentretenden Organisation zusammenkamen, um über internationale Energiefragen, die heute zweifellos zu den brennendsten Fragen gehören, zu beraten, stellt an sich schon eine bedeutende Tatsache dar, auch wenn in gewissen Streitfragen nicht ohne weiteres allseitig volle Übereinstimmung zu erreichen ist.

Die Erfolge der analytischen Naturwissenschaft auf technologischem Felde haben maßgeblich den Zustand des heutigen Ungleichgewichtes mit heraufgeführt, doch gerade diese Tatsache fordert die Menschheit dazu auf, Ideen auszubilden, die die ganze Erde, ja auch deren Umgebung zu umspannen vermögen. Das wachsende Verständnis von sozialen und ökologischen Tatbeständen wird auch die «Wissenschaftsgesetze» einer Wandlung unterwerfen.

Molekularbiologie

Daß tiefeingefleischte Anschauungen allmählich umgewandelt werden, kann sich am Beispiel der Erfahrungen zeigen, die Barbara McClintock auf dem Feld der Molekularbiologie gemacht hat. McClintock, die heute zu den Pioniergenetikern zählt, hatte schon als junge Frau in den frühen 20er Jahren auf der Cornell Universität durch ihre zytologischen und genetischen Forschungen, die diese Wissenschaftszweige maßgeblich aufzubauen halfen, weite Anerkennung gefunden. Als sie jedoch in den 50er Jahren das Dogma der festgelegten, linearen Genfolge, welche in bezug auf die Entfaltung des Organismus als der eigentliche Schlüsselfaktor betrachtet wurde, in Frage stellte, wurde sie mit drei Jahrzehnten der Entfremdung und Isolation von dem offiziellen Hauptstrom der Biologie «belohnt». McClintock hatte damals die These vertreten, daß sich in den genetischen Zellelementen eine gewisse *Bewegung* oder «Transportation», wie ihr englischer Ausdruck lautet, abspiele. Heute gilt ihre Anschauung als unbestreitbare Tatsache, und im Jahre 1982 erhielt sie für ihre Forschungen, die von manchen als Anfang einer Revolution innerhalb der Biologie erachtet werden, den Nobelpreis. Barbara McClintock verband die Beobachtung der ganzen Pflanze, und zwar unter voller Berücksichtigung von deren gesamter Umgebung, mit der Untersuchung der Chromosomen, wie sie sich unter dem Mikroskop zeigten. Statt einem molekularen Mechanismus mit einer stabilen Struktur nachzuspüren, suchte sie vielmehr nach einer funktionellen Struktur und entdeckte dabei, daß die «Aktivator»-Gene keinen festgelegten Orten auf dem Chromosom zugeordnet werden können, sondern sich *bewegen*.

Durch die Entdeckung einer genetischen Beweglichkeit wurde die Auffassung einer statisch-linearen, in der DNA-Folge eingeschriebenen Botschaft von der Idee einer dynamischen Struktur abgelöst, nach welcher *die Bewegung der Gene selbst* ein Teil des «Programms» der Zellinformation darstellt.

Dadurch wird alles komplizierter – doch das Leben *ist* ein komplizierter Vorgang; und wenn wir fragen: Wo kommen die Zellinformationen her?, so antwortet McClintock: aus der *ganzen Zelle, aus dem gesamten Organismus, vielleicht sogar aus der Umgebung.* Was den Biologen der 50er und 60er Jahre wie ein wissenschaftlicher Unfug erschien, mag manchen von ihnen immer noch Unbehagen bereiten, und doch hat man in der Biologie im allgemeinen angefangen, von jener Auffassung von Organismen – und ja sogar des ganzen Weltalls – Abstand zu nehmen, die von der physikalischen Vorstellung Newtons von der Wechselwirkung zwischen Punktmassen inspiriert gewesen war – eine Vorstellung, welche die Biologen bis dahin in die Idee des kleinsten und einfachsten lebenden Organismus übersetzt hatten.

Barbara McClintock scheint auf ihrem Wissenschaftsgebiet nicht nur für neue Theorien, sondern auch grundsätzlich für einen gewissen frischen Wind gesorgt zu haben. Nach ihrem Biographen bestand das eigentlich Außergewöhnliche ihres Charakters darin, daß sie sich durch das ganze spätere Leben hindurch eine kindliche Aufnahmefähigkeit für Neues zu erhalten wußte. Eine Zentralkomponente dieser Fähigkeit war ihr Wunsch, «frei vom Körper zu sein». Von dieser Freiheit hatte sie manchen Vorgeschmack gekostet, zuerst als Kind, während sie über den Meeresstrand «flog», später in besonders konzentrierten Momenten ihrer Forschungstätigkeit. Als Kind ging Barbara gerne zum Strand, um in einem ganz bestimmten Stil, den sie selbst entdeckt hatte, ins Weite zu rennen. «Man hielt sich ganz gerade, mit vollkommen gestrecktem Rücken, so daß man praktisch dahinschwamm. Jeder Schritt war eine rhythmische Schwimmbewegung, ohne jede Ermüdungserscheinung und von einem großen Wohlgefühl begleitet.» Jahre später las sie von den buddhistischen Mönchen in Tibet, von den «Rennenden Lamas», welche dieselbe Technik ausübten. Sie liebte das Schlittschuhlaufen wie überhaupt jede physische Betätigung, doch daneben liebte sie es auch, sich irgendwo allein hinzusetzen und auf eine ganz intensive Weise «über die Dinge nachzudenken».

Es ist gewiß bedeutsam, wenn die führenden Biologen des 20. Jahrhunderts auf ihrer Suche nach den Ursprüngen der Entwicklungsvorgänge in Samen und Keim zunächst den Weg einschlugen, der zu den unendlich kleinen Welten im Substanzbereich führte, wobei sie sich zumeist auf die physikalische Chemie und die Errungenschaften der Physik und der unorganischen Wissenschaften abstützten. Dieser Weg hat zur Entwicklung der Gentechnologie geführt — mit ihrem ungeahnten Potential, Lebens-, aber auch Todespotential.

Eine tiefe innere Überzeugung führte diese Wissenschaftlerin dagegen dazu, nach Ursachenfaktoren *außerhalb* der winzigen, beobachtbaren Gene selbst Ausschau zu halten. Auch wenn sie der wissenschaftlichen Methode in allen Einzelheiten die Treue hielt, war sie dennoch davon überzeugt, «daß die Dinge viel wunderbarer sind, als die wissenschaftliche Methode sie uns vorstellen läßt».[35]

Es ist bestimmt ebenso bedeutsam, daß zur Zeit, als die Molekularbiologie in den frühen 20er Jahren dieses Jahrhunderts in ihren Anfängen stand, Rudolf Steiner die Aufmerksamkeit von Ärzten und Naturwissenschaftlern auf gewisse Vorgänge in der menschlichen Embryonalentwicklung lenkte, Vorgänge, die heute, sechzig Jahre später, durch Mikroskop und klinische Untersuchungen[36] erforscht werden. Er lenkte die Aufmerksamkeit aber auch auf die Tatsache, «daß bei den gewissenhaften, ernsten Beobachtungen der Gesetze und Tatsachen der äußeren Sinneswelt, wie sie die Naturwissenschaft geliefert hat, sich ganz besondere menschliche Fähigkeiten ausgebildet haben und daß gerade von Beobachtung und Experiment ein Licht ausgegangen ist auch auf die menschlichen Fähigkeiten selbst».

«Es kann das Denken», fährt er in demselben Vortrag fort, «... innerlich sich zur Aktivität erkraften, so erkraften, daß es jetzt nicht in der Weise exakt ist, wie man sonst mit Messen, Wägen und so weiter in der äußeren Forschung exakt ist, aber so exakt, daß es in bezug auf seine eigene Ausbildung exakt ist, so wie der äußere Forscher, der Mathematiker zum Beispiel gewohnt ist, jeden Schritt mit vollem Bewußtsein zu verfolgen. Das aber geschieht, indem jene übersinnliche Erkenntnisart, von der ich spreche, an die Stelle des alten verschwommenen Meditierens, an die Stelle des alten verschwommenen Sichversenkens in das Denken nun eine wirkliche exakte Entwicklung dieses Denkens setzt.» (Wien, 27. September 1923.)

Der Glaube, die experimentelle Wissenschaft und der Intellekt werden, wenn sie nur genügend Zeit haben, dereinst das ganze Weltall auf der Grundlage der Molekularphysik erklären können, wird innerhalb der heutigen Wissenschaft selbst in Frage gestellt. Das zeigen zum Beispiel die vielen rivalisierenden Theorien über den Ursprung des Weltalls:

Urknall, Antimaterie, verschiedene Gravitationskonstanten und so weiter; in der Tat eine ganze Milchstraße von Theorien, wobei noch viele andere aufzuzählen wären, die zur Hauptsache alle ernsthaften und hingebungsvollen Geistern entsprungen sind.

Diese Weltentstehungstheorien sind heute die Gedankennahrung von Millionen von Menschen, vor allem auch von heranwachsenden, die von der Wissenschaft Antworten auf ihre inneren Fragen erwarten. Dabei hat die Vorstellung vom «Urknall» ein besonderes Ansehen erlangt: Das Bild von der *Explosion* spukt heute überall herum. Wir haben jedoch in unserer Zeit völlig vergessen, *wie mächtig Vorstellungen auf die menschliche Phantasie wirken können*, und nur wenige Menschen fragen sich, woher solche Vorstellungen eigentlich kommen und was ihnen diese eigentümliche Kraft verleiht.

Trotz (oder vielleicht gerade wegen) der düsteren Sturmwolken der heutigen Zeit kommt allmählich auch ein kräftigerer, frischer Wind auf, auch wenn sich die passive Art von Vorstellungen über den Menschen und das Weltall, die alles aus winzigen Einheiten von materieller Substanz im physischen Raume erklären will, noch stark geltend macht. Neue Ideen, wie die Idee von «morphologischen Feldern» oder von «impliziten Ordnungen» (Bohm), deuten auf eine neue Beweglichkeit in der Theorienbildung hin. Sie werden zwar zumeist an Beispielen aus der Technik, etwa Telefon, Fernseher oder Fernsprecher, illustriert, obwohl die mathematischen Überlegungen, die diesen Ideen zugrunde liegen, die gewohnten Raumvorstellungen schon lange überwunden haben.[37] Es kann faszinierend sein, über solche Dinge zu lesen, und die entsprechenden Darstellungen von Wissenschaftlern und Schriftstellern, die kühne neue Wege einschlagen, können durchaus die eigene Phantasie befeuern. Doch die Ideen selbst sind enttäuschend. Sie lassen, zumindest in meiner eigenen Phantasie – um mich eines Vergleiches aus einer kürzlich erschienenen Publikation zu bedienen, das Bild von punkthaften Wesen entstehen, die die Raumeswelt eifrig nach allen Richtungen durchsuchen, bis sie schließlich an die unendlich ferne Ebene (den Spiegel) prallen, welche sie, im Gegensatz zu Alice im Wunderland, nicht durchstoßen können; solange der Käfig der gewöhnlichen Raumanschauungen noch gut verschlossen und verriegelt bleibt, muß auch die schöpferisch-lebendige Umgebung von Organismen letztlich unverstanden bleiben.

John Davy, der in den Jahren vor seinem unerwarteten Tod (1984) im Lehrerkollegium des Emerson College tätig war und vorher jahrelang als wissenschaftlicher Korrespondent für den *Observer* gewirkt hatte, gewann einen intimen Einblick in die weltweite Wissenschaftsszene, indem er viele Gespräche mit namhaften Wissenschaftlern führte, die teils aus dem «orthodoxen» Lager kamen, teils von «New Age»-Ansichten beeinflußt waren. In einem Artikel über Evolution – er war selbst Biologe – schrieb er in diesem Zusammenhang:

«Es ist sonderbar, daß die Wissenschaft einerseits alle möglichen unbeobachtbaren Entitäten postuliert, besonders wenn sie atomare und subatomare Erscheinungen erklären will, und andererseits erschreckt zurückweicht, wenn sie aufgefordert wird, zur Erklärung von anderen Phänomenen übersinnlich-geistige Wesenheiten zu postulieren. Doch Rudolf Steiner verlangt zunächst kaum mehr, als die Naturwissenschaft von sich selbst verlangt, nämlich daß seine Darstellungen von geistigen Wesen und Tatsachen, die den physischen Sinnen unzugänglich sind, zunächst weder akzeptiert noch verworfen, sondern *geprüft* werden sollen, indem man sie zusammen mit den Naturerscheinungen betrachtet, um zu sehen, ob das eine das andere erhellen kann.»

Nach seinem Tod erschien unter dem Titel «Hope, Evolution and Change» eine Auswahl von Essays, auf welche an dieser Stelle hingewiesen sei (siehe Bibliographie).

Die Wissenschaft kann heute in ganz neuer Art die umfassende Weisheit entdecken, welche im Verlaufe von Abertausenden von Jahren der Weltentwicklung in die physische Natur wie auch in unsere eigenen Körper hineingeflossen ist. Sie kann die wunderbaren Gesetzmäßigkeiten, die in den Phänomenen verborgen liegen, in aller Freiheit entdecken, ohne jegliche Beeinflussung durch Mythen, Sagen oder religiöse Inhalte; in ähnlicher Freiheit, in der jeder Mensch heute seinen eigenen Lebensweg bestimmen kann. Und doch ist der bindende Einfluß alter Kulte und Kulturen auch heute stark wirksam; insofern zu Recht, als die alten Formen solange einen gewissen Wert behalten, als die heutige Menschheit noch keine neue Verbindung zu spirituellen Werten hergestellt hat und sich, als Zeichen äußersten Verfalls, überall Fanatismen verschiedenster Prägung geltend machen.

Die Freiheit ist einem zweischneidigen Schwert vergleichbar; wir müssen lernen, den rechten Gebrauch von ihm zu machen. Die Idee der Freiheit ist ja so neu! In Rudolf Steiners «Philosophie der Freiheit» steht ein Satz, der als Leitsatz dienen kann: «*Leben* in der Liebe zum Handeln und *Lebenlassen* im Verständnisse des fremden Wollens ist die Grundmaxime der *freien Menschen.*»

Es liegt im freien Entscheidungsbereich des objektiven wissenschaftlichen Denkens, die heutigen einseitigen Ideenbildungen zu überwinden.

Wir haben in unseren früheren Betrachtungen gesehen, wie sich das mathematische Denken durch die Jahrhunderte entwickelt hat; wie es sich aus der Fixiertheit der Formen zur Formverwandlung (im Lichte der Perspektive) bewegt hat. Dabei darf aber nicht vergessen werden, daß das Denken, bei einer perspektivischen Transformation, auch wenn es beweglich und lichterfüllt wird, dennoch seinen räumlichen Charakter beibehält und mit den gewöhnlichen Erdenerfahrungen im Zusammenhang steht. Wirkt aber das Denken und die Imaginationskraft in der konkreten Durchführung von polar-reziproken Verwandlungen (siehe dazu Kapitel IV), so fangen wir an, den Käfig des kartesischen Raumes aufzuschließen. Dieser *dritte* Schritt erfordert ein Denken, das «sich innerlich zur Aktivität erkraften» kann. Dies bedeutet einen wesentlichen Schritt und verlangt eine Art von Umstülpung; sie führt dazu, daß man sich eines Raumes bewußt wird, der nicht mehr der gewohnte Raum unseres physisch-materiellen Körpers ist.

Indem man sich ein Verständnis der modernen Anschauung eines «Lemniskaten-Raumes» erarbeitet (in welchem sich physischer und ätherischer Raum durchdringen), erwirbt man im reinen Denken die Fähigkeit, Imaginationen zu bilden, welche über die alten Formen hinausgehen, ohne sie zu verlieren oder zu negieren. Es ist wie beim Bergsteigen, wo man immer nach einem neuen Fußhalt Ausschau halten muß, ohne befürchten zu müssen, den alten zu verlieren. Jeder Bergsteiger weiß, wie falsch es ist, sich an den Berg zu klammern; man aktiviert dabei seinen Gleichgewichtssinn und bedient sich jener Kraft, welche den rennenden Lamamönchen gut bekannt war. Es ist die Kraft des Ätherleibes, die von der Liebe zum «Unternehmen» sowie vom Entschluß des Ich, den Gipfel zu erreichen, durchwärmt wird. Jeder Mensch kennt dieses Geheimnis in intuitiver Art. Es ist ein offenbares Geheimnis, und die moderne Naturwissenschaft kann, ja muß es erschließen lernen.

Der Herr der Finsternis möchte die Lüge verewigen, daß das Weltall und alle seine Formen nur Materie seien, der Herr des Lichts möchte uns die Augen vor den Erdennöten verschließen. Wie die Pflanzen Ätherformen sind, die von den Substanzen, von denen sie ausgefüllt sind, sichtbar gemacht werden, so wohnt auch dem Menschen eine göttlich-geistige Form inne, die in Fleisch und Blut sichtbar wird. Während wir in dieser Form leben, können wir das Wesen kennenlernen, das uns hilft, zwischen diesen beiden Mächten das Gleichgewicht herzustellen, und das der Herr des Schicksals ist.

Plattentektonik und Erdgestalt

Bereits im Jahre 1924 machte Rudolf Steiner bestimmte Äußerungen über die Erde, die damals weit hergeholt erschienen sein mochten, in der Zwischenzeit aber von der Geowissenschaft bestätigt worden sind. Sie betreffen die Form des Tetraeders (siehe Kapitel IV) im Zusammenhang mit der Erdgestalt. Das Tetraeder ist, im Lichte der Polarverwandlung betrachtet, die einfachste denkbare regelmäßige Form, und es ist *selbst polar* in bezug auf eine Kugelfläche (Abbildung 41).

In einem Vortrag, den Rudolf Steiner am 18. September 1924 vor den Arbeitern hielt, die das zweite Goetheanum aufbauten, führte er in detaillierter und außerordentlich lebendiger Weise aus, daß die Erde in Wirklichkeit keine Kugel sei, sondern eine Tetraeder-Form besitze. «Eigentlich ist es nicht wahr, daß die Erde eine Kugel ist ... Das ist nur eine Phantasie, daß die Erde eine Kugel ist.» Er forderte die Hörer auf, sich die Form eines Tetraeders vorzustellen, doch so, daß dessen Kanten abgerundet werden. «Die Seiten vom Dreieck, die früher gerade Linien waren, sind rund. Können Sie sich das vorstellen? Da entsteht ein solcher Körper, der eigentlich ein rund gewordenes Tetraeder ist! Und sehen Sie, ein solches rund gewordenes Tetraeder ist unsere Erde! Das ist etwas, was man bis zu dem Grad feststellen kann, daß man sogar die Kanten dieses Erdentetraeders finden kann.» Darauf lokalisierte er die vier Spitzen: eine in Mittelamerika, beim Vulkan Cosequina, eine am Südpol, eine im vulkanischen Kaukasusgebirge und die vierte in Japan. Dann führte er im einzelnen aus, wie die Seiten des Tetraeders dadurch gefunden werden können, daß man die Linie verfolgt, der entlang sich die wichtigsten Vulkane der Erde finden.

Im weiteren beschrieb Rudolf Steiner – in der lebhaften und anschaulichen Weise, in welcher er zu den Arbeitern, die ihm ein unmittelbares und vertrauensvolles Verständnis entgegenbrachten, stets sprechen konnte –, wie die Erde durch vier Platten oder Oberflächen, die dann zu einem Tetraeder zusammengefügt wurden, gebildet worden sei. Die einzelnen «Stücke» seien dabei «aus der Weltenperipherie hereingeschmissen» und nicht überall gut «zusammengekittet» worden – wie bei von Kindern hergestellten Modellen. Da, wo die einzelnen Dreiecke nicht gut zusammengekittet sind, seien die Kanten schlecht abgedichtet, so daß aus dem Erdinnern heraus Materie durchdrücken könne, und an solchen undichten Stellen würden dann die Vulkanausbrüche geschehen.

So skizzenhaft diese Ausführungen (die auch noch von anderen Betrachtungen durchwoben sind) erscheinen, sie stimmen dennoch mit den jüngsten Entdeckungen der Geologie überein, die sie dank modernster Beobachtungsmittel und Meßtechniken bestätigen kann. So ist heute bekannt, daß die Erde, die keineswegs eine starre Struktur hat, eine weit flüssigere Masse ist, als früher angenommen wurde. Die Wissenschaft der Plattentektonik, die aus der Untersuchung der «Kontinentalverschiebung» hervorgegangen ist, beschreibt die einzelnen Kontinente als Platten oder Oberflächen, die sich bewegen.[38] Auf der Oberfläche stoßen die Platten aneinander, während sie sich auf dem Meeresboden auseinanderlösen, mit dem Ergebnis, daß wir es mit zweierlei Arten von Vulkanen zu tun haben, die so auf der Erde verteilt sind, daß sie zwei ineinander verflochtene Tetraeder markieren: Das eine hat eine Spitze am Nordpol, das andere, das von Rudolf Steiner beschrieben wurde, eine Spitze am Südpol.

Diese beiden Tetraeder unterscheiden sich auch insofern, als das eine basishaltig, das andere säurehaltig ist; sie werden als «Tetraeder der Kompression» und «Tetraeder der Expansion» bezeichnet. Dieses ganze Forschungsgebiet ist voller Überraschungen und ruft vernehmlich danach, mit den Gedankenformen der Polarverwandlung durchdrungen zu werden.

Der Schweizer Geologe Hans Ulrich Schmutz skizziert in seinem kürzlich erschienen Buch «Die Tetraedergestalt der Erde» in der angedeuteten Richtung weitere Forschungsaufgaben: Abbildung 66, die dem Titelbild des erwähnten Buches entnommen ist, illustriert, wie zwischen der physischen Struktur der Erde und ihrer Umgebung bestimmte Beziehungen gesucht werden können.

Wenn die Geologie auf Grundlage der heute allgemein bekannten mathematischen Kenntnisse in den vergangenen Jahrzehnten derartige Fortschritte gemacht hat, so scheint heute der Zeitpunkt gekommen, die geologischen Phänomene auch mit neueren mathematischen Ideen zu beleuchten. So könnten wiederum zwei Gebiete miteinander in Zusammenhang gebracht werden, und es könnte abgewartet werden, inwieweit sich auch diese Gebiete (in Davys Worten) «gegenseitig beleuchten».

Rudolf Steiner hat nicht nur seine übersinnlichen Erkenntniskräfte zu einem ungewöhnlichen hohen Grade ausgebildet und war als Naturwissenschaftler zugleich vollkommen in den Klassikern der Literatur und Philosophie oder in den schönen Künsten zu Hause; er hielt sich auch dauernd über alle Neuerungen auf den verschiedensten Lebensgebieten auf dem laufenden. George Adams hat erzählt, wie er, wenn er in Rudolf Steiners Arbeitszimmer zu warten hatte, auf dem Schreibtisch und in den Bücherregalen überall die neuesten Publikationen erblicken konnte. Es sollte uns deshalb nicht überraschen, wenn wir in seinem Werk oder in seinen Vorträgen Äußerungen finden, welche vielleicht erst in ferner Zukunft werden bestätigt werden!

> «Der Wahrheit Same liegt in der Liebe;
> Der Liebe Wurzel suche in der Wahrheit –
> So spricht dein höheres Selbst.

Des Feuers Glut wandelt
Holz in wärmenden Strahl,
Des Wissens lösender Wille
Das Werk in die Kraft.

Dein Werk sei der Schatten,
Den dein Ich wirft,
Wenn es beschienen wird
Durch die Flamme
Deines höheren Selbst.»

Rudolf Steiner, «Wahrspruchworte»

VIII. Christentum und Sonnenraum

«Das Gewahrwerden der Idee in der Wirklichkeit ist die
wahre Kommunion des Menschen.»

Rudolf Steiner

Das Wesen der Sonne

Zu den überraschendsten Aussagen Rudolf Steiners gehören jene über die Sonne als eines
Himmelskörpers sowie die Äußerungen über die Inkarnation Christi.

In einem Vortragszyklus mit dem Titel «Das Verhältnis der Sternenwelt zum Menschen
und des Menschen zur Sternenwelt – die geistige Kommunion der Menschheit» charakterisierte Rudolf Steiner am 1. Dezember 1922 die Beziehung des Menschen zur Sonne wie
folgt:

«Und wie wir, wenn wir das Antlitz eines Menschen sehen – wenn sein Blick auf uns
fällt, sein Mienenspiel, vielleicht die Rötung seines Gesichtes sich uns zeigt –, wie wir
dann nach unserem Zusammenleben mit der übrigen Menschenwelt gar nicht anders
können als gewissermaßen durch das Physische durch auf das Seelische, auf das Geistige
unseren seelischen Blick zu richten, so sollen wir uns angewöhnen, auch in dem, was da in
der – wenn ich so sagen darf – Physiognomie und Färbungsänderung der Pflanzendecke
unserer Erde vor sich geht, ein Geistig-Seelisches zu sehen.

Insofern wir bloß physisch erkennen wollen, sagen wir: Die Sonnenwärme und das
Sonnenlicht betätigen sich an der Pflanze, formen in ihr die Pflanzensäfte, formen in ihr
Chlorophyll usw. Wenn wir aber mit geistigem Blicke das alles beschauen, wenn wir uns
gegenüber dieser Pflanzenphysiognomie der Erde so verhalten, wie wir uns der Menschen-
physiognomie gegenüber gewohnheitsmäßig verhalten, dann enthüllt sich uns etwas, was
ich ausdrücken möchte mit einem ganz bestimmten Worte, weil dieses Wort tatsächlich
die Wirklichkeit wiedergibt, die sich da abspielt. Die Sonne, die ja nur nach außen hin der
Erde ihr Licht zusendet, ist eben nicht bloß ein leuchtender Gasball, sondern noch etwas
wesentlich anderes. Sie sendet ihre Strahlen zur Erde nieder, aber so, wie sie ihre Strahlen
nach außen sendet und man überall, wenn man hinschaut zur Sonne, sozusagen das
Äußere des Strahles hat, so hat der Strahl auch sein Inneres.

Könnte jemand durchschauen durch das Sonnenlicht, könnte er das Sonnenlicht nur wie
eine äußere Haut betrachten und durchschauen auf das Seelische, so würde er die
seelische Macht, die seelische Wesenheit der Sonne sehen. Wir sehen eigentlich mit dem
gewöhnlichen Menschenbewußtsein die Sonne so, wie wir einen Menschen sehen wür-

den, der aus Papiermaché gemacht ist. Wenn Sie sich einen Abdruck von sich machen lassen, in dem nichts ist als die Form, die tote Form, und ihn hinstellen, so ist das natürlich etwas anderes als der Mensch, den Sie wirklich vor sich sehen. Beim wirklichen Menschen sehen Sie durch diese äußere Form auf das Seelisch-Geistige hin. Bei der Sonne ist es für das gewöhnliche Menschenbewußtsein so, daß sie sich eigentlich selber für dieses gewöhnliche Menschenbewußtsein zum Papiermaché-Abdruck macht. Man sieht durch ihre Haut, die aus Licht gewoben ist, nicht hindurch. Sieht man aber hindurch, dann sieht man das ganze geistig-seelische Wesen der Sonne.

Dieses geistig-seelische Wesen kann uns in seiner Betätigung ebenso zum Bewußtsein kommen wie das physische Papiermaché der Sonne. Vom physischen Erkenntnisstandpunkte aus sage ich: Die Sonne scheint auf die Erde, sie glänzt auf die Steine auf, auf den Boden auf. Da wird das Licht zurückgeworfen. Dadurch sieht man alles Mineralische. Die Sonnenstrahlen dringen in die Pflanzen hinein, machen sie grünen, machen sie sprießen. Das ist alles Äußerlichkeit. Sieht man jetzt auf das geistig-seelische Wesen der Sonne, dann kann man nicht bloß sagen: Das Sonnenlicht glänzt auf die Mineralien drauf, das Sonnenlicht wird zurückgeworfen, dadurch sieht man die Mineralien, das Sonnenlicht oder die Sonnenwärme dringt in die Pflanzen, dadurch grünen sie; sondern man muß sagen: Die Sonne — und man meint jetzt diese unzähligen geistigen Wesen, welche die Sonne bevölkern und welche ihr Seelisch-Geistiges sind —, die Sonne träumt, und ihre Träume umhüllen die Erde und gestalten die Pflanzen.»

Rudolf Steiner beschreibt ferner die Sonne — im Unterschied zur Erde — sehr oft als einen negativen Raum;[39] so zum Beispiel in dem Arbeitervortrag, den wir im letzten Kapitel angeführt haben: «Die Sonne sieht ja ganz anders aus, als sich die Physiker heute vorstellen. Wenn sie hinaufkommen würden, würden sie sehr erstaunt sein: Sie würden nicht ein feuriges Gas da finden, sondern etwas finden, was jede Erdenmaterie gleich verschwinden läßt, weil sie es aufsaugt. Die Sonne ist ein Raum, der aufsaugt. Aber das, was da wie eine Saugkugel ist, ist nicht eine volle Gaskugel, sondern wie eine Perle im Weltenall, wo alles nicht drinnen ist, was man drinnen sucht» (18. September 1924).

Auch in einem Oxforder Vortrag (22. August 1922) kommt Rudolf Steiner im Zusammenhang mit einer Charakterisierung der nachtodlichen Erlebnisse der Menschenseele auf das Innere der Sonne zu sprechen:

«Dieses Innere der Sonne, wenn man es betreten würde, würde ganz anders ausschauen, als sich die Physiker heute vorstellen. Jene physische Vorstellung ist so ahnungslos! Dieses Innere der Sonne ist nicht ein Gasball, sondern etwas, was weniger ist als Raum, wo der Raum sogar weggenommen ist. Wenn man sich den Raum als etwas ausgedehnt denkt, was drückt, so müßte man sich das Innere der Sonne als saugend vorstellen — *negativer Raum*, leerer als der Raum! Die wenigsten Menschen kommen zu einer adäquaten Vorstellung.»

Es ist innerhalb der vorliegenden Darstellung natürlich nicht möglich, auf Einzelheiten aus dem Gebiete der heutigen Solarphysik einzugehen; doch jeder, der sich auf diesem Gebiet etwas auskennt, wird klar erkennen können, daß die Kluft, die Rudolf Steiners diesbezügliche Aussagen von den Ansichten der heutigen Naturwissenschaftler trennt, nicht mehr so weit ist, wie sie einst gewesen war; zumindest kann dies daraus entnommen werden, daß dieses ganze Forschungsgebiet heute voller Fragen ist, vor allem in bezug auf solche Phänomene, die einen konträren Charakter zu allen irdischen Phänomenen zu haben scheinen.[40]

Wir rühren damit an ein Thema, das in den geisteswissenschaftlichen Anschauungen Rudolf Steiners eine zentrale Rolle spielt und das – vielleicht weil es so schwer zu fassen ist – nur allzuoft gänzlich übersehen wird. Denn es handelt sich nicht etwa nur um ein wissenschaftlich-kosmologisches Thema, sondern auch um ein im eminenten Sinne christologisches Thema. Ja, an dem von Rudolf Steiner oft gebrauchten illustrativen Beispiel von der Tasche voller Geld, das dann bis unter den Nullpunkt schwindet (im Falle von Schulden) läßt sich erahnen, daß selbst eine innere Beziehung dieses Themas zum Wirtschaftsleben besteht!

Wir haben es also, wie das Beispiel zeigt, nicht bloß mit leerem Raum zu tun, sondern letzten Endes mit dem vollkommenen polaren Gegenstück von Vollsein – mit einem Zustand, der *mehr als nur leer ist* und zugleich von einem intensiv-rezeptiven Potential erfüllt ist!

Die Idee eines *polar*-euklidischen Raumes oder eines ätherischen Raumes kann nun helfen, derartige Äußerungen in adäquater Weise zu erfassen; allerdings nur, wenn sie nicht mehr bloß ein abstrakter Begriff bleibt; mit einem solchen muß natürlich begonnen werden; dadurch, daß er immer wieder denkerisch gebildet und auf die verschiedenen Beobachtungen angewendet wird, bekommt er eine *imaginative Qualität*. (Sie kann auch zu einer inspirativen und intuitiven Stufe erhoben werden.) Doch ohne fortwährenden übenden Umgang mit dieser Idee wird sie selbstverständlich nie über die Stufe der Abstraktheit hinauskommen können!

Was ist eine «leere» Schüssel mit *mehr als nichts* darin? Es ist dies zweifellos ein Raum von der Art, wie wir ihn mathematisch zu erfassen suchten. Ich kann mit leeren Taschen herumgehen und niemanden belästigen; doch wenn ich in Schulden komme, treten neue Faktoren ins Spiel – dieser Hohlraum muß gefüllt werden, denn er bringt gewisse soziale Verpflichtungen mit sich. Einen anderen Aspekt der Leere kann uns in diesem Zusammenhang das Bild der Witwe beleuchten, deren Heller auf dem Grunde der Opferschale leuchtet, damit auch andere Heller ihren Weg in die Schale finden mögen. So könnte uns die Betrachtung des Phänomens von Hohlräumen mitten in die verwickelte Problematik des modernen Wirtschaftslebens hineinführen und uns dazu anregen, zu erleben, wie der Christus selbst durch die heutigen Handelsmärkte wandelt.

Erst in neuerer Zeit begann man, sich die Sonne als einen Himmelsball heißer Gase vorzustellen. In alten Zeiten und Kulturen hat man immer gewußt, daß die Sonne der äußere Ausdruck eines großen, allgegenwärtigen Wesens ist; ebenso war bekannt, daß dieses Wesen eines Tages zur Erde herabsteigen würde. Schon in den alten Lehren der Inder, Perser, Griechen und Hebräer ist von diesem Wesen, das eines Tages kommen wird, die Rede. Die Imagination eines Kindes, wie zum Beispiel auf Tafel V, mag wohl der Wahrheit entsprechen.

Rudolf Steiner hat solche alten Lehren, die im Laufe der Zeiten in verschiedensten Formen tradiert und dabei oftmals falsch übersetzt wurden, allerdings nicht einfach übernommen. Er stellte stets die Ergebnisse seiner eigenen, ganz individuellen Geistesforschung dar, die frei war von jeglichem Mediumismus und in vollster Bewußtseinsklarheit durchgeführt wurde.

In seiner Darstellung des stufenweisen Abstieges des Christuswesens zur Erde, so wie dieser Abstieg in der alten indischen, persischen, ägyptisch-chaldäisch-babylonischen und griechisch-römischen Kulturepoche erlebt und dargestellt wurde, zeigt Rudolf Steiner, daß mit den verschiedenen Namen immer auf dasselbe Wesen hingedeutet wurde – als auf den *Einen*, der in der Sonne wohnte und der sich immer mehr der Erde näherte (24. April 1922 in London).

Zur urpersischen Zeit konnte Zarathustra, der große Lehrer, der manchmal auch Zoroaster genannt wird, das große Wesen in der Sonne, den allumfassenden Geist, noch sehen, der den höheren Seelen- und Geistesmenschen entzündete, zu dem der gewöhnliche Mensch hinstrebte. Zarathustra sprach lehrend von den geistigen Kräften, welche mit den Strahlen der Sonne zur Erde kommen – daher auch sein Name, der «strahlender Stern» oder «Goldstern» bedeutet.

Dann kam die Zeit, als der Mensch die Sonne nicht mehr *strahlend*, sondern nur mehr *scheinend* erlebte. In dieser Zeit sprach man von *Ra*, dessen Repräsentant auf Erden Osiris war. Ra bedeutete für die damaligen Menschen die Sonne, die sich lichtspendend um die Erde bewegte. Die Eingeweihten Ägyptens und Griechenlands sahen die Kräfte des Lichtes und der Bewegung – die *Taten* des göttlichen Wesens, nicht mehr dieses Wesen selbst; für sie gab es Einen, der auf Erden die Sonnenkräfte repräsentierte, die der Mensch in sich trägt, und ihn nannten sie Osiris. Er wurde in Stücke gerissen und diese wurden auf der Erde verstreut, damit Isis ihn wiederum finden könne.

Vom achten Jahrhundert an vor dem Mysterium von Golgatha hatten die Menschen Griechenlands die Fähigkeit, in die Geheimnisse des Sonnendaseins zu schauen, bereits verloren; sie konnten nur noch die Auswirkungen des Sonneneinflusses in der Umgebung der Erde erleben. Sie schauten die Wirksamkeit der Sonne im Äther, der den Raum um die ganze Erde erfüllt und auch den Menschen selbst durchdringt. Diesen Äther nannten die griechischen Eingeweihten *Zeus*.

Drei Aspekte der Sonnenwirksamkeit erlebte man damals, wie Julian, der Apostat, noch aus der lebendigen Tradition wußte: erstens ihre Wirkung im Erdenätherbereich; dann kannte man sie als Himmelslicht, das hinter dem Erdenäther ist – als die kosmischen Lebenskräfte, die in Wasser, Licht und Feuer wirken; und schließlich wußte man von der Sonne als von einem reinen Geistwesen. Darin besteht die Lehre von der dreifachen Sonne.

Dann kam die prosaische und veräußerlichte Zivilisation Roms. Die einzige Erinnerung an die einstige Lehre von der dreifachen Sonne können wir, wie Rudolf Steiner einmal in London ausführte (24. April 1922), in der Tiara (Dreifach-Krone) sehen, die von den römischen Päpsten getragen wird.

Weisheit und Liebe

Zwischen den Jahren 1909 und 1913 hielt Rudolf Steiner die Vortragszyklen über die Evangelien und enthüllte deren verborgene Aspekte. Ausführlich erklärte er die scheinbaren Widersprüche zwischen den verschiedenen Darstellungen, die sich im Lukas- und im Matthäusevangelium in bezug auf die Abstammungslinie, die Geburt und die Jugend Jesu finden. Denn die Darstellungen dieser beiden Evangelien weichen ja in der Tat außerordentlich stark voneinander ab.[41]

Es ist kein Wunder, daß dieser Aspekt von Rudolf Steiners christologischen Darstellungen bis heute nur langsam aufgenommen und verarbeitet wurde; denn es erfordert dies ein langes, stilles und unbefangenes Studium. Doch wie viel kann ein solches Studium nicht beleuchten! Rudolf Steiner zeigte, daß wir es in diesen beiden Evangeliendarstellungen mit zwei verschiedenen Kindern zu tun haben; das eine, das von Lukas beschrieben wird, stammt aus der nathanischen Linie des Hauses David, während Matthäus beschreibt, wie sich ein Kind in die salomonische Linie desselben Hauses inkarniert.

Das eine Kind stammt somit von einer priesterlichen, das andere aus einer königlichen Linie ab; das eine wird nachts auf dem Feld von den Hirten verkündet und verehrt, das andere wird von Königen gefunden, die durch einen Stern geführt werden.

Wir wollen hier – wie auch in den mehr naturwissenschaftlichen Teilen dieses Buches – zu einem tieferen Forschen anregen. Wir bringen nur einige Beispiele aus der Kunst, um zu zeigen, daß in den Jahrhunderten etwas vor und während den Lebzeiten der großen Mathematiker auch die Maler auf ihre Art auf die gleichen Geheimnisse hingewiesen haben. Zur Zeit, in der die Mathematiker angefangen haben, sich aus dem Gefängnis des euklidischen Raumgedankens herauszuarbeiten, zeigten die malerischen Imaginationen den Weg zu einem Verständnis der vollständigen (lemniskatischen) Raumidee und ihrer Verbindung mit der Christusidee.

Wenn die denkende Seele sich durchlichtet hat durch ein Umgehen mit den klaren Gedanken eines lemniskatischen Raumes, kann sie in eine tiefere Schicht des Geheimnisses vom Hereinkommen des Sonnenwesens in unsere Erde eindringen.

Die archäologische Entdeckung der Qumran-Schriften im Jahre 1947 und die sich an diesen Fund anschließende Forschung hat, wie Hella Krause-Zimmer in ihrem Buch über die beiden Jesusknaben darstellte, in der Tat bestätigt, daß es zwei Familien gegeben hat. Krause-Zimmer zeigt ferner, daß die beiden Knaben (nebst dem Täuferknaben), bis in das Alter, als der zwölfjährige Jesusknabe von seinen verwunderten Eltern in der Synagoge gefunden wurde, wo er die Ältesten lehrte (Abbildung 67), oft auf Gemälden und Fresken dargestellt wurden.

Rudolf Steiner gab uns den Schlüssel zum Verständnis dieser Tempelszene, von der noch heute viele malerischen Darstellungen zu finden sind. Er erkannte in dem einen der Knaben den Abglanz des Liebeelementes des Buddha und im anderen eine Verkörperung der Zarathustra-Weisheit, und er erkannte auch die innere Beziehung zwischen den beiden Knaben. So konnte er schildern, wie das Zarathustra-Ich, das in dem etwas älteren Knaben verkörpert gewesen war, diesen Körper verließ und sich zu dem Zeitpunkt in dem anderen Knaben verkörperte, dessen Seele von der Buddha-Seele durchstrahlt war, als man ihn lehrend im Tempel fand. Die physischen Kräfte des älteren Knaben begannen dahinzuschwinden, und bald darauf starb er; so machte er Platz für den anderen Knaben, in dessen Seele von nun an in höchstem Grade sowohl Weisheit wie Liebe lebten.

Vieles von diesen historischen Tatsachen ist seit der Zeit des vierten nachchristlichen Jahrhunderts verlorengegangen oder mit Absicht ausgelöscht worden; doch in Legenden, in Kunstwerken wie auch in der esoterischen Strömung des Christentums sind diese Wahrheiten erhalten geblieben.

«Heute ist aber die Zeit», mahnt Rudolf Steiner, «wo die Menschheit sich unbedingt zurückerinnern muß an dieses spirituelle Erfassen des Christentums in den ersten christlichen Jahrhunderten» (London, 14. April 1922).

In Sion im Wallis befindet sich in der Burg Valeria ein, allerdings sehr verblaßtes, Freskobild, auf welchem die beiden Familien deutlich erkennbar sind; hinter den beiden Familien werden die beiden Evangelienerzählungen dargestellt (Tafel VI). Das «Lukas-Kind» ist in eine Winterlandschaft versetzt; auf dem verschneiten Dach sind Engel zu sehen, auf den Hügeln im Hintergrund Hirten und Schafe, und aus den Höhen des Himmels blickt der Vater-Gott herunter. Das «Matthäus-Kind» befindet sich in einer sonnigen, östlich geprägten Landschaft; in Scharen strömen die Menschen, darunter viele gekrönte Häupter, manche von ihnen mit schwarzen Gesichtern, zu Pferd und mit entrollten Bannern zu dem Orte hin, wo die drei Könige dem Kind ihre Opfergaben darbringen. Dieses Kind steht aufrecht und reagiert aktiv auf das Geschehen; das andere Kind ist in liegender Stellung, umgeben von den goldenen Strahlen seiner Aura, dargestellt. Ein überraschendes und bedeutsames Merkmal dieses Bildes ist das Haus. Die beiden Teile, die von den zwei Familien bewohnt werden, sind durch einen Mittelteil verbunden, der beiden angehört und in dem die Tiere untergebracht sind. Es sieht aus wie ein dreigliedriges Haus!

Darstellungen der beiden Familien finden sich keineswegs selten, sei es auf einem einzigen Bild, sei es auf zwei einzelnen, nebeneinander gestellten Gemälden. Deutlich können wir sie beispielsweise auf Hans Memlings (um 1480) Gemälde «Die sieben Freuden Mariae» erkennen, das in München hängt. Ein anderes schönes Beispiel ist ein Ölbild, das auf zwei Tafeln gemalt ist und im Fitzwilliam Museum in Cambridge hängt (Tafel VII). Es stammt aus der flämischen Schule des frühen 16. Jahrhunderts. Das Bild von Meister Francke (Abbildung 72) ist ein Teil eines größeren Gemäldes, auf dem sowohl die Anbetung des Kindes durch die Hirten als auch durch die Könige dargestellt ist. Auf solchen Gemälden ist das Elternpaar oft ähnlich gestaltet und beinahe gleich gekleidet, während, selbst auf den Einzelgemälden, kaum ein Zweifel bestehen kann, welches Kind jeweils dargestellt ist.

Das eine wird sich in einer aufrechten – stehenden oder sitzenden – Haltung befinden sehr aktiv, oft mit einem Ball oder einem Apfel in der Hand oder in die Betrachtung eines Naturgegenstandes vertieft (Tafel VIII). Das andere finden wir in fast oder ganz horizontaler Lage, sehr oft auf dem Boden, manchmal auf einem kleinen quadratischen Tuch, von seiner weitleuchtenden goldenen Aura umgeben.

Weshalb zwei Jesusknaben? Der Leser möge sich in bezug auf diese Fragen in den großen Reichtum von detaillierten Ausführungen in Rudolf Steiners Vorträgen vertiefen;

sie erklären die Evangelientexte und schildern all die komplizierten Vorgänge, die nötig waren, damit die Juden eine Leiblichkeit mit so reinen ätherischen und astralischen Hüllen hervorbringen konnten, daß sie würdig wurde, einen Gott in sich aufzunehmen – einen Gott, der auf die Erde gestiegen war und nun Mensch werden sollte. Es dürfte jedoch nicht schwer einzusehen sein, daß das Menschenwesen, in welches sich das Gotteswesen hineinsenken sollte, in ausgeglichenem Maße von höchster Weisheit und Liebe erfüllt sein mußte.

Hier kommt ein helfender Gedanke hinzu, wenn man sich in das Gedankenbild des «Vertikons» vertieft hat, welches in Kapitel VI behandelt wurde. Jetzt ist Goethes Idee des «geistigen Stabs» mit klaren mathematischen Gedanken bekleidet. Es handelt sich auch um Rudolf Steiners geistiges Bild des *Umkreises* zusammen mit der *Ich-Linie im Innern* der menschlichen Form, der *Aufrechte*.

Der Leser möge sich ein wahres Erlebnis der Vokale durch die eurythmischen Bewegungen erarbeiten, um nicht nur äußerlich und intellektuell, sondern auch erfahrungsmäßig näher an dieses große Lebensgeheimnis der Pflanze und des Menschen heranzukommen. Der Mensch steht aufrecht, durch die geistige Macht des Lichts; in der Ebene des Umkreises findet er sich als «Ich» zusammen mit allen Menschen und kann sie lieben lernen.

Es ist außerordentlich wichtig, die von Rudolf Steiner erforschte Tatsache zu begreifen, daß wir erst von der Szene im Tempel an (Abbildung 67) von dem *einen* Menschen Jesus von Nazareth sprechen können. Sein Leben von seinem zwölften bis zu seinem dreißigsten Jahr hat Rudolf Steiner verschiedentlich zum Beispiel einmal in Oslo (5. und 6. Oktober 1913) geschildert.

Es tritt bei der Johannestaufe im Jordan der Christusgeist in den Menschen Jesus von Nazareth ein. Erst von diesem Ereignis an können wir von *Christus Jesus* sprechen. Das Sonnenwesen nahm Wohnung in einem vorbereiteten Menschen voller Weisheit und Liebe, um ihn in den drei folgenden Jahren bis zur Kreuzigung in stetig wachsendem Maße zu durchdringen.

In diesen drei Jahren lebte das Gotteswesen nicht nur unter den Menschen, indem es sie lehrte und Wunder verrichtete, unzählige heilte oder Tote auferweckte; auch bitteres, einsames Leid mußte es erfahren, während ihm die ureigensten Gotteskräfte dahinschwanden.

«Aus dem Gotte wurde nach und nach ein Mensch . . .», bis die Christuswesenheit «diesem so ähnlich geworden war, daß sie Angst fühlen konnte wie ein Mensch. Das ist dasjenige, was auch die anderen Evangelien schildern beim Herausgehen des Christus Jesus auf den Ölberg, wo die Christuswesenheit in dem Leibe des Jesus von Nazareth den Angstschweiß auf der Stirn hatte . . . In demselben Maße, in dem diese ätherische Christuswesenheit immer ähnlicher wurde dem Leibe des Jesus von Nazareth, in demselben Maße wurde der Christus Mensch . . . Und bald darauf stand die staunende Menge, die vorher die überirdischen Wunderkräfte der Christuswesenheit angestaunt hatte, nicht mehr bewundernd um ihn, sondern stand vor dem Kreuze, spottend über die Ohnmacht des Gottes, der Mensch geworden war . . . Von der göttlichen Machtfülle bis zur Machtlosigkeit – das war der Passionsweg des Gottes. Ein Weg unendlichen Leidens für den Mensch gewordenen Gott, zu dem hinzukam jenes Leid über die Menschheit, die sich so weit gebracht hatte, wie sie zur Zeit des Mysteriums von Golgatha eben war . . . Dieses Schmerzerleben aber gebar jenen Geist, der beim Pfingstfeste ausgegossen worden ist auf die Apostel. Aus diesen Schmerzen herausgeboren ist die allwaltende kosmische Liebe... Das sind die Dinge, die wir ins Auge fassen müssen, wenn wir den tiefen Sinn verstehen wollen, die ganze Bedeutung des Christusimpulses, wie sie wird verstanden sein müssen in die Zukunft der Menschheit hinein, was die Menschenzukunft brauchen wird, um auf ihrem Kultur-, auf ihrem Entwicklungspfade weiterzukommen.» (3. Oktober 1913.)

Rudolf Steiners Darstellungen dieser Geschehnisse sind voller Dramatik, menschlich tief bewegend und zum großen Teil gut verständlich, denn sie zerstreuen viele die Sicht verbauende Mißverständnisse. Im stufenweisen Herabstieg zur Erde wurde das Sonnenwesen bei der Johannestaufe *empfangen*; am Kreuz, als sich Jesus von Nazareth einsam und verlassen fühlte, wurde dieses Wesen, als der Todeskampf vorüber war, *geboren*. Durch das unendliche Leiden wurde aus dem Weltall heraus die «allwaltende kosmische Liebe» in der Erdenwelt *geboren,* diese göttliche Liebe, die vorher in der ganzen Umgebung der Erde und außerhalb der Erde gelebt hatte, trat nun in den Erdenbereich selbst ein. «Für die Erde war mit dem Tode des Jesus geboren dasjenige, was früher allseitig außerhalb der Erde vorhanden war: die allwaltende Liebe, die kosmische Liebe.» (2. Oktober 1913.)

Es ist dies das Urbild des Eintrittes von neuem Leben in einen Erdenbereich. Damit solches Leben geboren werden kann, muß zuvor eine vollkommene Leere da sein, wie sie die Griechen mit dem Wort Χάος bezeichneten. Sie ist ein mütterlicher Bereich, in welchem neues Leben und geprägte Form sich entfalten kann. Und es ist notwendig, daß wir in diesem Zusammenhang Rudolf Steiners Gebrauch der Ausdrücke «Chaos und Kosmos» richtig verstehen.

Leben ist nicht mit Substanz gleichzusetzen, nicht einmal mit winzigen Partikelchen wie Atomen oder Zellen und ihren Zusammensetzungen. Auf der heutigen Stufe der Erdenevolution muß das Kreuz der Substanz da sein; alles Leben muß in die dreidimensionale Welt hineingeboren werden, doch wir müssen uns darüber im klaren sein, daß das Leben dabei der primäre und die Materie der sekundäre Faktor ist. Als Antwort auf die aus dem Weltall einströmenden Bildekräfte wird das Leben in einen Bereich hineingeboren, der in substanzieller Hinsicht zunächst «leerer als leer» ist – «weniger als ein Vakuum».[39]

Immer muß ein ätherischer Raum da sein, wenn etwas Neues geboren werden soll, sei es im Pflanzenreich, im Tierreich oder auch im geistigen Leben der Menschen. So beschreibt Rudolf Steiner auch, wie Jesus von Nazareth, als er sich auf den Weg zu Johannes an den Jordan begab, nachdem das Zarathustra-Ich aus ihm herausgetreten war, um für die Christuswesenheit Platz zu machen, nur noch aus drei Hüllen bestand, ohne Ich, und wie er durchdrungen war von «dem Gefühl des *Offenseins* für unendliche Weiten» (Oslo, 6. Oktober 1913). (Von diesem Geheimnis finden wir auch die Tragödien Shakespeares durchwoben.) – Die Naturwissenschaft wird im Laufe ihrer weiteren Entwicklung erkennen, daß wir den Ursprung des Lebens nicht im Innern der Substanz zu suchen haben; vielmehr werden wir einsehen lernen, daß jede lebendige Form von einem Bildeprinzip getragen wird, das unsichtbar ist, es sei denn, wir besitzen «Augen», es zu sehen. Angesichts der lebendigen Bewegungen einer menschlichen Gestalt werden wir in voller Wahrheit sagen können: «Ich sehe eine Geistform, die mit Erdensubstanz *ausgefüllt* ist.» Der Auferstehungsleib war nicht von solcher Substanz erfüllt und deshalb auch nicht für alle Menschen gleichermaßen sichtbar.

Der Christus durchlitt tiefste Einsamkeit, als er sich in die finsteren Erdentiefen begab, um den Leib der Erde und die Leiber aller Menschenseelen zu erlösen. Als sein Blut vom Kreuze floß, wurde auch sein Leib von der Erde aufgenommen. Dadurch sind die kosmischen Kräfte von Licht, Liebe und Leben in die Erde eingedrungen, und die Erde wurde zu einem neuen Samenkorn im Kosmos (1. Februar 1925).

Rudolf Steiner erinnert uns daran, wie zur Zeit der Kreuzigung nicht nur Finsternis über der Landschaft war, sondern auch ein Erdbeben stattfand. «Jenes Erdbeben war eine Folge der Sonnenfinsternis. Jenes Erdbeben durchrüttelte das Grab, in das der Leichnam des Jesus gelegt war – und weggerissen wurde der Stein, der darauf gelegt worden war, und ein Spalt wurde aufgerissen in der Erde, und der Leichnam wurde aufgenommen von dem Spalt. Durch weitere Aufrüttelung wurde über dem Leichnam der Spalt wieder geschlossen. Und als die Leute am Morgen kamen, war das Grab leer, denn die Erde hatte aufgenommen den Leichnam des Jesus . . .» (2. Oktober 1913.)

Dieser Leib wurde tatsächlich von der Erde aufgenommen, doch mit ihm verbunden war das Sonnenwesen, das er unsichtbar in sich trug, und dieses unsichtbare ätherische Wesen konnte wieder auferstehen. Für die Erde war dies ein makrokosmisches Ereignis, das ein für alle Male stattgefunden hat, ein Ereignis aber, daß sich in allen mikrokosmischen Lebensvorgängen, -rhythmen und -zyklen überall auf Erden widerspiegelt. Wir haben die Pflanze als eine ätherische Form kennengelernt, die sich unseren Augen durch die sie erfüllende Substanz offenbart, welche uns zur Nahrung dient. Jedesmal, wenn wir in die feuchte, warme und sonnebeschienene Erde einen Samen pflanzen, findet ein dem Christusereignis analoges Ereignis statt, denn der Same ist nicht bloß ein kleines Stückchen Substanz, wie etwa ein Stein: Er enthält seinen lebenden Keim und wird wachsen. So ist auch das Christuswesen in die ganze Erde hineingewachsen; von ihm erhielt die Erde die Kräfte, durch welche alle Lebewesen auch künftig wachsen können.

Der Christus wird nicht noch einmal in einem physischen Leib erscheinen, denn dies ist bereits vollzogen worden. Sein zweites Erscheinen, das in diesem Jahrhundert eintritt, vollzieht sich in der an die physische Welt angrenzenden ätherischen Welt; es ist das Reich der Elementarwesen und Engelwesen. Heute erscheint der Christus in jener Welt, in der sich solche Wesen um das Leben auf Erden kümmern.

Unseren eigenen Ätherleibern verdanken wir die Kraft des Denkens, und seit dem 15. Jahrhundert haben wir gelernt, die Denkfähigkeit in immer individuellerer und aktiverer Weise zu handhaben. Deshalb ist es heute an der Zeit, dem Mysterium von Golgatha innerlich nicht nur mit gläubigen Hingabekräften der Seele, sondern auch im klaren Lichte unseres Denkens entgegenzugehen.

Das Sonnenmysterium in der Malerei

Es soll an dieser Stelle noch einmal darauf aufmerksam gemacht werden, daß hier nicht der Versuch gemacht wird, ein derartig umfassendes und zentral bedeutsames Gebiet auszuschöpfen; es soll hier nur auf eine wichtige und fruchtbare Aufgabe hingewiesen werden.

Mit der Weisheit aus dem Osten, die aus alten Zeiten zu uns strömt, wird sich die Liebe verbinden, ob wir das glauben können oder nicht; denn beides gehört zusammen und bildet erst ein Ganzes. Weisheit und Liebe wägen zusammen das Gleichgewicht des Lebens aus.

Die großen Künstler, die zu Beginn der Neuzeit ihre Imaginationen darstellten, an denen sich die Menschheit orientieren konnte, kannten das verborgene Doppelgeheimnis des Christentums, das heute verloren ist. Wir erahnen dieses Geheimnis an der Liebe und Zärtlichkeit, zugleich aber auch an der Weisheit, die aus den Gesichtern der beiden Kinder spricht, während sie einander anblicken, wie etwa auf Leonardo da Vincis Bild *Die Jungfrau mit dem Kind* (Abbildung 68) oder auf dem ganz ähnlichen Bild von Bernardo Luini, welches sich in Mailand befindet. Das zweite Kind auf Leonardos Bild wird gewöhnlich als Johannes der Täufer identifiziert, obwohl er nicht das kleine Kreuz trägt, wie das sonst meistens der Fall ist. Auf Raphaels *Madonna di Terranova* (in Berlin) sind die *drei* Kinder deutlich dargestellt (Abbildung 69).

So viele Bilder vom Abstieg des Sonnenwesens in die Erdenfinsternis sind seit dieser Zeitenwende auf den verschiedenen Kunstgebieten von unzähligen Menschen geschaffen worden!

Unter den Tafeln und Abbildungen finden sich einige Bilder, die uns zeigen können, wie etwa vom 12. Jahrhundert an verschiedene Künstler kosmische und irdische Räume zusammen zur Darstellung gebracht haben. Das Bild auf Abbildung 70 stammt allerdings aus dem 11. Jahrhundert. Besonders zu Beginn des Zeitalters der Bewußtseinsseele haben viele große Künstler diesen polaren Raumaspekt des christlichen Mysteriums dargestellt — ein Mysterium, das sich erst in der Neuzeit zu erschließen beginnt, denn es ist ja erst knappe zweitausend Jahre alt!

Immer wieder zeigen uns die großen Meister, aber auch geringere Maler auf ihren Bildern einerseits die drei Dimensionen des Erdenraumes, wie sie sich in Stein oder Holz manifestieren: kubische Formen von Gebäuden, Krippen oder Gräbern, mit den Schrittmaß-Mustern von nebeneinanderliegenden Quadraten oder Sechsecken, in verschiedenen Graden perspektivischer Darstellung; andererseits versuchen sie mit verschiedenen Mitteln, das Bild einer entgegengesetzten Art von Raum hervorzurufen, der bei den dargestellten heiligen Geschehnissen ebenfalls seine Rolle spielt. *Hohlräume* — konkaver, nicht konvexer Natur — werden deutlich sichtbar, und die dargestellten Ereignisse vollziehen sich *zwischen den beiden Räumen*.

Wir müssen diese künstlerischen Darstellungen nur mit Gedanken betrachten, die sowohl ätherische Räume als auch den dreidimensionalen Raum *sehen können*, und wir werden eine deutliche Sprache vernehmen können. Es bleibt uns dies aber völlig freigestellt, denn Bilder lassen uns eben immer frei.

Die Verkündigungsszenen zeigen uns ein geflügeltes Wesen (Gabriel mit der Lilie), während es einer Jungfrau erscheint, die in einem Erdenhause sitzt oder kniet; es ist dies eine dreidimensionale Behausung, oft mit einem quadratischen Muster auf dem Boden oder an der Wand. Der Engel ist – vielleicht durch ein Loch im Dach – aus einer Welt herabgestiegen, in welcher auch andere geflügelte Wesen zu Hause sind. (Flügel und auch Heiligenscheine, so müssen wir uns hier in Erinnerung rufen, deuten ursprünglich immer auf die ätherische, ebenenhafte Welt hin.) Auf Abbildung 71 hält sich der wunderliche kleine Engel an Gabriels Schleppe fest und schaut sehnsüchtig in die Welt zurück, in der er zu Hause ist!

Oftmals ist auf alten Gemälden das Wort der Evangelien auf Bänder oder Flächen geschrieben, die ein- und ausrollende Bewegungen zeigen – wie zweimal gebogene Flächen (Abbildungen 71 und 72).[19]

Auf Tafel VIII sehen wir eine Darstellung des Kindes durch Lukas Cranach d. Ä. Es handelt sich hier um jenes Kind, das im Matthäusevangelium beschrieben wird: Es ist sehr aktiv und wird – wie bereits erwähnt – oft in sitzender oder stehender Haltung dargestellt; oft betrachtet es einen Naturgegenstand wie ein kleiner Naturwissenschaftler, der sich vor aller Augen für die Phänomene seiner ganzen Umgebung interessiert. Cranach stellt diese Szene in die Erdenfinsternis hinein, und die kleinen Engel, die von außen hereinschauen, sind in perspektivischem Maß dargestellt! Dieses Kind hält sich sehr aufrecht und hat einen wachen und weisheitsvollen Blick.

Auf Tafel IX wiederum finden wir das Kind in horizontaler Lage in einer Wiege darge-stellt (oder ist es ein Grab?). Dieses Kind, das von den Hirten begrüßt wurde, während die Engel im Chore sangen, wird oft wie schwebend und mit einer goldenen Aura umgeben abgebildet.

Auf Abbildung 72 sehen wir den Vater-Gott aus einem ausgehöhlten Raum heraus-schauen. Dieser Raum ist von im Schrittmaß dargestellten roten Sternen umgeben; auf dem Original sind auch die Flügel der Engel rot! Auf diesem Bild finden wir eine seltsame Wechselbeziehung zwischen den beiden Räumen. Die Mutter wie das Kind scheinen mit ihren strahlenden goldenen Auren noch nicht die Erde erreicht zu haben, während die Tiere und ihre dreidimensionale Krippe gerade an der Innenseite der dunklen Erdhöhle stehen.

Abbildung 73 zeigt die seltener dargestellte Taufe am Jordan. Der Vater-Gott blickt aus einem himmlischen Raum herunter, ähnlich dem Raum, in welchem die Taube herab-steigt. Auf der Oberfläche des Wassers, in dem Jesus steht, sind horizontale Ringe zu sehen. Die gesamte Oberfläche dieses Wassers ist von Wellen bedeckt, und an den Flußufern sehen wir blühende Frühlingsblumen. Auf allen diesen Bildern finden wir eine Mischung von Realismus und Symbolismus, doch in Wahrheit liegen ihnen wirkliche Imaginationen zugrunde.

Einen seltsamen und doch deutlich sprechenden Anblick bietet das folgende Bild (Abbildung 74). Eine riesige Menschenmenge steht im Schiff der Kirche, das heißt auf der Erde, während hierarchische Wesen (sind es Engel oder Priester?) in einer Perspektive sitzen, die sich auf einen ganz andersartigen Raum zubewegt und ihn umkreist, einen Raum, in dem sich manche Symbole der Weisheit befinden. Der Künstler führt uns in das Schiff einer gotischen Kathedrale, an dessen Ende wir entweder einen Altar erwarten-

würden oder eine Art von Abschirmung dieses dahinterliegenden Raumes. Das Bild konfrontiert uns mit der sonst verborgenen Welt, die jedoch durch eine stark irdischdreidimensionale Szene dargestellt wird. Ist das der Gegenraum? Dieses Bild kann dem sinnenden Betrachter viel zu denken geben.

Das Bild von Stephan Lochner (Tafel X) zeigt das Kind der Weisheit, das aus der göttlichen Sphäre heruntergekommen ist in den irdischen Raum, wo es nun aber umgeben ist von einem Kreis von Menschen. Die Anwesenheit des Kindes macht diesen Raum zum Sonnenraum auf Erden. Doch sind in diesem Bild viele ernste, ja traurige Gesichter zu sehen — kann man den Grund dafür in der Judas-Gestalt im Vordergrund sehen?

Zwei Jahrhunderte später behandelt Rembrandt diesen Raum in ganz anderer Weise (Tafel XI). Auf seiner *Anbetung der Hirten* bringt er auch das *soziale* Element dieses Mysteriums zum Ausdruck. Hier sind es die Menschen selbst, die gemeinsam den warmen, lichterfüllten kosmischen Raum erbilden, in den das Kind der Liebe herabgestiegen ist. Eine Gestalt hält die Laterne des Erdenlichtes in der einen Hand, während sie mit der anderen ihre Verwunderung darüber kundgibt, daß sie in den von Finsternis umgebenen anderen Raum hineinzublicken vermag. In ähnlicher Weise hat uns sein Künstlergenie den Auferstandenen mit den Pilgern zu Emmaus dargestellt; das Licht, das sich auf den weißen Gesichtern und der Fläche des Tischtuches zeigt, scheint in die Finsternis (Tafel XII).

Auf zweierlei Arten offenbarte sich das Mysterium von Golgatha im Laufe der Geschichte: durch jene, die damals zugegen waren und die wunderbaren Geschehnisse als Augenzeugen erlebten, und durch andere Menschen, die, obwohl sie nicht Augenzeugen waren, das Ereignis von Golgatha, das ja für alle Menschen stattgefunden hat, dennoch innerlich miterlebt haben. So beschreibt Rudolf Steiner unmittelbar nach seinem Besuch in Tintagel (Cornwall), wie etwa die damaligen *Druidenpriester* in den Elementen von Wasser, Luft und Licht die Geschehnisse, die sich im Raum von Palästina abspielten, *zur gleichen Zeit* miterleben konnten. Der eine Offenbarungsstrom ist derjenige der christlichen Kirchen; der andere fließt mehr im Verborgenen und steht mit den Sagen vom Heiligen Gral und von Artus und seiner Tafelrunde sowie mit den keltischen Mysterien im Zusammenhang. So offenbart sich das Christentum in Geschichte, Sage und Kunst durch einen sichtbaren und durch einen verborgenen Strom (London, 27. August 1924).

Zu jenen, die keine unmittelbaren Augenzeugen der Ereignisse in Palästina waren, gehört auch der heilige Paulus, der als Saulus die Christen einst sogar verfolgt hatte, bis er eines Tages auf dem Wege nach Damaskus eine blendende Lichterscheinung erlebte und nun *sah* und erkannte, was sich auf Golgatha vollzogen hatte.

Rembrandts Bilder erzählen in intimer Weise von dem Kind der Liebe, diesem inneren Licht, das den Menschen in der Finsternis zu erstrahlen beginnt. Seine Gemälde mit ihrer einzigartigen Behandlung von Licht und Finsternis erzählen uns immer auch von zwischenmenschlichen Geschehnissen und zeigen in oftmals dramatischer Art, wie die Menschen in ihren irdischen Lebensbedingungen in aktiver Art im sozialen Leben darin stehen. Auch Turner war mit dem Geheimnis von Licht und Finsternis wohl vertraut, doch stellt er ihr Wechselspiel in einer ganz anderen Weise dar. Er zeigt auf seinen Gemälden, wie sich das Drama zwischen Licht und Finsternis draußen in der Natur und in den Elementen abspielt. Er bringt die Farben als die «Taten und Leiden des Lichts» zur Erscheinung.

Während Rembrandt das Geistige des Lichts im verborgenen Innern eines Menschenherzens oder im Kreis von Menschen darstellt, sucht Turner das geistig Sonnenhafte, das Kosmisch-Ätherische des Lichts in der Außenwelt der Natur und in den Elementen im Bild hervorzuzaubern (Tafel XV).

Viele Künstler, die noch mit Rudolf Steiner am ersten Goetheanum mitgearbeitet und sich die von ihm angeregte neue Malweise angeeignet hatten – eine der ersten unter ihnen war die Russin Margarita Sabaschnikowa-Woloschina –, stellten diese zeitlosen Szenen in einer solchen Art dar, daß der Sonnenraum – der Umkreisraum – eine deutlich vernehmbare Sprache redet. Die bezaubernden «naturalistischen» Szenen des Letzten Abendmahls, wie wir sie zum Beispiel vom Meister Grigor aus dem 13. Jahrhundert, von Giotto (14. Jahrhundert) oder vom Meister des Hausbuches (Figur 75) her kennen, wurden durch Margarita Woloschina kraft ihrer imaginativen Schau des Abendmahles in das Reich der reinen Farben erhoben.

Die Auferstehungsbilder können uns in deutlicher Art den ätherischen Raum und seine Kräfte zeigen. So stellt zum Beispiel Matthias Grünewald auf seinen berühmten Altarbildern in Colmar dar, wie die großen Granitblöcke auf dem Grab hinweggeschleudert werden und wie sich der Christus mit einer ungeheuren Kraft aus dem Grabe erhebt. Von Chagall gibt es eine fast verspielt anmutende Szene in tiefen Blautönen und einigen Rot- und Gelbnuancen, auf der zugleich die Kreuzigung und eine Auferstehung dargestellt sind. Das von ihm stammende farbige Glasfenster in einer Dorfkirche zu Kent zeigt ebenfalls eine Kreuzigung, in der die Qualität der Auferstehung bereits enthalten ist.

Fra Angelico (Abbildung 76) stellt in seiner schlichten und reinen Art den leeren, dreidimensionalen Raum dar, in welchen die Frauen hineinschauen, während der Engel auf dem Grabe sitzt und sowohl nach unten wie nach oben zeigt – auf die Gestalt hin, die sich im Raum von Licht und Leichte, den die anderen nicht wahrnehmen können, in die Höhe hebt. Selbst das Wasser, wie es auch auf den Täufer-Szenen dargestellt ist, steigt mit dem Auferstandenen in die Höhe. Dennoch bedienen sich diese frühen Bilder noch stark der Sprache des cartesischen Raumes; Rembrandt führt allerdings darüber hinaus.

Liane Collot d'Herbois, unter den modernen Malern, läßt archetypische Szenen erscheinen in durcheinander webenden, farbigen Lichtflächen. Das Ostergemälde zeigt eine Steigerung von farbigen Flächen des Lichtäthers nach oben, wie bei der Pflanze (Tafel XIII). Beppe Assensa stellt auf seinem «Ostern» betitelten Gemälde dar, wie sich selbst das dreidimensionale Kreuz der Erdensubstanz in den Auferstehungsraum erhebt. Beide Welten werden verbunden – wie in einem Samen vor der Keimung (Tafel XIV).

Die Malerei von Gerard Wagner bildet eine Brücke zwischen inneren Imaginationen, welche aus dem Religiösen des Christentums scheinen, und dem Weg von Goethe und Turner in der Betrachtung des sonnenhaften Wesens in Licht und Farben der äußeren, irdischen Landschaft. Sowohl Turner wie Goethe und auch Wagner zeigen einen wissenschaftlichen Weg zum Sonnenmysterium. Rudolf Steiner folgend, malt Wagner nach der Schule der reinen Farben; doch spricht das Bild auf der Tafel XVI vom Geheimnis des «Vertikons» – vom «geistigen Stab» der Pflanze.

Wenn man die Bilder, welche um die Wende vom 15. zum 16. Jahrhundert entstanden sind, vergleicht mit den Bildern von Rembrandt oder Turner, ist interessant zu sehen, welche Verwandlung im Verlaufe der Jahrhunderte sich darstellt. Imaginationen, die zuerst sehr physisch-räumlich erscheinen, werden geistig-verinnerlicht – ein Phänomen, das wir auch beim Übergang von der euklidischen zur projektiv-synthetischen Geometrie beobachten können.

«Suche im eignen Wesen
Und du findest die Welt,
Suche im Weltenwalten
Und du findest dich selbst,
Merke den Pendelschlag
Zwischen Selbst und Welt:
Und dir offenbart sich
Menschen-Welten-Wesen,
Welten-Menschen-Wesen.»

Rudolf Steiner, «Wahrspruchworte»

Das weltumspannende Wirtschaftsleben

Die Imagination des Letzten Abendmahles – ein historisches und zugleich kosmisches Ereignis im Kern der Christusgeschehnisse – lebt heute in den Herzenstiefen der Menschheit, allerdings in einer zumeist unbewußten Art. Wie kürzlich aus einer statistischen Untersuchung bekannt wurde, bekennt sich ein Drittel der heutigen Weltbevölkerung zum Christentum. Weiter verbreitet ist heute jedoch der starke Drang nach einer neuen Sozialgestaltung, die ein harmonisches Zusammenleben von einzelnen wie von ganzen Nationen erlaubt, so daß keiner den anderen beherrscht und jeder an der Tafelrunde der Erde seinen Platz findet.

Die wesenhaften Mächte von Licht und Finsternis, die im Leben notwendig wirken müssen, können durch den Christus im Gleichgewicht gehalten werden, und der Erzengel Michael, der heutige Zeitgeist, steht ihm bei dieser Aufgabe bei.

Heute wäre es nun für die Wissenschaftler an der Zeit, zu erkennen, daß die Welt mehr birgt, als das nur physische Auge zu schauen vermag. Wenn wir zum Beispiel die durch Rudolf Steiner inaugurierten Entwicklungen auf medizinischem und landwirtschaftlichem Gebiet richtig zu schätzen wissen, so halten wir in bezug auf diese beiden Gebiete, die heute allmählich weite Anerkennung finden, gleichsam wichtige Zukunftskeime in der Hand.

Wir haben in einem früheren Kapitel auch die beiden großen geistigen Wesen erwähnt, die für alles Erdendasein in fundamentaler Weise in Betracht kommen: Luzifer und Ahriman. Luzifer ist ein Licht- und Wärmewesen, Ahriman ein Wesen der Finsternis und Kälte. Werden sie nicht gegenseitig im Gleichgewicht gehalten, so sind sie beide lebensfeindliche Mächte. Rudolf Steiner beschreibt in seinen Evangeliendarstellungen die drei Versuchungen des Christus (die erste durch Luzifer allein, die zweite durch Luzifer und Ahriman zusammen, die dritte durch Ahriman allein) und zeigt, daß der Christus zum damaligen Zeitpunkt der Evolution die Macht Ahrimans bei der dritten Versuchung nicht vollständig abweisen konnte.

Als sich Ahriman dem Christus allein nahte, sagte er: «Mache jetzt diese Steine zu Brot, um deine Macht zu zeigen.» Ahriman «ist . . . nicht ganz aus dem Felde zu schlagen. Ahriman, Mephisto, Mammon – es decken sich ja diese Begriffe –, sie stecken im Gelde, in alledem, was mit dem äußeren natürlichen Egoismus zusammenhängt. Indem immer notwendig ist, daß sich dem Menschenleben etwas von dem beimischt, was äußerlich materialistisch ist, muß der Mensch mit Ahriman rechnen. Sollte der Christus den Menschen auf Erden so recht helfen, so mußte er Ahriman wirksam sein lassen. Ahriman, das Materielle, muß mitwirken bis zum Schluß der Erdenevolution. Durch den Christus mußte die Wirksamkeit des Ahriman unbesiegt bleiben. Ahriman wurde nicht vollständig besiegt. Der Christus mußte sich herbeilassen, bis zum Ende der Erdenentwicklung mit Ahriman zu kämpfen. Ahriman mußte dableiben.» (18. Dezember 1913.)

Auf dieses Geheimnis deuteten die alten Meister mit ihren Gemälden; der Kreis ist noch nicht ganz vollständig geschlossen, denn auch derjenige ohne Heiligenschein gehört dazu. Auf dem Gemälde auf Abbildung 75, das den Jüngerkreis um das viereckige weiße Tischtuch darstellt, erscheinen die Gestalten des Judas und des Johannes, des «Jüngers, den der Herr lieb hatte», in einem beinahe starren Kontrast. Doch das «Lamm» befindet sich im Brenn-«Punkt» des Ganzen.

Der Mensch trägt in sich die Kraft, angesichts der ersten beiden Versuchungen sieghaft aus dem Kampfe hervorzugehen, doch die dritte Versuchung ist mit dem tiefsten Geheimnis der Erdenwirksamkeit des Christus verbunden: mit der Transsubstantiation.

Heute stehen wir den schwierigen und *scheinbar* unlösbaren wirtschaftlichen Problemen des erdumspannenden Wirtschaftslebens gegenüber – Problemen, in die ja nicht nur Regierungen verwickelt sind, sondern jeder einzelne Mensch. Das Bild der Verwandlung (Transsubstantiation) von Steinen zu Brot ist sehr vielschichtig. Zweifellos besteht einer seiner vielen Aspekte in der an uns gestellten Zeitforderung, unser einseitig quantitatives Denken zu verwandeln, sonst werden wir das Phänomen des Lebens niemals erfassen können; ein anderer Aspekt hängt mit dem menschlichen Egoismus zusammen. Wir sollten jedoch Mut schöpfen aus der Tatsache, daß der Prozeß der Transubstantiation, der sich noch weit in die Zukunft hinein erstrecken wird, tatsächlich begonnen hat; denn seit der «Zeitenwende» für Erde und Menschheit ruht der Same der kosmischen Liebe innerhalb unserer Erde, und immer wieder hat es Menschen gegeben, die davon wußten.

Indessen behält das Bild des Kreuzes der drei Erdendimensionen (es wurde in seiner symbolischen Gestalt bezeichnenderweise erst im dritten oder vierten nachchristlichen Jahrhundert eingeführt) auch noch in der heutigen Welt seine große Macht. Millionen verhungern in einer Welt der scheinbaren Überfülle. Die Welt ist voller Leid, die Wälder sterben, wo der menschliche Leichtsinn allzulange die Oberhand hatte. So hängt in der Tat noch die ganze Menschheit am Kreuze, sich nach neuen Gedanken sehnend. Die Anwesenheit Ahrimans hat hier ihre Berechtigung, aber insofern der Mensch ihn erkennt, bleibt er nur Diener.

IX. Vergangenheit und Zukunft

Steinkreise, Dolmen und Tumuli

Die keltischen Steinkreuze und die «standing stones», die uns das keltische Christentum hinterlassen hat, sind gleichsam in Stein bewahrte mächtige Imaginationen, die dem heutigen Menschen von vergangenen Zeiten reden können. Die symbolischen Darstellungen von Pflanzen und verschlungenen Zweigen sind beredte Zeugnisse dafür, daß die Druidenpriester noch mit den heilenden Kräften der Lebenssphäre umzugehen wußten, auch wenn sie nicht mehr in klarer Weise in die eigentlich geistige Sphäre der Welt hineinschauen konnten. Auf vielen Steinen finden sich Schrittmaß-Muster und auch Spiralen derselben Maßeinheit, die sogenannten archimedischen Spiralen. Doch auch der Kreis ist auf dem Kreuz der drei Dimensionen zu sehen (Abbildung 77).

Wie Rudolf Steiner dargestellt hat, wurde in den hibernischen Mysterien bereits auf die Christusmysterien der Zukunft gedeutet. Das Sonnenwesen war bereits auf dem Wege zur Erde, während die Druidenpriester ihre Heilriten vollzogen. Noch wußten sie, wann die Konstellationen der Sterne anzeigten, daß es an der Zeit war, mit einem goldenen Messer, wie die Legenden uns erzählen, die Mistelzweige abzuschneiden und zu Heilzwecken zu verwenden (wodurch sie auf ihre Weise das heutige Iscador-Präparat, das ebenfalls aus der Mistelpflanze gewonnen wird, vorwegnahmen).[43]

Wir kennen inzwischen den Unterschied zwischen der archimedischen und der logarithmischen Spirale, der Spirale des Lebens, und wir haben auch gesehen, daß der Kreis nicht nur einen euklidischen, sondern auch noch einen ganz anderen Aspekt besitzt. Es kann nun sehr aufschlußreich sein, gerade die moderneren Erreichnisse der Mathematik heranzuziehen, wenn wir die Bilder und Symbole betrachten, wie sie uns von einer älteren Menschheit hinterlassen worden sind – von einer Menschheit, die immer stärker danach strebte, sich des Erdenmaßes und der Erdensubstanz zu bemächtigen. In den vorchristlichen Darstellungen überwiegt das Schrittmaß; das zeigen Tempel und Steinanlagen der megalithischen Kultzentren, wie wir sie zum Beispiel in Carnac in der Bretagne vorfinden.

Nach seiner Rückkehr von seiner Englandreise im Herbst 1923 schilderte Rudolf Steiner anthroposophischen Freunden in Stuttgart manches von dem, was er bei einem Besuch der Steinkreise bei Penmaenmawr in Wales erlebt hatte (14. September 1923):

«Nun kommt man darauf, wie gerade solche Orte, in denen das Geistige, das an den Menschen herantritt, gewissermaßen schon durch die Beschaffenheit des Ortes stark sich ausprägt, wie gerade solche Orte für ihre Kultstätten, für die wichtigeren Kultstätten, von diesen alten Druidenpriestern aufgesucht worden sind. Gerade diese Druidenzirkel, die wir damals besucht haben: Hätte man sich mit einem Luftballon in die Luft erhoben und hätte man von oben heruntergeschaut auf den kleineren und auf den größeren Kreis – sie waren ja in einem Abstand, aber diesen würde man von oben aus einer gewissen Entfernung nicht so gesehen haben –, so würde man die beiden Zirkel so wahrgenommen haben wie den Grundriß des abgebrannten Goetheanum. – Wunderbar gelegen ist das! Wenn man den Berg hinangeht, hat man von den mannigfaltigsten Stellen aus weite Ausblicke über Berg und See. Dann kommt man hinauf. Diese Druidenzirkel liegen da, wo sich der Berg muldenartig vertieft, so daß man wiederum in einem Bergring darinnensteht, und innerhalb dieses Bergringes sind dann die Druidenkreise. Da suchte der Druidenpriester dasjenige, was ihm Weisheit war, was ihm Wissenschaft, was ihm Erkenntnis war. Da suchte er seine Sonnenweisheit, da suchte er aber auch seine Naturweisheit. Denn, indem der Druidenpriester sich so hineinfand in den Zusammenhang desjenigen, was auf der Erde war, mit dem, was vom Himmel herunterströmte, wurde ihm überhaupt das ganze Wachstum der Pflanzen, das ganze Wachstum der Vegetation etwas ganz anderes, als es späteren, abstrakt denkenden Menschen werden konnte. Hat man das Sonnenhafte ergriffen, indem man auf der einen Seite die sinnlichen Sonnenstrahlen hat, die in unser Auge hereindringen, auf der andern Seite den Schatten mit all seinen differenzierten Abgestuftheiten, hat man das in der Betrachtung, dann weiß man: In der Differenzierung des Schattens lebt das Geistige der Sonne weiter. Es wird ja durch den Schatten auf andere Körper nur das Physische der Sonnenstrahlen abgehalten, das Geistige dringt durch. In den Kromlechs, wie ich sie beschrieben habe, da ist ein notdürftig abgesperrter dunkler Raum. Da dringt nur das äußere physische Sonnenlicht nicht hinein, aber die Wirkungen dringen hinein, und durch diese Wirkungen wächst der Druidenpriester hinein in ein inneres Durchdrungensein mit den geheimen Kräften des kosmischen Daseins, er wächst hinein in die Geheimnisse der Welt.»

In den Dolmen (Abbildung 78) wurde durch das physische Arrangement der Steine ein kleiner finsterer Raum abgesperrt; ein Raum, in den nicht das physische Sonnenlicht selbst, wohl aber seine geistige Wirksamkeit eindringen konnte. Die *geistige* Wesenhaftigkeit der Sonne kann in einem solchen Raume leben.

Kann uns das nicht wiederum an die Idee eines polar-euklidischen Raumes erinnern, den uns das mathematische Denken erfahren läßt, wenn es sich zur Imagination steigert? Nicht in den physisch-molekularen Substanzen der Steine liegt das Geheimnis, sondern in der Art, wie ihre Anordnung auf der Erde einen «notdürftig abgesperrten dunklen» Raum entstehen läßt – einen Raum, in welchem sich die *kosmische* Sonnenwirksamkeit zeigen kann.

Wo immer Leben und ganz besonders keimendes Leben wirksam ist – sei es in Pflanzen-samen und -knospen, im tierischen Befruchtungsbereich, ja auch in menschlichen Seelen und Geistestätigkeiten: stets braucht es dazu, wie wir gesehen haben, einen solchen stillen inneren Raum, der einerseits völlig abgeschlossen ist, in bezug auf die Ätherkräfte jedoch weit offensteht. Anders kann sich kein Leben entwickeln. Auf *jedem* Lebensgebiet muß dieser ausgesparte Raum vorhanden sein, wenn kosmische Kräfte ins Erdendasein hinein-wirken sollen.

Es kann ein wunderbares Erlebnis sein, das Hügelgrab zu betreten, das sich bei Knowth in Irland befindet, unweit des besser bekannten Hügelgrabes von Newgrange. Man gelangt in das Innere eines *hohlen* Kreuzes, das – im Gegensatz zu den vielen senkrecht stehenden Steinkreuzen, die man auf freiem Felde erblickt – unter einem Erdhügel liegt. Dieses innere Kreuz betritt man an dessen Fußende; von hier aus führt der Weg durch einen dunklen Gang, der von Steinblöcken gesäumt ist und der zum eigentlichen Kreuzteil mit dem Kreis darum am «oberen» Ende des Kreuzes führt. Das Ganze wurde so angelegt, daß die Strahlen der aufgehenden Sonne zur Zeit der Wintersonnenwende am Fußende des Kreuzes hereinscheinen und ihr Licht den Gang hinauf auf die im Kreis aufrecht stehenden Granitsteine werfen, die den Kreis von innen umsäumen. Infolge der Präzession der Tag-undnachtgleichen fällt dieser Lichtschein heute nicht mehr exakt auf denselben Stein wie zur Zeit des alten Druidentums; er bewegt sich noch im Laufe der Zeit um den Kreis herum! Mitten im Kreis liegt ein großer Steinblock auf der Erde, der oben eine leichte, tellerartige Aushöhlung zeigt.

Die heutigen Archäologen kommen allmählich zur Auffassung, daß die Druiden solche «Hügelgräber» (cainus) nicht nur zu Bestattungszwecken benutzten, sondern auch, um die Mysterien der Sterne und Planeten, von Sonne und Mond zu erforschen, und zwar in ihrem Zusammenhang mit den Aufgaben der Landwirtschaft und der Medizin.[27] Rudolf Steiner schilderte, wie der Druidenpriester durch seine Sonneninitiation innerhalb der Naturwirk-samkeit leben konnte und die Einheit von Erde und Kosmos erlebte, nicht in Form von abstrakten Gesetzen, wie wir das heute tun, sondern durch ein hellsichtiges Erleben der in der Natur tätigen Elementarwesen, die für das Leben auf Erden sorgen. Heute ist diese Erlebnisform verschwunden, doch können wir uns in neuer Weise zu einem Verständnis dieser wesenhaften Gesetze, die für alles Lebendige so wichtig sind, durcharbeiten.

Einst wurden der Menschheit die verborgenen Geheimnisse des Lebens durch die alten Mysterienkulte und später durch religiöse Zeremonien erschlossen. Die Menschheit steht heute, im Zeitalter der Bewußtseinsseelen-Entwicklung, vor der Wiederentdeckung dieser Geheimnisse. Dies darf aber nicht auf irgendeine mediumistische Weise geschehen, sondern muß sich in individuell freier Weise im klaren Bewußtseinslicht moderner Wis-senschaftlichkeit vollziehen.

Die Wissenschaft beginnt zu ahnen, daß sie an der Schwelle ganz neuer Möglichkeiten steht. Nicht nur in der Vergangenheit hat sie sich nach Antworten umzusehen, vielmehr ruht ihr Zukunftsweg bereits in verborgener Art in ihrem eigenen Grundcharakter, das heißt in der vorurteilslosen Untersuchung aller Phänomene, gleichgültig, ob sie mehr auf materiellen oder mehr auf geistigen Bereichen menschlicher Erfahrung zur Erscheinung kommen. So hat es die Wissenschaft heute in der Hand, auch in die spirituelle Seite der Erscheinungen einzudringen und dadurch die rein atomistische Auffassung der materiellen

Gesetzmäßigkeiten zu ergänzen. Die künftige Wissenschaft wird so zu einem Verständnis des *ganzen* Wesens eines Samens führen und damit letztlich erkennen können, daß seit der «Zeitenwende» die ganze Erde ein Same im Kosmos geworden ist.

An diese Schwelle sieht sich die moderne Wissenschaft in der Tat gestellt, sobald wir die Idee von einem ätherischen oder polar-euklidischen Raum, die die cartesische Auffassung des Erdenraumes ergänzen kann, zu fassen beginnen. Beide Räume durchdringen sich und bilden ein Ganzes. Auf den Wegkurvenflächen wird der punkthafte Formaspekt in intimer Weise in den ebenenhaften Aspekt integriert. Die Wegkurvenfläche (siehe dazu Seite 107) bildet einen *ätherischen Raum einer höheren mathematischen Ordnung als sie im oberen Teil eines Lemniskatenraumes zum Ausdruck kommt.* Lawrence Edwards ist der Nachweis gelungen, daß in der Knospe einer lebenden Pflanze eine Wegkurvenfläche in Erscheinung tritt – also ein ätherischer Raum –, und es gelang ihm auch, die zarten rhythmischen Bewegungen der sich entwickelnden Knospenform aufzuzeichnen und dadurch den Beweis zu erbringen, daß sich darin *wirkliche, vom Mond vermittelte planetarische Einflüsse* aussprechen.

Im Prinzip besteht kein Unterschied zwischen dem, was der Druidenpriester mit Hilfe seines Steinkreises *noch* zu schauen vermochte, und demjenigen, was der moderne Forscher mit Hilfe seiner Wegkurvenfläche an seiner Pflanzenknospe zu sehen beginnt. Der Unterschied liegt eigentlich nur in der verschiedenen Bewußtseinsverfassung, in welcher damals respektive heute geforscht wird.

Ähnliches gilt in bezug auf das Krebsmittel Iscador, welches nach Angaben Rudolf Steiners aus Mistelsäften seit Jahrzehnten im Hiscia-Labor der Lukas-Klinik hergestellt wird. Die Mistel wächst auf Bäumen ohne richtige Wurzeln und steht so mit der Erde nicht direkt in Verbindung. Dieses Prinzip wird bei der Herstellung und Mischung der Säfte beibehalten. Sie entstehen außerhalb des Einflusses der Gravitationskraft. In einer hochtourigen Zentrifuge werden entsprechende Verhältnisse erreicht, das heißt ein von der Gravitationswelt «ausgesparter Raum» – ein Gegenraum. Das Experiment des heutigen Forschers beruht auf der klaren Objektivität des mathematischen Denkens; allerdings vollzieht es sich, wie in unserem Beispiel, auf einem Feld der Mathematik, das noch weitgehend Neuland darstellt. (Dies wird durch die Arbeit der in der ganzen Welt tätigen Rudolf-Steiner-Schulen glücklicherweise, wenn auch nur ganz allmählich, anders.)

Wir haben soeben von einem naturwissenschaftlichen Experiment geredet, *doch wir sollten uns darüber im klaren sein, daß die Gesetze eines ätherischen, rezeptiven Raumes durchaus auch bei den sozialen Experimenten unserer Zeit eine Rolle spielen.* Man strebt heute nach Gemeinschaftsformen, die ohne autokratische Elemente oder starre zentralistische Autorität auskommen können. Wir glauben nicht mehr an das «Gottesgnadentum» von Königen. Wir versuchen, solche Gemeinschafts- und Regierungsformen zu schaffen, die es dem einzelnen erlauben, Selbstbehauptung mit Toleranz gegenüber seinem Nächsten zu vereinen. «Arbeit des einzelnen für das Wohl der Gesamtheit» – dies ist heute eine gute Maxime, und bereits zahlreiche heutige Menschen sehen darin ein konkret zu verwirklichendes Ideal. Die Idealform eines modernen Parlamentes bestünde in der Vereinigung aller seiner einzelnen Mitglieder, das heißt von fähigen Individuen, die *gemeinsam* die wahren Antworten auf die Menschheitsprobleme finden könnten. Dieses Ideal ist naturgemäß schwer zu verwirklichen, denn es verlangt nach dem inneren wie äußeren

Engagement jedes einzelnen im ganzen Kreise. Und doch hängt die Zukunft von Institutionen und Nationen von der Verwirklichung eines solchen Ideals ab.

Die moderne Bewußtseinsverfassung, die sich von derjenigen der alten Druiden, eines heiligen Augustinus oder anderer Kirchenväter so grundlegend unterscheidet, stand in der Zeit von Descartes und Desargues und der anderen Wegbereiter der modernen Mathematik gerade in ihrem Aufgange. Unser Freiheitsbestreben, das mit dieser Bewußtseinsverfassung auf das engste verknüpft ist, hat uns die einstigen spirituellen Erlebnisse vergessen lassen, damit wir in der strahlenden Fülle der Ideenwelt ein wahres Menschenbewußtsein erringen konnten. In unserer Zeit steht die Menschheit an der Schwelle ihres Erwachsenwerdens, in der Einsamkeit und Kälte einer Zivilisation, in der sie mit Ahriman, dem Geist des Materialismus, konfrontiert ist.

In England spielten Shakespeare (um 1564–1616) und Bacon (1561–1626) große und gegensätzliche Rollen in diesem Drama eines tiefgreifenden Bewußtseinswandels. Shakespeares Herzensweite kann auch heute noch wegweisend sein, wenn wir seine Sprache zu verstehen vermögen. Doch solange wir «in einem Schmutzgewande des Zerfalls» leben, haben wir kein Gehör für die Engelsstimmen, die den «jungäugigen Cherubimen» zulispeln. Nur die Erfahrung des «Nichts» wird uns dies wieder eröffnen können. Das Spirituelle muß heute im Geiste der Freiheit, das heißt im Gewahrwerden der inneren und äußeren Leere, ergriffen werden. Die Worte der Mysterien, die Mysterien der Zukunft sind, ertönen: «Erkenne dich selbst! Erkenne die Welt!» Mögen sie Gehör finden.

In dem letzten der Mitgliederbriefe Rudolf Steiners in den «Leitsätzen» heißt es:

«In der Zeit, in der es eine von der eigentlichen Natur unabhängige Technik noch nicht gab, fand der Mensch den Geist *in* der Naturanschauung. Die sich unabhängig machende Technik ließ den Menschen auf das Mechanistisch-Materielle als das für ihn nun wissenschaftlich Werdende hinstarren. In diesem ist nun alles Göttlich-Geistige, das mit dem Ursprunge der Menschheitsentwickelung zusammenhängt, abwesend. Das rein Ahrimanische beherrscht die Sphäre.

In einer Geisteswissenschaft wird nun die andere Sphäre geschaffen, in der ein Ahrimanisches gar nicht vorhanden ist. Und gerade durch das erkennende Aufnehmen derjenigen Geistigkeit, zu der die ahrimanischen Mächte keinen Zutritt haben, wird der Mensch gestärkt, um *in der Welt* Ahriman gegenüberzutreten.»

Die moderne Wissenschaft vom Geist ist die zeitgemäße Wissenschaft, die auch ein neues Verständnis des Christus in sich aufnehmen kann; sie ist wirklich zeitgemäß, insofern ihr der wahre Geist unserer Zeit – Michael – dazu verhelfen will.

Seit Rudolf Steiner kurz vor seinem Tode diese letzte Botschaft niedergeschrieben hatte, hat die Welt unendlich viele Gelegenheiten bekommen, diese Konfrontation mit Ahriman tiefer zu erleben. Vielleicht starren wir heute nicht mehr ganz so fixiert auf den von jeglichen spirituellen Werten *leeren* Bereich; so katastrophal viele Zeitereignisse sind: Sie können ein wirkliches Erwachen begünstigen.

Dieser Erwachensprozeß wird vom Künstler in uns, von unserem Herzen vollzogen, doch heute muß sich die Begegnung mit Gut und Böse in der *denkenden* Seele abspielen. William Blake, einer der Söhne des englischen Inselreichs – «dieses Juwels, in die silberne See gesetzt» –, stand ein Leben lang kämpfend im Schwellenbereich dieser Konfrontation mit guten und bösen Kräften; er förderte unsere Erkenntnis, daß wir, unablässig vom

Schwert des Geisteskampfes Gebrauch machend, nach dem Weg «jener Füße aus alten Zeiten» suchen sollen. Blake sprach von der Göttlichkeit der Menschengestalt und erkannte wie Shakespeare, daß «der Mensch das Maß aller Dinge» ist.

«Each grain of Sand,
Every Stone on the Land,
Each rock and each hill,
Each fountain and rill,
Each herb and each tree,
Mountain, hill, earth and sea,
Cloud, Meteor and Star,
Are Men seen Afar.»

William Blake (1757–1827)

Die Zukunftsformen des ersten Goetheanum

Während eines großen Teiles der Zeit, in der Rudolf Steiner das Lehrgut der Anthroposophie entwickelte und zur Darstellung brachte, strebte er auch in umfassender Art eine Erneuerung der Künste an, ein Bestreben, das in der Ausarbeitung der Pläne für das erste Goetheanum mit seinen so neuartigen Formen einen ersten Höhepunkt fand (Abbildung 79).

Während das Goetheanum durch die tatkräftigen Hände von Angehörigen der verschiedensten Nationen aufgebaut wurde, versuchte Rudolf Steiner im Kriegsjahr 1914, den Sinn und die Herzen der Menschen für die von ihm inaugurierte neue Form der Architektur aufzuschließen. Der Stil der Goetheanumformen ist ein Ausdruck des Bestrebens, die Menschen mit Formen zu umgeben, die in der Lage sind, die Lebenskräfte in sich zu bergen, statt sie gleichsam abzusaugen. In den Vorträgen zu diesem Thema finden sich die detailliertesten Angaben über die Ätherkräfte und über die Art, wie sie in flächenhaften Formen zum Ausdruck kommen können. In späteren Jahren sprach Rudolf Steiner dann in Vorträgen für Lehrer im Zusammenhang mit dem naturwissenschaftlichen Unterricht an Waldorfschulen in einer spezifisch mathematischen Art über die eigentlichen Bilde-Prinzipien bei Formgestaltungen.

In ihrem Vorwort zur Ausgabe der Vorträge «Wege zu einem neuen Baustil» (1926) zitiert Marie Steiner einen sehr bekannten amerikanischen Architekten, dessen Bewunderung für das erste Goetheanum grenzenlos war: «Der dieses Problem gelöst hat, ist ein mathematisches Genie ersten Ranges. Wer das vermocht hat, ist ein Meister der Mathematik, ein souveräner Beherrscher unseres Fachs. Hier müssen wir Architekten lernen. Der das aufgerichtet hat, erobert die Höhen, weil er die Tiefen beherrscht.»

Es ist gut, sich klarzumachen, daß Rudolf Steiners Arbeitsweise, obwohl seine Fähigkeiten die seiner Zeitgenossen weit überragten, immer den Charakter eines Zusammenarbeitens mit anderen hatte: Architekten, Mathematiker, Bildhauer, Maler, Maurer – sie alle regte er zur fruchtbarsten Anwendung ihrer eigenen Fähigkeiten an. Und so hat er immer von «unserem Bau» gesprochen.

Die Entwicklung der Tempelarchitektur von der griechischen und römischen Zeit an über das Zeitalter der großen gotischen Kathedralen bis zum Bau des ersten Goetheanum kann zugleich als Spiegelbild der Entwicklung des mathematisch-geometrischen Denkens genommen werden. Wir sind dieser Entwicklung auf den Seiten dieses Buches nachgegangen und haben gesehen, wie sich die Geometrie von der euklidischen Form über die perspektivische Transformation zur Idee von polar-reziproken Formen hinbewegt hat, um schließlich zur Idee des ätherischen Raumes zu führen.

In den griechischen und römischen Tempelbauten ist die Schwerkraft das maßgebliche Prinzip. Zur damaligen Zeit versuchte die Menschenseele, vor allen Dingen mit der Erdenrealität zurechtzukommen. In der Konfrontation mit der Schwerkraft kann der Mensch gerade lernen, sie zu überwinden. Im intuitiven Erleben, von welchem der Prozeß des Aufrecht-stehen-Lernens im euklidischen Raume begleitet ist, können wir ein Beispiel eines solchen Überwindens sehen.

Die Künstler der mittelalterlichen Zünfte konnten durch ihr Geschick und ihre Kunstfertigkeit beim Bau der Kathedralen Formen entstehen lassen, welche die Seelen aufwärts, zu den Höhen des Hauptschiff-Gewölbes, und vorwärts, zu dem Altar hin, zu ziehen vermögen. Durch das Gefühl der Vorwärtsbewegung zum Altare hin kann die Seele die jenseits des Altares liegende geistige Welt ahnend erleben; sie wird geradezu in diesen «jenseitigen» Raum hineingezogen – in diesen unsichtbaren Raum, der oftmals sogar in architektonischer Weise durch das Reredos verborgen wird. (Es ist dies der Raum, der auf Abbildung 74 dargestellt ist, allerdings in einer so extrem physischen Weise, daß dadurch beinahe wiederum eine Art Unwahrheit entsteht!)

So vermittelt die gotische Kathedrale in erster Linie das Erlebnis einer perspektivischen Bewegung auf einen «Fluchtpunkt» zu, über den hinauszuschauen damals noch nicht gegeben war. Die mathematischen Gesetze einer perspektivischen Transformation zeigen, daß dieser Fluchtpunkt, wie übrigens auch alle übrigen Punkte auf der Fluchtlinie, *keine feste Grenze, sondern eine Schwelle bilden*, hinter welche das moderne mathematische Denken tatsächlich sehen kann. Diese Schwelle wird in dem Augenblicke überschritten, in dem die beschränkte Auffassung einer zentrischen und endlichen Raumeswelt aufgegeben wird. Mit anderen Worten: Der jenseits des Altares liegende «Raum» kann nur auf geistige, nicht auf physische Art betreten werden. So kann zum Erleben des Tastsinnes ein solches des Sehsinnes – der Einsicht vermitteln kann – treten, so daß aus beiden Erlebnisarten ein Ganzes entsteht. Denn die tastbare Welt der Substanz muß durchlichtet werden.

Wenn in der Kathedrale von Chartres am späten Morgen eines Sommertages die Sonne durch die hochgelegenen farbigen Fenster scheint, so werden die alten Steinpfeiler sowie der Kathedralenboden in ein atemberaubendes ätherisches Farbenspiel getaucht; mit dem Gang der Sonne bewegen sich auch die Farben herum, gleichsam innerhalb einer großen räumlichen und farberfüllten Sonnenuhr. Ein solches Erlebnis kann den Betrachter an die

Steinkreise erinnern und zugleich auch an den farbdurchfluteten Raum des ersten Goetheanums.

Jene, die uns von ihren Erlebnissen im Innenraum dieses farbdurchfluteten Baues, der auch «Johannesbau» genannt wurde, berichteten, konnten die in Wirklichkeit umgesetzte Goethesche Farbentheorie erleben, wenn sich die Farbflächen gegenseitig durchdrangen und die Komplementärfarben entstehen ließen – die *ätherischen* Farben, die jedes Menschenauge, zumeist in unbewußter Form, wahrnimmt. Als Rudolf Steiner bei der Ausmalung der inneren Fläche der kleinen Kuppel Anweisungen gab, entwickelte er eine ganz neue Maltechnik – die Farben mußten in dünnen Schichten aufgetragen werden –, die seither in den Malschulen von Gerard Wagner, Beppe Assenza, Liane Collot d'Herbois, Anne Stockton und von vielen anderen Malern weitergepflegt und unterrichtet wurde.

Während der Arbeit am ersten Goetheanum versuchte Rudolf Steiner den im Bau tätigen Künstlern das Erlebnis eines Raumes zu vermitteln, in welchem es vor allen Dingen auf das Zusammenspiel von Ebenen und Flächen ankommt. Damit ist zugleich das Bildprinzip der Formen des ersten Goetheanum gekennzeichnet: In diese Formen können peripherische Lichtkräfte einfließen, wodurch wiederum neue Formen und Farben erzeugt werden. Die Räume unterhalb der beiden verschieden großen Kuppeln kamen dadurch zustande, daß die Wände wie die Innenfläche einer Hohlform wirkten, so daß diese Räume etwas Lebendiges in sich aufnehmen konnten. Zwei nach außen abgeschlossene, füreinander aber offene, rezeptive Räume, beide Räume zusammen wiederum ätherisch offen für das Weltall – dies wurde im ersten Goetheanumbau verwirklicht (siehe Abbildung 79).

Die Wände wurden nach Art der Reliefkunst gebildet: Die Künstler wurden dazu angehalten, so zu meißeln, daß nicht abgerundete Formen, sondern Flächen entstanden. «Hier soll es so sein», führte Steiner am 7. Juni 1914 in bezug auf die Bauformen aus, «daß man die Form innerlich erlebt, so daß man, indem man das Grabeisen in gewisser Weise hält, lieben lernt die Fläche, die man hier ausführt ... Und ich muß gestehen, ich kann nicht anders, als eine solche Fläche immer etwas zu streicheln, wenn sie entstanden ist. Es handelt sich darum, daß man sie lieb gewinnen kann, so daß man in ihr lebt mit innerlicher Empfindung und nicht als etwas, was bloß mit dem Auge angeschaut werden soll.»

In den alten Tempelbauten hatten die Wände die Funktion, die Außenwelt auszuschließen: «*Unser* Bau», so Rudolf Steiner am 17. Juni 1914, «soll nicht abschließen; seine Wände sollen leben, aber so leben, wie es der Reliefdarstellung in Wahrheit entspricht.» Die Fenster waren nicht zum Hinausschauen da, sondern damit die geistigen Wesenheiten der Welt hineinschauen konnten. Durch die verschiedenfarbigen Fenster flutete Licht herein, sich durchdringend, um sekundäre Farben und Komplementärfarben zu bilden, die den ganzen Innenraum mit ätherischen Farben erfüllten.

In den Säulen, die Rudolf Steiner mit menschlichen Beinen verglich, kam naturgemäß das Schrittmaß zur Erscheinung. Zwischen den Säulen – den Beinen – und den Kuppelformen, die von ihm mit dem menschlichen Schädel verglichen wurden, lebten die Architravformen, in welchen, in ständig atmendem Wechselspiel, das konvexe in das konkave Element hinüberfloß.

Die Architektur des ersten Goetheanum steht mit der Frage der Schwelle zwischen den zwei durch die beiden Kuppeln verkörperten Räumen in innerem Zusammenhang. (Wie Rudolf Steiner dieses architektonische Problem mathematisch meisterte, ist noch heute nicht ergründet.) Das Rednerpult wurde an die Übergangsstelle zwischen den beiden Räumen gesetzt, das heißt sozusagen auf den Durchdringungspunkt eines Lemniskaten-Raumes. Von dieser Stelle aus sollte in diesem «Haus des Wortes» oder «Haus der Sprache» durch das Menschenwort das kosmische Wort ertönen, zu hören für alle, die sich hierzu versammeln mochten.

Wir können das Bild dieses Gebäudes mit dem Bild einer Blüte vergleichen, wenn wir sie als Lemniskaten-Form betrachten, die von der Pflanze durch die Metamorphose der grünen Blätter nach oben getragen wird. Eine Rose zum Beispiel nimmt den Blütenstaub auf, nachdem sie in der sonnenerfüllten Luft ausgereift ist; dann erst bahnt er sich den Weg zur Samenanlage, die ihn in den erdenhafteren Teil der beiden Blütenteile aufnehmen will; und nun kann die Frucht entstehen. Die Frucht kommt dadurch zustande, daß die ganze Pflanze ihre Substanz zur Form der Blüte erhebt, die sonnenhafte Befruchtungskräfte in ein mondenhaftes Gefäß (Fruchtknoten) aufnehmen kann, um neues Leben zu bilden. (Vgl. «Die Pflanzen in Raum und Gegenraum», Kap. VIII.)

Wie die Pflanze so sprechen auch die Goetheanumformen von den Gesetzen von Polarität und Metamorphose; sie erheben diese mathematischen Gesetze zu Kunstformen, welche von der Wirklichkeit der ätherischen Welt zeugen. Diese Formen erzählen nicht nur vom Dasein des Gravitations-Raumes wie im griechischen Tempel oder von den Perspektiven des Erdenraumes, wie das in der gotischen Kathedrale der Fall ist; sie bringen auch den sonnenhaften Raum zur Erscheinung – jenen Raum, der früher noch unsichtbar gewesen war. So bringen die Goetheanumformen die *ganze* Wahrheit zum Ausdruck, wie dies die Pflanze tut, wenn sie blüht und Früchte und Samen bildet; in ähnlicher Art, wie die menschliche Gestalt zu uns spricht, wenn wir sie mit der Idee der polaren Dreigliederung betrachten.

Die Naturwissenschaft muß sich wiederum dem Verstehen der ganzen Wahrheit nähern. So kann die Betrachtung der dreigegliederten Pflanze im Lichte von Polarität und Metamorphose dem menschlichen Herzen seine Aufgabe ins Bewußtsein heben, zwischen den Polen von Denken und Wollen ein lebendiges Gleichgewicht herzustellen. Die folgenden Worte Rudolf Steiners über den Einfluß von architektonischen und künstlerischen Formen auf die Menschenseele sind für eine solche Betrachtung und das Verständnis von Naturformen von Bedeutung, einschließlich der Form der menschlichen Gestalt.

«Meine lieben Freunde, laßt noch so viel die Menschen nachsinnen, wie sie durch äußere Einrichtungen Verbrecherisches und Vergeherisches aus der Welt schaffen: Wahre Heilung vom Bösen zum Guten wird in der Zukunft für die Menschenseelen darin liegen, daß die wahre Kunst jenes geistige Fluidum in die menschlichen Seelen und in die menschlichen Herzen senden wird, so daß diese Menschenseelen und -herzen – wenn sie das Fluidum auf sich wirken lassen von dem, was geworden ist in architektonischer Skulptur und anderen Formen – dann, wenn sie lügnerisch veranlagt sind, aufhören zu lügen; daß wenn sie friedensstörerisch veranlagt sind, aufhören, den Frieden ihrer Mitmenschen zu stören. Baulichkeiten werden zu *sprechen* beginnen. Eine Sprache werden sie sprechen, die heute die Menschen noch nicht einmal ahnen.» (17. Juni 1914.)

Polarität und Metamorphose können in der Form einer Lemniskate ihren symbolischen

Ausdruck finden, *sofern der qualitative Unterschied zwischen den beiden Schlaufen* richtig erfaßt wird. Die eine Schleife wird dann einen Erdenprozeß veranschaulichen, die andere dessen kosmisch-polaren Prozeß. Steiner greift immer wieder zu dieser Symbolform, wenn er im Rahmen seiner dreigliedrigen Auffassung von Weltall und Mensch die Beziehung zwischen Kosmos und Erde oder Geist und Leib charakterisiert. Doch wenn die *reziproke* Struktur beispielsweise der Polarität zwischen Kopf und Gliedmaßen nicht ganz klar erkannt wird, kommt es zu Verwirrungen. So kann etwa der Kopf in einem bestimmten Zusammenhang als irdischer Pol, in einem anderen Zusammenhang als kosmischer Raum charakterisiert werden. Vom Substanzaspekt aus gesehen – Salz, Quecksilber, Schwefel –, erscheint der Mensch als umgekehrte Pflanze; von mehr dynamischen Gesichtspunkten aus betrachtet, gilt gerade das Umgekehrte (vergleiche Kapitel VI), und der Kopf erscheint uns mit seinem Gewölbe als ein Bild des Weltenalls.

In Übereinstimmung mit dem Fundamentalprinzip, *daß bei allen Lebensprozessen die Bewegung, die aus den lichtvollen Weiten des Weltalls entsteht, der Starre geschaffener Formen vorangeht*, demonstriert Rudolf Steiner vor dem ersten Kreis der künftigen Waldorflehrer, wie das kleine Kind zuerst zu einer intuitiven Erfahrung dieser formbildenden Gesetze geführt werden müsse.

Durch die Willensbetätigung im Ablaufen von Formen und durch die eurythmischen Bewegungen lernt das Kind zunächst, sonst chaotisch verlaufende Prozesse allmählich zu beherrschen. Dann erst soll es im freien symmetrischen Zeichnen – zunächst um eine Vertikallinie, später um eine Zentralform herum – lernen, eine antwortende peripherische Form zu zeichnen (Ilkley, 14. August 1923, und Torqay, 15. August 1924).

Ebenso wird das Kind, bevor es die fixierten alphabetischen Zeichen kennenlernt, mit einfachen geraden und gekrümmten Linien vertraut gemacht und zuallererst mit einer senkrechten Geraden als einer Symmetrieachse. Der Lehrer hat viel gewonnen, wenn er sich einmal die volle Bedeutung der *polaren* Aspekte einer solchen Achse klar gemacht hat, und er hat noch mehr gewonnen, wenn das Gesetz der polar-reziproken Verwandlung als eine lebendige Imagination in seiner Seele leben kann. Bei der zweiten Symmetrieübung zeichnet man für das Kind in freier Weise eine Form, die von einem Mittelpunkt nach außen hin gebildet ist, und läßt es diese dann durch eine zweite ergänzen, die der ersten von außen nach innen zu als Kurvenform antwortet (Abbildung 80).

Zweifellos ist dies dasselbe Prinzip, das, allerdings zur reinen Kunstform erhoben, Rudolf Steiners «Siegel-Formen» zugrunde liegt. Für jedermann, der mit den Imaginationen, die im mathematischen Gesetz der polar-reziproken Verwandlung in abstrakter Form erscheinen, innerlich gelebt hat, kann sehr deutlich werden (besonders wenn er sich auch noch in das Reich der *imaginären Punkte, Linien* und *des imaginären Kreises* eingelebt hat)[4], daß Rudolf Steiner uns hier den Weg zur Bildung von Formen wies, die zu menschlichen Seelen erneut von der Ganzheit der Schöpfung zu reden vermögen. Man vergleiche zum Beispiel die polaren Formen in bezug auf einen *imaginären Kreis* auf Abbildung 81 mit der Kunstform von Rudolf Steiners Sonnen-Siegel auf Abbildung 82.

Die Schrittmaß-Formen der keltischen und griechischen Friese haben ihre Aufgabe in der Menschheitsentwicklung erfüllt, ebenso die Form des «standing stone» und der Steinkreise. Es ist interessant, daß die «Ars Lineandi» der prähistorischen Steingravierungen in den lombardischen Flechtbändern wiedererscheint, lange bevor die euklidischen Mathematiker in das Gebiet der projektiven Geometrie und der polaren Formen vorgedrungen sind. In der Gesamtform des Goetheanum und allen zu ihm in Beziehung stehenden Einzelformen hat Rudolf Steiner die alten Bauformen sich metamorphosieren lassen, so daß das Göttliche Wort auch zu der heutigen Menschheit sprechen kann.

So spricht das geistige Wort heute in anderer Art zu uns, und wir stehen innerlich vor der Aufgabe, uns in diese neue und freiere Formensprache hineinzuleben, ohne die alte zu verlieren. Die peripherisch-zentrische Symmetrie spricht das Kind in ganz verschiedener Weise an, indem sie die repetitiven Maße ergänzt und sublimiert. Es ist, wie wenn wir im musikalischen Erleben die dahinfließende Melodienfolge als Hauptsache erleben können, während die sich wiederholenden rhythmischen Taktschläge in den Hintergrund treten. (Es gibt Anzeichen, daß die Musik heutiger Jugendlicher zu einer Form durchzubrechen versucht, die nicht so stark vom Takt beherrscht, ja gelähmt wird – wie wenn sich darin allmählich ein untergründiger, lange überhörter Sehnsuchtsruf realisieren möchte.)

Nachdem das Goetheanum – ein «Sonnen»-Raum auf der Erde – erbaut war, sah es Rudolf Steiner in der Silvesternacht des Jahres 1922 in Flammen aufgehen, noch bevor es ganz vollendet war; nur die Fundamente blieben zurück.

Kurz vor dem Brand schilderte er in dem Zyklus «Das Verhältnis der Sternenwelt zum Menschen und des Menschen zur Sternenwelt» einmal mehr, wie die Menschheit aus fernen Vergangenheiten, in denen es noch kein physisches Raumerleben gegeben hatte, sondern erst das Gefühl, mit allen anderen Wesen im Strome der *Zeit* darinnen zu leben, allmählich zu unserem heutigen Daseinszustand herabgestiegen ist, in welchem sich, besonders in der westlichen Zivilisation, das Raumerlebnis tief eingelebt hat und so dominierend wurde, daß sich das Einsamkeitsgefühl entwickeln konnte (17. Dezember 1922). Aus einer Zeit, in der wir in dem Erleben unserer *Zusammengehörigkeit* gestanden haben und noch keine Raumanschauung kannten, sind wir in das Zeitalter getreten, das in einer vorwiegend räumlich geprägten Kultur das Gefühl des *Alleinseins* in den Vordergrund des seelischen Erlebens treten ließ.

Außer dem Christus, der sich diese rein menschliche Erfahrung des Erdenraumes selbst angeeignet hat, ist es der Erzengel Michael, der führende Geist unserer Zeit, der die tiefste Einsicht in die heutige Lage der Menschheit besitzt. «Michael», so Rudolf Steiner im Vortrag vom 17. Dezember 1922, «ist das aktive Wesen, dasjenige Wesen, das gewissermaßen unseren Atem, unsere Adern, unsere Nerven durchpulst, auf daß wir unser Menschheitliches im kosmischen Zusammenhang erarbeiten, aktiv erwerben. Das ist es, was gewissermaßen als eine Aufforderung des Michael vor uns steht: daß wir bis in unsere Gedanken hinein aktiv werden, so daß wir uns unsere Weltanschauung durch innerliche Aktivität als Menschen erarbeiten.»

In einem Michael-Zeitalter, in dem die Menschheit sich die Freiheit und Unabhängigkeit des Denkens erringen kann und danach strebt, die Menschenrechte und das Prinzip der Brüderlichkeit zur Geltung zu bringen, setzen wir uns nicht hin, um zu warten, bis uns jemand sagt, was wir tun oder denken sollen; wir schreiten voran und tun, was wir für richtig halten.

Damit sind naturgemäß auch gewisse Gefahren verbunden, doch sie gehören notwendigerweise dazu; und zwischen den finsteren Wolken zeigen sich heute auch überall die Lichtschimmer starker und guter Kräfte.

Nicht, daß das Göttliche Weltenwort heute nicht mehr da wäre und wirkte: Die Menschheit muß in einer materialistisch gefärbten naturwissenschaftlichen Zeit nur lernen, sich in ganz neuer Art zu diesem Wort in ein Verhältnis zu setzen. Denn «wenn... durch die Vergeistigung des reinen Raumeswissens die Brücken zu der göttlichen Welt wiederum geschlagen werden, dann wird das, was der Mensch... an Raumeswissen erworben hat, auch wichtig für die göttlich-geistige Welt. Und der Mensch kann für die Götter ein neues Weltstück erobern, wenn er... in die Raumesanschauung wiederum das Geistige hineinbringt... Die Wissenschaft, die als anthroposophische Geisteswissenschaft das Raumesurteil... wiederum übersinnlich macht, arbeitet von unten nach oben, streckt gewissermaßen die Hände von unten nach oben aus, um die von oben nach unten ausgestreckten Hände des Michael zu erfassen... da kann die Brücke geschaffen werden zwischen den Menschen und den Göttern.» (17. Dezember 1922.)

Vierzehn Tage, nachdem diese Worte im Goetheanum gesprochen waren, lag der Bau in Schutt und Asche; er ist aus dem Erdenraum verschwunden. Unter den vielen Freunden, die in jener Nacht an Rudolf Steiners Seite gestanden hatten, befand sich auch George Adams.

Es war eine bitterste Schmerzerfahrung – ein Durchgang durch das *Nichts*. Doch Rudolf Steiner setzte die Arbeit ohne geringsten Unterbruch fort; die Vorträge gingen am nächsten Morgen weiter, und sogleich wurde mit der Planung des zweiten Goetheanum begonnen.

«Es wollte im Sinnenstoffe
Das Goetheanum vom Ewigen
In Formen zum Auge sprechen:
Die Flammen konnten den Stoff verzehren.
Es soll die Anthroposophie
Aus Geistigem ihren Bau
Zur Seele sprechen lassen:
Die Flammen des Geistes,
Sie werden sie erhärten.»

Aus einem Notizbuch von
Rudolf Steiner, April 1923

Rudolf Steiner hatte in einer auf Seite 136 zitierten Passage aus der Michael-Zeit desselben Jahres (14. September 1923) den Grundriß des Goetheanum mit den Druidenkreisen oberhalb von Penmaenmawr verglichen. Zwar war der Holzbau von den Flammen verzehrt worden, nicht aber dieser Grundriß, und so konnte das zweite Goetheanum – als eines der ersten Beispiele eines Spannbetonbaues – errichtet werden.

Der *Lebensimpuls* des Goetheanum war keineswegs zerstört, sondern vielmehr noch verstärkt worden, und am Ende des Jahres 1923, als die zwölf Heiligen Nächte wieder gekommen waren, legte Rudolf Steiner einen neuen Grundstein des Goetheanumimpulses – diesmal in Menschenherzen.

Die kleine Gruppe von Menschen, die mit Rudolf Steiner zusammen die Brandnacht erlebt hatte, war wiederum versammelt, und sie erlebte nun – bildhaft gesprochen –, wie er den Grundplan des Baues jetzt in die Herzen von Menschen versenkte. Während der sogenannten «Weihnachtstagung» begründete er jetzt eine Weltgesellschaft. Die Tagung dauerte vom Weihnachtsmorgen 1923 bis zum Abend des 1. Januars 1924. Während dieser Tage übergab Rudolf Steiner den Versammelten eine Meditation, die sogenannte «Grundstein-Meditation», und sprach erläuternde Worte dazu. Sie ist am Schluß dieses Buches wiedergegeben. [44]

Alle spirituellen Bewegungen haben ihren Grundstein. Petrus hatte seine Kirche auf einen Fels begründet. Der Stein dieser Weihnachtsgründung ist ein Pentagon-Dedekaeder, die Form, die nach Plato die Bezeichnung «Quinta Essentia» trägt.

In mantrischen Sprüchen, welche die Sprache der drei Stufen hierarchischer Wesen zum Erklingen bringen, legte Rudolf Steiner die Saat spiritueller Erneuerung in das Herz der Menschheit. Von diesem Zeitpunkt an kann sie jeder Mensch in freier und bewußter Weise in sich aufnehmen, wenn er erkennt, daß die heutige Menschheit die Aufgabe hat, den einseitigen Materialismus, der sich in die Wissenschaft, die Kunst und sogar in die Religion eingenistet hat, zu überwinden.

Diese Saat wird durch die Tat des Sonnenwesens in das unsichtbare Reich des menschlichen Geistes gelegt, zu dem Ahriman keinen Zutritt hat und in dem sie von Menschen jeglicher Rasse und jeglichen Glaubensbekenntnisses, wenn sie von gutem Willen für den Geist erfüllt sind, gefunden werden kann. In den Heiligen Nächten 1923/24 sind die Sonnenmysterien der Menschheit nahe gekommen.

Sich der Wirklichkeit der Trinität sowie der dreigliedrigen Menschennatur im wahren Lichte der Polarität und des Wechselspiels der verschiedenen Pole zu nähern heißt einen zeitgemäßen Erkenntnisweg zu beschreiten. Dieser Weg führt uns auch zu neuen Gemeinschaftsformen, in deren Rahmen der Kampf für die Freiheit des Gedankens, für die Menschenrechte sowie, auf der Wirtschaftsebene, für Brüderlichkeit fortgesetzt werden muß. Langsam und unter Schmerzen bewegt sich die Menschheit tastend auf eine dreigegliederte Sozialgestalt zu; sie voll zu realisieren wird noch viel arbeitsames Streben erfordern – arbeitsames Streben auf den verschiedensten Gebieten. Rudolf Steiner hatte ein unerschütterliches Vertrauen in die wahre Menschennatur, und den Weg, den die heutige Menschheit vor sich hat, kannte er aus tiefeigenster Erfahrung heraus.

Bereits im Jahre 1910 hatte Rudolf Steiner in München geäußert (15. März 1910):

«Wir gehen also einem Zeitalter entgegen, in welchem der Mensch, außer dem physisch-sinnlichen, seiner Erkenntnis gemäß noch ein geistiges Reich um sich hat. Der Führer aber in diesem neuen Reiche der Geister wird der ätherische Christus sein. Und die Menschen – welcher Religionsgemeinschaft, welchem Bekenntnis überhaupt sie auch angehören mögen –, sie werden, wenn sie diese Tatsachen in sich erfahren, dieses Christusereignis anerkennen. Die Christen sind dabei vielleicht in einer schwierigeren Lage als die Angehörigen mancher anderen Religion, wenn sie tatsächlich die Erfahrung des ätherischen Christus machen: Aber sie müssen versuchen, ebenso neutral dieses Christusereignis anzunehmen. Das wird gerade die Aufgabe sein, daß besonders aus dem Christentum heraus sich das Verständnis entwickelt für die Möglichkeit, hineinzuschreiten in die geistige Welt, ohne abhängig zu sein von irgendwelchem positiven Religionsbekenntnis, sondern allein durch die Kraft des guten Willens.»

Damit sind wir wieder am Ausgangspunkt unseres Themenkreises angelangt, wie er im zweiten Kapitel eröffnet worden ist, und zwar, wie wir hoffen, gleichsam auf einer höheren

Stufe der Kreisspirale. Durch die unermüdlichen, aufopfernden Anstrengungen unzähliger Menschen werden, so dürfen wir mit Zuversicht erwarten, die Wissenschaft, das soziale Leben wie auch die Angelegenheiten der Weltwirtschaft in immer stärkerem Maße verchristlicht werden.

«Des Geistes Sphäre ist der Seele Heimat;
Und der Mensch gelangt dahin,
Geht er den Weg des wahren Denkens,
Wählt er des Herzens Liebekraft
Zum starken Führer sich,
Und öffnet er den inneren Seelensinn
Der Schrift, die überall
Im Weltensein sich offenbaret,
Die er stets finden kann
Als Geistverkündigung
In allem, was da lebt und lebend wirkt,
In allen Dingen auch,
Die leblos sich im Raume breiten,
In allem, was geschieht
Im Werdestrom der Zeit.»

Von Rudolf Steiner individuell gegebenes Mantram, 1922

Epilog

In diesem Buch habe ich versucht, Rudolf Steiner selber zu Worte kommen zu lassen, um zu zeigen, mit welchem Ernst er von den Wissenschaftlern unter seinen Zuhörern die weitere Ausarbeitung der neueren Mathematik in bildhafter sowohl wie algebraischer Form erwartet hat, um auf diese Weise eine neue Anschauungsmöglichkeit in der Naturwissenschaft anzuwenden.

Ich habe versucht, ein Gebiet der höheren Mathematik auf eine anschauliche und nicht akademische Weise mehr allgemein zugänglich zu machen und zu zeigen, in wie viele Gebiete das Gedankenbild des «Gegenraums» – «Sonnenätherraums» – wie eine Lampe in finstere Gegenden scheint. Die Lampe muß aber gepflegt und angezündet werden.

Es handelt sich hier nicht um fertig ausgearbeitete Thesen oder Abhandlungen, sondern darum, auf einen *Übungsweg* hinzudeuten. Die Brücke soll immer weiter ausgebaut werden, die heute die moderne Naturwissenschaft und die Geisteswissenschaft Rudolf Steiners verbinden kann.

Brückenbauen ist ein vollmenschlicher Akt; es muß der ganze Mensch dabei sein. So lasse ich am Ende Rudolf Steiner wieder zu Worte kommen, wie er es einmal in Wien am 27. September 1923 ausgesprochen hat:

«Der Naturforscher wendet die Exaktheit auf das äußere Experiment, auf die äußere Beobachtung an; er will die Gegenstände so nebeneinander sehen, daß sie exakt im Messen, Zählen, Wägen ihre Geheimnisse offenbaren. Der Geistesforscher, von dem ich hier spreche, wendet die Exaktheit auf die Entwickelung der eigenen Seelenkräfte an. Was er aus sich macht, damit dann eine geistige Welt und mit ihr die ewige Wesenheit des Menschen, das Wesen der menschlichen Unsterblichkeit vor die Seele tritt, das was er aus sich macht, wird auf eine exakte Weise gemacht, um das Goethesche Wort zu gebrauchen. Bei jedem Schritt, den so der Geistesforscher macht, damit zuletzt die geistige Welt vor seinem Seelenauge ausgebreitet liege, fühlt er sich vor dem Erkenntnisgewissen so verantwortlich, wie nur der Mathematiker sich verantwortlich fühlt für jeden seiner Schritte; denn so wie dieser in voller Klarheit alles durchschauen muß, was er auf das Papier bringt, so muß der Geistesforscher in voller Exaktheit das durchschauen, was er aus seinen Erkenntniskräften macht. Dann weiß er, daß er mit derselben inneren Notwendigkeit ein ‹seelisches Auge› aus der Seele herausgeformt hat, wie die Natur aus dem Körperlichen ein körperliches Auge. Und er weiß, daß er mit demselben Recht von geistigen Welten reden darf, wie er für das physische Auge von physisch-sinnlichen Welten spricht. In diesem Sinne wird die Geistesforschung, von der hier die Rede ist, der Zeitforderung genügen, die mit der herrlichen Naturwissenschaft – deren Gegner diese Geistesforschung nicht ist, sondern die sie gerade weiter ausbilden will – gegeben ist ... Gerade so wie der Pflanzenkeim unsichtbar unter der Erde liegt, wenn wir ihn in die Erde gesenkt haben, wie aber aus ihm die Pflanze wird, so versenken wir in die Seele, gerade wenn wir gewissenhafte Naturforscher sind, einen Keim. Und wer ernsthafter Forscher in

Im dieser Beziehung ist, in dem ruht der Keim zur imaginativen, inspirierten und intuitiven Erkenntnis. Er braucht ihn nur zu entwickeln. Und er kann dann wissen: Wie die Naturwissenschaft eine Zeitforderung ist, so ist auch übersinnliche Forschung eine Zeitforderung. Man möchte sagen: Es spricht jeder, der aus dem Geiste der Naturwissenschaft spricht, auch im Geiste übersinnlicher Forschung, nur weiß er es nicht. Und was für viele Menschen heute ... eine unbewußte, tiefinnerste Sehnsucht ist – übersinnliche Forschung –, will sich aus dem Keim entfalten.»

Der Grundstein

Fassung der Grundsteinlegungs-Meditation nach der Handschrift
Rudolf Steiners für das Nachrichtenblatt «Was in der Anthroposophischen
Gesellschaft vorgeht», 1. Jg., Nr. 1 vom 13. Januar 1924

Menschenseele!
Du lebest in den Gliedern,
Die dich durch die Raumeswelt
In das Geistesmeereswesen tragen:
Übe Geist-Erinnern
In Seelentiefen,
Wo in waltendem
Weltenschöpfer-Sein
Das eigne Ich
Im Gottes-Ich
Erweset;
Und du wirst wahrhaft leben
Im Menschen-Welten-Wesen.

Denn es waltet der Vater-Geist der Höhen
In den Weltentiefen Sein-erzeugend:
Ihr Kräfte-Geister
Lasset aus den Höhen erklingen,
Was in den Tiefen das Echo findet;
Dieses spricht:
Aus dem Göttlichen weset die Menschheit.
Das hören die Geister in Ost, West, Nord, Süd:
Menschen mögen es hören.

Menschenseele!
Du lebest in dem Herzens-Lungen-Schlage,
Der dich durch den Zeitenrhythmus
In's eigne Seelenwesensfühlen leitet:
Übe Geist-Besinnen
Im Seelengleichgewichte,
Wo die wogenden
Welten-Werde-Taten
Das eigne Ich
Dem Welten-Ich
Vereinen;
Und du wirst wahrhaft fühlen
Im Menschen-Seelen-Wirken.

Denn es waltet der Christus-Wille im Umkreis
In den Weltenrhythmen Seelen-begnadend:
Ihr Lichtes-Geister
Lasset vom Osten befeuern,
Was durch den Westen sich formet;
Dieses spricht:
In dem Christus wird Leben der Tod.
Das hören die Geister in Ost, West, Nord, Süd:
Menschen mögen es hören.

Menschenseele!
Du lebest im ruhenden Haupte,
Das dir aus Ewigkeitsgründen
Die Weltgedanken erschließet:
Übe Geist-Erschauen
In Gedanken-Ruhe,
Wo die ew'gen Götterziele
Welten-Wesens-Licht
Dem eignen Ich
Zu freiem Wollen
Schenken;
Und du wirst wahrhaft denken
In Menschen-Geistes-Gründen.

Denn es walten des Geistes-Weltgedanken
Im Weltenwesen Licht-erflehend:
Ihr Seelen-Geister
Lasset aus den Tiefen erbitten,
Was in den Höhen erhöret wird;
Dieses spricht:
In des Geistes Weltgedanken erwachet die Seele.
Das hören die Geister in Ost, West, Nord, Süd:
Menschen mögen es hören.

In der Zeiten Wende
Trat das Welten-Geistes-Licht
In den irdischen Wesensstrom;
Nacht-Dunkel
Hatte ausgewaltet;
Taghelles Licht
Erstrahlte in Menschenseelen;
Licht,
Das erwärmet
Die armen Hirtenherzen;
Licht,
Das erleuchtet
Die weisen Königshäupter.

Göttliches Licht,
Christus-Sonne
Erwärme
Unsere Herzen;
Erleuchte
Unsere Häupter;
Daß gut werde,
Was wir
Aus Herzen gründen,
Was wir
Aus Häuptern führen
Wollen.

Anmerkungen

1 Johnson, englischer Schriftsteller, 1709–1784.

1a Rudolf Steiner nannte seine Lehre *Anthroposophie*. Sie ist ein moderner geisteswissenschaftlicher Erkenntnisweg, der zu einem Verständnis der Beziehung des Menschen zu den materiellen wie den geistigen Aspekten des Lebens führt. Obwohl die Anthroposophie keine religiöse Lehre ist, erkennt sie im christlichen Mysterium der Vergangenheit, der Gegenwart und der Zukunft das Zentralmysterium aller Religionen. Das Wort *Anthropos* bedeutet Mensch, *Sophia* Weisheit.

Das Sekretariat am Goetheanum (4143 Dornach) kann über die Zentren anthroposophischer Arbeit in der ganzen Welt näher informieren. Diese Arbeit umfaßt unter anderem den Bereich der Erziehung, der Medizin, der Landwirtschaft und wird von den verschiedenen anthroposophischen Landesgesellschaften geführt.

2 Zur Terminologie: Rudolf Steiner mußte sich in schöpferischer Art der deutschen Sprache bedienen, um für die von ihm unmittelbar erlebte Geistrealität entsprechende Ausdrücke zu finden oder zu prägen; die anderen Sprachen sind hierzu viel zu starr und formalistisch geworden. Er wählte die deutsche Sprache als Ausdrucksmittel, weil diese Sprache immer noch formbar ist, und obwohl er zweifellos auch auf Englisch hätte Vorträge halten können, hat er dies stets mit der Begründung abgelehnt, es sei schon schwer genug, die Worte der geistigen Welt in das Deutsche zu übersetzen!

George Adams war Rudolf Steiner durch die schwierige Aufgabe, die Anthroposophie in der englischsprechenden Welt einzuführen, eng verbunden. Er hat zu Rudolf Steiners Lebzeiten über hundert Vorträge übersetzt, war oft dabei, wenn persönliche Aussprachen arrangiert wurden und hatte reiche Gelegenheit, sich mit Rudolf Steiner über die Probleme einer Übersetzung ins Englische persönlich zu beraten.

So bat Rudolf Steiner beispielsweise, «Philosophie der Freiheit» mit «Philosophy of Spiritual Activity» zu übersetzen, weil es unmöglich sei, den Gehalt des deutschen «Freiheit» durch ein Wort wiederzugeben, das mit dem Suffix «-dom» endigt. – «-heit» bezeichnet nämlich einen gewissen Rang, ein individuelles Erreichnis, während in «-Dom» das lateinische «domus» und das deutsche «Dom» und damit ein gruppenhaftes, gemeindehaftes Element mitschwingt. In ähnlichem Sinne gab George Adams dem schönen englischen Ausdruck *ethereal* vor dem häßlich klingenden *etheric* den Vorzug. Wer etwas Empfindung für das Eigenwesen der Sprachlaute hat, wird leicht einsehen, daß der Lebenslauf l am Wortende in der Tat das Wesen des Ätherischen viel adäquater ausdrückt als das materiell-bodenständige k. Auch sollte nach einer Bemerkung Rudolf Steiners das deutsche Wort *Bewußtseinsseele* nicht mit dem schwerfälligen *Consciousness Soul*, sondern mit dem Ausdruck *Spiritual Soul* übersetzt werden.

George Adams hielt sich ferner nicht immer sklavisch an die klassische mathematische Terminologie, wie wir sie in den neuen wie auch in den klassischen Lehrbüchern der synthetischen oder projektiven Geometrie finden, sondern machte gelegentlich von einer freieren und mehr bildhaften Terminologie Gebrauch (vergleiche Kapitel IV).

3 A. N. Whitehead, Mathematics, in: Alfred North Whitehead, Science and Philosophy, New York 1974. S. 285.

4 René Descartes (Cartesius): Siehe F. Cajori, A History of Mathematics, New York 1901. Cajori zitiert einen Brief an Mersenne, in dem sich Descartes dafür entschuldigt, daß er selbst auf dem Gebiet reiner Mathematik nicht mit allen Fasern seines Wesens dieselbe Richtung wie seine Freunde Girard Desargues und Blaise Pascal verfolge. Descartes war mehr daran interessiert, eine mathematische Methode auszuarbeiten, die sich unmittelbar in der Physik anwenden läßt, wie sie sich damals zu entwickeln begann.

In bezug auf das mathematisch-*imaginäre* Gebiet, welches im 19. Jahrhundert erschlossen wurde, siehe die Bibliographie, zum Beispiel unter Adams, Locher, Edwards.

5 Erstmals von George Adams veröffentlicht in: Anthroposophical Quarterly (heute in Anthroposophy Today umbenannt).

6 Die neue Kunst der Eurythmie, die Rudolf Steiner geschaffen hat, und auch die neue Form der Gymnastik (vergleiche Anmerkung 20), die er förderte – er half Fritz Graf von Bothmer, sie für Schulkinder aufzubauen –, beruhen auf dem Verständnis und dem Erleben von ätherischen, ebenhaften Kräften des *Lebendigen*, die im Wechselspiel stehen mit den herabziehenden Gravitationskräften. Die einseitige Betrachtung der menschlichen

Bewegung, die sich allein auf die physisch-mechanische Auffassung von den Teilen des Körpers stützt, ist damit überholt. Beide Aspekte gehören natürlich zusammen, und es zeigt sich immer deutlicher, daß die einseitige Auffassung der menschlichen Bewegung, wie sie beispielsweise im heutigen Sport in übertriebener Weise zum Ausdruck kommt, sowohl für Körper wie Geist von degenerierendem Einfluß ist. Viele Krankheiten, wie zum Beispiel Rückgratbeschwerden, rühren von der die Seele beherrschenden Vorstellung her, der Körper sei allein den Gravitationsgesetzen unterworfen wie die mechanischen Bewegungen, die im dreidimensionalen Raum stattfinden. Eine wahre Vorstellung der lebendigen Kräfte, die in der Ätherwelt wirken, könnte in diesem Bereich wohltätig wirken. Die lichterfüllte Imagination eines ebenenhaften, levitationsmäßig wirkenden Raumes kann einen mächtigen Einfluß auf den physischen Leib ausüben.

7 Siehe Kapitel VIII und IX dieses Buches.

8 Goethes einführende Untersuchungen der Pflanzenmorphologie kommen in besonderer Art in seinen Aufsätzen Die Metamorphose der Pflanze und Über die Spiraltendenz der Vegetation zur Darstellung.
Siehe dazu: Rudolf Steiner, Goethes Naturwissenschaftliche Schriften, 3. Aufl., Dornach 1973.

9 Die Lemniskate vor Bernoulli: Für jeden Punkt dieser Achterkurve ist das Multiplikationsresultat der Abstände zu den beiden Brennpunkten konstant. Dieses Gesetz nimmt keine Rücksicht auf die besondere Qualität der beiden Schlaufen und Brennpunkte. Rudolf Steiner verwendet diese Kurve respektive bestimmte Abwandlungen von ihr immer wieder, um eine Vorstellung von qualitativ *gegensätzlichen Kräften* und Prozessen hervorzurufen. Auf Tafel II und Abbildung 35 entstehen die Kurven im Wechselspiel von zentrisch und peripherisch, das heißt punktweise und tangentiell erzeugten Kreisen. Die beiden Brennpunkte werden dadurch zu Bildern von *qualitativ gegensätzlichen* Punkten: Der eine ist zentrischer Natur, der andere wirkt als *innere Unendlichkeit* oder *Sternenpunkt* (als Punkt von Linien). Die Farbtönung betont die qualitative Polarität und bringt den konvexen und den konkaven (zentrischen und peripherischen) Aspekt der beiden Bereiche zur Erscheinung. Die Cassini-Ovale außerhalb der Lemniskate werden immer kreisförmiger, bis sie schließlich zu einem Kreis im Unendlichen (welcher eine gerade Linie ist) werden. Die eiförmigen Kurven werden, wenn sie nach außen streben, mit der Lemniskate zusammenfallen, während sie, wenn sie nach innen streben, in die beiden Brennpole fallen. Das Gesetz des gemeinsamen Multiplikators zeigt, daß jedes Gegensatzpaar von Eikurven in Wirklichkeit *eine einzige* Kurve ist, die nur in ihrer bildhaften Darstellungsweise als geteilt *erscheint*. (Näheres dazu ist in den Anmerkungen zu Kapitel VI des Buches Die Pflanze in Raum und Gegenraum angegeben.)

10 Zur lemniskatischen Raumbildung siehe: Rudolf Steiner, Das Verhältnis der verschiedenen naturwissenschaftlichen Gebiete zur Astronomie, Vorträge vom 1. bis 18. Januar 1921, GA 323. 2. Aufl., Dornach 1983.

11 Valborg Werbeck-Svärdström, Die Schule der Stimmenthüllung, Dornach 1969. Die erste Auflage dieses Buches erschien 1938, zu einem Zeitpunkt, als Valborg Werbeck im Rudolf Steiner House in London anfing, Kurse in Stimmbildung zu geben.

12 Abbildung 43 zeigt ein Eurythmie-Gruppenbild mit Isabella de Jaager und Marie Savitch aus dem Jahre 1924. Eurythmie ist die neue, von Rudolf Steiner geschaffene Bewegungskunst, die er als «sichtbare Sprache» und «sichtbaren Gesang» bezeichnete (vergleiche Anmerkung 6).

13 Rudolf Steiner baute sein Bild des Menschen als eines dreigegliederten Wesens auf die Dreigliederung von Denken, Fühlen und Wollen sowie, in physiologischer Hinsicht, von Kopf-, Herz- und Gliedmaßen-System auf; durch *dieses* Menschenbild erfährt das heute verbreitete zweigliedrige Menschenbild (Seele/Leib resp. Geist/Leib) seine Ergänzung. Rudolf Steiners detailliertes spirituelles und physiologisches Wesensbild des Menschen, das seiner gesamten Weltanschauung zugrunde liegt, ist zugleich dasjenige Element dieser Anschauung, welches in seinen eigenen Augen etwas wirklich Neues darstellt.

14 Die Gravitationskraft ist eine im Erdenelement herrschende Kraft. Gehen wir von diesem Element zu den Elementen des Wassers, der Luft und der Wärme oder Hitze über, so können wir sehen, daß ihre Macht um so mehr abnimmt, je mehr sich das Physisch-Substantielle verliert. Steiner beschreibt vier Ätherarten (nicht mit der «Äther»-Vorstellung zu verwechseln, die im 19. Jahrhundert blühte) und stellt ihren Zusammenhang mit der ätherischen Welt dar. Er nennt sie: Lebensäther, chemischen Äther, Lichtäther und Wärmeäther. Die Kraft, die im Übergang vom Wasser zur Wärme immer dominanter wird, ist die «negative Gravitationskraft», die er mit dem Ausdruck «Leichte» bezeichnet.
Diese Kraft wirkt der Schwerkraft entgegen und herrscht im Gebiet der sogenannten Äther. In seinen naturwissenschaftlichen Vorträgen zeigt Rudolf Steiner, welche Richtung die Naturwissenschaft einschlagen muß, um diese Kräfte selbst innerhalb des Substanzbereiches als wirksam zu erkennen. Die «Universalkräfte» wirken bis in die physische Substanz hinein und spielen infolgedessen auch auf dem Gebiet der Mechanik eine Rolle (siehe dazu Adams und Gschwind in der Bibliographie).

15 Leonhard Nilsson, Ein Kind entsteht. München 1984. Illustrationen von Bernt Forshland.

16 Wolfgang Schaumann, der für die Bewegung der biologisch-dynamischen Anbauweise in Deutschland verantwortlich ist, stellte diese Mikroskopaufnahmen von Wachstumspunkten für dieses Buch zur Verfügung.

17 Frits Wilmar, Vorgeburtliche Menschwerdung, Stuttgart 1979.

156

18 Die abgedruckte Wiedergabe von Rudolf Steiners Skizze, die er während des Haager Vortragskurses im April 1922 anläßlich einer Fragebeantwortung anfertigte, ist nur im Umriß ausgeführt; die Schattierung habe ich selbst hinzugefügt.

19 Die «zweimal gebogene Fläche» ist eine Formidee, die für Steiners künstlerische Konzipierung der Goetheanum-formen, bei welchen «positive» und «negative» Flächen in dauerndem Wechselspiel stehen, von grundlegender Bedeutung ist. Dies ist die Art, wie er die Gesetze und Qualitäten der ätherischen Welt in Kunstformen umsetzt, die natürlich wie alle bildhauerischen oder architektonischen Formen im physischen Raum erscheinen müssen. Die «zweimal gebogene Fläche» wird in der mathematischen Darstellung einer «projektiven Ebene», die im Gegensatz zu einer endlichen Ebene keine Ober- und Unterseite hat, exakt erfaßt. Von daher die Lemniskaten-Wende (das «Möbius-Band»), die eine Eigenschaft einer projektiven Ebene. Dieses Phänomen erfordert eingehendere Untersuchungen, wie sie in der Bibliographie angegeben sind.

20 Die Eurythmie erhält und bildet im Kind das ätherische, antigravitationsartige Erleben der menschlichen Bewegung (vergleiche Anmerkung 6). Dies kann auch die Bothmer-Gymnastik leisten, insofern Bothmers Beschreibungen des *Raumes*, in welchem die Bewegung stattfindet, wirklich verstanden werden. Siehe: Fritz von Bothmer, Gymnastische Erziehung, Stuttgart 1981.

21 Zu Goethes «Spiraltendenz» siehe: Adams, Die Pflanze in Raum und Gegenraum (in der Bibliographie).

22 Aus: The Anatomical Drawings of Andreas Vesalius, New York 1982.

23 «Ich weiß es in meinen Knochen.» Vergleiche Rudolf Steiners Vortrag vom 7. Januar 1924 (siehe Bibliographie).

24 Rudolf Steiner, Die Geheimwissenschaft im Umriß, GA 13, 29. Aufl., Dornach 1977.

25 Siehe Rudolf Steiner: Christus im Verhältnis zu Luzifer und Ahriman. Die dreifache Wesensgestaltung. Linz, 18. Mai 1915. In: Das Geheimnis des Todes. GA 59/160. 2. Aufl., Dornach 1980.

26 Hinweise auf einen Raum dieser Art mit Prozessen, die im polaren Verhältnis zu den irdischen Kräften stehen, erschienen in Vorträgen des öfteren, besonders nach 1919, unter anderem in folgenden Vorträgen:
Die Wissenschaft vom Werden des Menschen, GA 183, 1. Aufl., Dornach 1967; Vortrag vom 26. August 1918.
Geisteswissenschaftliche Impulse zur Entwickelung der Physik. GA 321, 3. Aufl., Dornach 1982; Stuttgart 1. bis 4. März 1920.
Das Verhältnis der verschiedenen naturwissenschaftlichen Gebiete zur Astronomie. GA 323, 2. Aufl., Dornach 1983; Stuttgart 1. bis 18. Januar 1921 (Vorträge 15 und 16). Menschenwerden, Weltenseele und Weltengeist, GA 206, 1. Aufl., Dornach 1967. Dornach, 22. Juli bis 20. August 1921.

27 Rudolf Steiner Initiationswissenschaft und Sternenerkenntnis. GA 228, 1. Aufl. Dornach 1964.

28 Anleitungen für Herstellung und Benutzung biologisch- dynamischer Präparate sind am Goetheanum zu erfragen. Siehe Anmerkung 1a.

29 Lawrence Edwards unterrichtete als Klassen- und Mathematiklehrer seit den 40er Jahren an der Rudolf-Steiner-Schule Edinburgh. Er suchte regelmäßig George Adams auf, um bis zu dessen Tod im Jahre 1963 mit ihm zu arbeiten. Er hat als erster in praktischer Weise nachgewiesen, wie wirklichkeitsgemäß die Idee von Lebensräumen an den Wachstumspunkten von Pflanzen ist (siehe Bibliographie).

30 John Wilkes leitet die Bildhauerschule im Rahmen des Emerson College, Forest Row, England, und ist Begründer des *Wirbela Flow Design Research Institute*.

31 Grundlegend für George Adams' wissenschaftlichen Impuls ist der morphologische, bildgestaltende Aspekt der synthetischen Geometrie. Adams schätzte D'Arcy Wentworth Thompsons On Growth and Form (Cambridge 1942) und Theodore Andrea Cooks The Curves of Life (Constable, 1914) sehr, mehr noch aber das wenig bekannte Werk des schottischen Arztes, Chirurgen und Anatomen J. Bell Pettigrew, der drei reich illustrierte Bände mit dem Titel Design in Nature verfaßte (Longmans, 1908). Adams interessierte sich vor allen Dingen für Pettigrews Untersuchungen der Flugdynamik von Vögeln und der Fortbewegung bei Tieren und Menschen, welche zeigten, daß ihnen eine Lemniskaten-Form innewohnt. Seine Phantasie wurde auf das stärkste durch Pettigrews Entdeckung im Jahre 1858 angeregt, daß die Muskelfasern des Herzens in sieben Schichten übereinandergelegt sind, wobei die Richtung der Fasern eine Form bildet, die ihn zutiefst interessierte. Infolge von Lawrence Edwards' Entdeckung nach Adams' Tod wissen wir heute, daß die Wegkurvenflächen, die Adams untersuchte, tatsächlich auch in den Formen des menschlichen Herzens erscheinen.

32 Man nehme ein Wachstumsmaß (Abbildung 20, Kapitel IV) und verwandle es durch eine Projektion, so daß die Funktion des unendlich fernen Punktes von einem endlichen Punkt übernommen wird. Dies ist der Maßtypus, der sowohl in der Aufeinanderfolge der Wirbel wie auch — wenn dies auch nicht immer so deutlich zu sehen ist — in der Aufeinanderfolge von Blättern einer Pflanze zwischen dem Hypocotyl und dem Kelch zum Ausdruck kommt. So erscheint die Vertikalachse sowohl beim Menschen als auch beim Tier wie bei der Pflanze als Linie, die als innere Unendlichkeit zwischen zwei Punkten funktioniert, die beide als funktionell unendlich betrachtet werden können.

33 Siehe die Arbeiten von Lili Kolisko, Ehrenfried Pfeiffer, Agnes Fife, Rudolf Hauschka, A. und O. Selawry und anderen, wobei die jüngsten Publikationen A. Selawrys Buch Metall-Funktionstypen in Psychologie und Medizin (Heidelberg 1985) sowie die Erinnerungen von Ehrenfried Pfeiffer (Dornach 1987) sind.

34 Thomas Meyer, D. N. Dunlop, ein Zeit- und Lebensbild, Dornach 1987.

35 Evelyn Fox Keller, A Feeling for the Organism. The Life and Work of Barbara McClintock, New York 1987.

36 Siehe zum Beispiel Frits Wilmar, Vorgeburtliche Menschwerdung, Stuttgart 1979, und J. W. Roden, Funktionelle Anatomie des Nervensystems, Stuttgart/New York 1985.

37 David Bohm, Wholeness and the Implicite Order, London 1984 (deutsch: Die implizite Ordnung, München 1985); Causality and Chance in Modern Physics, London 1984; Rupert Sheldrake, A New Science of Life, Granada 1981. Briggs and Peat, Looking Glass Universe, New York 1984.

38 D. H. und M. P. Tarling, Continental Drift, a Study of the Earth's Moving Surface (deutsch: Kontinental Drift, Stuttgart 1985). Hans Ulrich Schmutz, Die Tetraeder-Struktur der Erde, Stuttgart 1986.

39 Vergleiche Anmerkung 26. Für Steiners Anschauung ist die Sonne das Herz unseres Weltalls und das menschliche Herz eine mikroskopische Sonne. Beide haben ihre irdischen und ihre kosmischen Aspekte, die in einem polar-reziproken Verhältnis stehen. Durch die Betrachtung des dreigliedrigen Menschen im Lichte der Sonnen-Erde-Polarität – das heißt unter Berücksichtigung der kosmischen *und* irdischen Aspekte des Haupt- und des Gliedma-ßen-Systems, wobei das Herz die ausgleichende Mitte bildet – nähern wir uns dem Michael-Geheimnis, und zwar auf eine Art, in der dieses Geheimnis heute zu uns sprechen kann. In seinen anthroposophischen Leitsätzen. 31. August 1924 (siehe Bibliographie) schrieb Steiner: «Was im Zeichen des Materialismus als Naturerkenntnis gewonnen worden ist, kann in geistgemäßer Art im inneren Seelenleben erfaßt werden. Michael, der ‹von oben› gesprochen hat, kann ‹aus dem Innern›, wo er seinen neuen Wohnsitz aufschlagen wird, gehört werden. Mehr imaginativ gesprochen, kann dies so ausgedrückt werden: Das Sonnenhafte, das der Mensch durch lange Zeiten nur aus dem Kosmos in sich aufnahm, wird im Innern der Seele leuchtend werden. Der Mensch wird von einer ‹inneren Sonne› sprechen lernen. Er wird sich deshalb in seinem Leben zwischen Geburt und Tod nicht weniger als Erdenwesen wissen; aber er wird das auf der Erde wandelnde eigene Wesen als *sonnengeführt* erkennen. Er wird als Wahrheit empfinden lernen, daß ihn im Innern eine Wesenheit in ein Licht stellt, das zwar auf das Erdendasein leuchtet, aber nicht in diesem entzündet wird. Im Anbruche des Michael-Zeitalters mag es noch so scheinen, als ob dies alles der Menschheit recht ferne liegen könne; doch es ist ‹im Geiste› nahe; es muß nur ‹gesehen› werden. Von dieser Tatsache, daß die Ideen des Menschen nicht nur ‹denkend› bleiben, sondern im Denken ‹sehend› werden, hängt unermeßlich viel ab.»

40 Georg Blattmann, Die Sonne – Gestirn und Gottheit, Stuttgart 1972.

41 Siehe unter Rudolf Steiner in der Bibliographie.

42 Hella Krause-Zimmer, Die zwei Jesusknaben in der bildenden Kunst, Stuttgart 1977.

43 In den vergangenen Jahrzehnten ist wieder erneutes Interesse für die alten Druidenkulte erwacht, oft allerdings in sehr trivialisierter Form, in der der Einfluß der beiden Widersachermächte Luzifer und Ahriman deutlich gespürt werden kann, insofern durch diesen Einfluß eine sehr bedeutsame Wahrheit degradiert wird, die sich auf die Menschheitsentwicklung bezieht. Rudolf Steiner weist immer wieder auf das Rosenkreuzertum hin, denn Anthro-posophie ist ja dessen zeitgemäße Gestalt. In einem Zyklus von zehn Vorträgen, die er im Juni 1909 in Budapest hielt (in: GA 109 und 111, 2. Aufl., Dornach 1979), stellte Rudolf Steiner dar, wie die große Individualität des Christian Rosenkreutz voraussah, welche Anforderungen die heraufziehende Ära des rationalistischen Denkens an den Menschen stellen würde, und er erkannte, daß es in dieser Zeit nötig werden würde, die Geisterkenntnis in einer Form zu vertreten, die dem modernen Zeitalter entspricht. «Die Rosenkreuzer hatten zu arbeiten für ein Zeitalter, das mathematisch denken muß. Sie mußten in diesem Sinne ihre Vorbereitungen treffen, mußten daher auch am meisten mißverstanden werden» (3. Juni 1909). Das Verhältnis der Entwicklung der Mathematik zur Enthüllung rosenkreuzerischen Weisheitsgutes innerhalb der Anthroposophie ist ebenfalls noch wenig verstanden geblieben. Im Vortragszyklus, den Rudolf Steiner im Januar 1924 hielt (Mysterienstätten des Mittelalters, GA 233 a, 4. Aufl., Dornach 1980), charakterisierte er die polaren Erlebnisformen, die ein Schüler der ursprünglichen Rosenkreuzerschule im 13. Jahrhundert durchzumachen hatte. Es handelt sich dabei nicht um einen östlichen, sondern um einen westlichen Erkenntnisweg. Rudolf Steiner betont, daß bei dieser Schulung keinerlei mediumisti-sche Erfahrungen eine Rolle spielten, sondern die Fähigkeiten des klaren und objektiven Denkens und Wahrneh-mens im Vordergrund standen, wie die Menschheit sie nun auszubilden hatte. «Es war ein ganz intensives Bemühen, erst in den Menschen unterzutauchen und dann durch das Untertauchen in den Menschen hinauszu-kommen über den Menschen in die Geheimnisse des Kosmos hinein.» (5. Januar 1924.) Dieser moderne Erkenntnisweg führt die Seele auch zur Erkenntnis der in der Natur lebenden Elementarwesen.

44 Der «Grundstein» ist eine Meditation, die den Grundstein zur Umwandlung der alten Mysterien in eine moderne und zeitgemäße Form darstellt. Rudolf Steiner gab sie während der Gründungsversammlung der Allgemeinen Anthroposophischen Gesellschaft ein Jahr nach dem Brand des ersten Goetheanums. Diese Versammlung fand zwischen dem 24. Dezember 1923 und dem 1. Januar 1924 statt.
Zu empfehlen sind zu diesem Thema die beiden Schriften: Jörgen Smit, Geistesschulung und Lebenspraxis, und Athys Floride, Stufen der Meditation, beide 1987 im Verlag am Goetheanum erschienen.

Literatur

Werke von Rudolf Steiner (im Text erwähnt)

1883–1897 Goethes Naturwissenschaftliche Schriften (Sonderausgabe sämtlicher Einleitungen zu den naturwissen-schaftlichen Schriften Goethes innerhalb der Deutschen National-Literatur, herausgegeben von Joseph Kürschner, GA 1, 3. Aufl. Dornach 1973).
1894 Die Philosophie der Freiheit, GA 4, 14. Aufl. Dornach 1978.
1901 Die Mystik im Aufgange des neuzeitlichen Geisteslebens und ihr Verhältnis zur modernen Weltanschau-ung, GA 7, 5. Aufl. Dornach 1960.
1902 Das Christentum als mystische Tatsache und die Mysterien des Altertums, GA 8, 8. Aufl. Dornach 1976.
1904 Wie erlangt man Erkenntnisse der höheren Welten?, GA 10, 22. Aufl. Dornach 1975.
1910 Die Geheimwissenschaft im Umriß, GA 13, 26. Aufl. Dornach 1977.
1910–1913 Vier Mysteriendramen, GA 14, 4. Aufl. Dornach 1981.
1913 Die Schwelle der geistigen Welt, GA 17, 6. Aufl. Dornach 1972.
1919 Die Kernpunkte der sozialen Frage, GA 23, 6. Aufl. Dornach 1976.
Die Grundsteinlegung der Allgemeinen Anthroposophischen Gesellschaft 1923/24. Sonderausgabe der Grundsteinmeditation und ihren verschiedenen Rhythmen, aus GA 260, 5. veränderte Auflage, Dornach 1986.
1923–1925 Mein Lebensgang, GA 28, 8. Aufl. Dornach 1982
1924–1925 Anthroposophische Leitsätze, GA 26, 8. Aufl. Dornach 1982.
1925 und Ita Wegman, Grundlegendes für eine Erweiterung der Heilkunst nach geisteswissenschaftlichen Erkenntnissen, GA 27, 5. Aufl. Dornach 1977.

Vorträge von Rudolf Steiner (im Text erwähnt), erschienen innerhalb der Rudolf Steiner Gesamtausgabe (GA) in Dornach.

18.–31. 5. 1908	Hamburg	Das Johannes-Evangelium, GA 103, 10. Aufl. 1981.
3. 6. 1909	Budapest	In: Das Prinzip der spirituellen Ökonomie im Zusammenhang mit Wie-derverkörperungsfragen, GA 109/111, 2. Aufl. 1979.
5. 6. 1909	Budapest	a. a. O.
27. 2. 1910	Köln	In: Das Ereignis der Christus-Erscheinung in der ätherischen Welt, GA 118, 2. Aufl. 1977.
15. 3. 1910	München	a. a. O.
5.–14. 10. 1911	Karlsruhe	Von Jesus zu Christus, GA 131, 6. Aufl. 1982.
2. 10. 1913	Oslo	In: Aus der Akasha-Forschung, das Fünfte Evangelium, GA 148, 3. Aufl. 1980.
3. 10. 1913	Oslo	a. a. O.
5. 10. 1913	Oslo	a. a. O.
6. 10. 1913	Oslo	a. a. O.
17. 12. 1913	Köln	a. a. O.
18. 12. 1913	Köln	a. a. O.
7. 6. 1914	Dornach	In: Wege zu einem neuen Baustil, GA 286, 2. erw. Aufl. 1982.
17. 6. 1914	Dornach	a. a. O.
21. 11. 1914	Dornach	In: Die Welt als Ergebnis von Gleichgewichtswirkungen, GA 158, 2. Aufl. 1980.
26. 8. 1918	Dornach	In: Die Wissenschaft vom Werden des Menschen, GA 183, 1. Aufl. 1967.
30. 11. 1919	Dornach	In: Die Sendung Michael, GA 194, 3. Aufl. 1983.
1.–14. 3. 1920	Stuttgart	Geisteswissenschaftliche Impulse zur Entwicklung der Physik, GA 321, 2. Aufl. 1982
29. 9. 1920	Dornach	In: Grenzen der Naturerkenntnis, GA 322, 5. Aufl. 1981
30. 9. 1920	Dornach	a. a. O.

15. und 16. 1. 1921	Stuttgart	In: Das Verhältnis der verschiedenen naturwissenschaftlichen Gebiete zur Astronomie, GA 323, 2. Aufl. 1983.
5. 4. 1921	Dornach	In: Die befruchtende Wirkung der Anthroposophie auf die Fachwissenschaften, GA 76, 2. Aufl. 1977.
6. 4. 1921	Dornach	a. a. O.
8. 4. 1922	Den Haag	In: Die Bedeutung der Anthroposophie im Geistesleben der Gegenwart, Dornach 1957. (GA 82 in Vorbereitung.)
9. 4. 1922	Den Haag	a. a. O.
10. 4. 1922	Den Haag	a. a. O.
14. 4. 1922	London	In: Das Sonnenmysterium und das Mysterium von Tod und Auferstehung, GA 211, 1963.
24. 4. 1922	London	a. a. O.
28. 7. 1922	Dornach	In: Das Geheimnis der Trinität, GA 214, 2. Aufl. 1980.
9. 8. 1922	Dornach	a. a. O.
22. 8. 1922	Oxford	a. a. O.
1. 12. 1922	Dornach	In: Das Verhältnis der Sternenwelt zum Menschen und des Menschen zur Sternenwelt – Die geistige Kommunion der Menschheit, GA 219, 4. Aufl. 1976.
17. 12. 1922	Dornach	a. a. O.
14. 8. 1923	Ilkley	In: Gegenwärtiges Geistesleben und Erziehung, GA 307, 4. Aufl. 1973.
14. 9. 1923	Stuttgart	In: Initiationswissenschaft und Sternenerkenntnis, GA 228, 1964.
27. 9. 1923	Wien	In: Was wollte das Goetheanum und was soll die Anthroposophie? GA 84, 1961.
26. 10. 1923	Dornach	In: Der Mensch als Zusammenklang des schaffenden, bildenden und gestaltenden Weltenwortes, GA 230, 5. Aufl. 1978.
2. 11. 1923	Dornach	a. a. O.
3. 11. 1923	Dornach	a. a. O.
23. 11. 1923	Dornach	In: Mysteriengestaltungen, GA 232, 3. Aufl. 1974.
4.–7. 1. 1924	Dornach	In: Meditative Betrachtungen und Anleitungen zur Vertiefung der Heilkunst, GA 316, 2. Aufl. 1980.
15. 8. 1924	Torquay	In: Die Kunst des Erziehens aus dem Erfassen der Menschenwesenheit, GA 311, 4. Aufl. 1979.
27. 8. 1924	Torquay	a. a. O.
18. 9. 1924	Dornach	In: Die Schöpfung der Welt und des Menschen – Erdenleben und Sternenwirken, GA 354, 2. Aufl. 1977.

Werke von anderen Autoren

Adams, George (1933): Von dem ätherischen Raume, 2. Aufl. Stuttgart 1981.
ders. (1934): Strahlende Weltgestaltung, synthetische Geometrie in geisteswissenschaftlicher Beleuchtung, 2. Aufl. Dornach 1965.
ders. Gesammelte Aufsätze (1926–1963): Grundfragen der Naturwissenschaft, Stuttgart 1979.
ders. Zwei Aufsätze (1938 und 1955): Das Rosenkreuzertum als Mysterium der Trinität, Stuttgart 1981.
ders. Gesammelte Aufsätze (1936–1946): Nature ever New, Spring Valley 1980.
ders. Studien-Material (1956–1959): Universalkräfte in der Mechanik, Dornach 1973.
ders. Studien-Material (1956–1959): Letter from George Adams, London 1978.
ders. Studien-Material (1956–1959): Lemniskatische Regelfläche in Raum und Gegenraum, Dornach (in Vorbereitung).
ders. und Olive Whicher (1952): Die Pflanze in Raum und Gegenraum, 3. erweiterte Aufl. Stuttgart 1979.
Adler, Claire Fischer (1958): Modern Geometry, 2. Aufl. New York 1967.
Bernhard, Arnold: Projektive Geometrie, aus der Raumanschauung zeichnend entwickelt, Stuttgart 1984.
Blattmann, Georg: Die Sonne, Gestirn und Gottheit, Stuttgart 1972.
Bockmühl, Jochen, u. a., Erscheinungsformen des Ätherischen, Stuttgart 1977.
Bothmer, Fritz Graf v.: Gymnastische Erziehung, Hrsg. Gisbert Husemann, 2. Aufl. Stuttgart 1981.
Bohm, David (1980): Wholeness and the Implicate Order, London 1984, Die Implizite Ordnung, München 1985.
Briggs, John und Peat, David (1984): Looking Glass Universe: The Emerging Science of Wholeness, London 1985.

Davy, John: Hope, Evolution and Change, Selected Essays, Stroud 1985.

Edmunds, L. F. E.: Anthroposophy, Forest Row 1982.

Edwards, Lawrence: Geometrie des Lebendigen, Vom Erleben gestaltbildender Naturkräfte, Stuttgart 1986.

Floride, Athys: Stufen der Meditation, Dornach 1987.

Fritzsch, Charlotte: Tropfenbilder, Stuttgart 1982.

Fyfe, Agnes: Die Signatur des Merkur im Pflanzenreich (Kapillar-dynamische Untersuchungsergebnisse), Stuttgart 1973.

dies.: Die Signatur des Venus . . ., 1978.

dies.: Die Signatur des Uranus . . ., 1984.

Goethe, J. W. (1793): Die Metamorphose der Pflanze und Die Spiraltendenz der Pflanze, Dornach 1975.

Grosse, Rudolf: Die Weihnachtstagung als Zeitenwende, 3. Aufl. Dornach 1981.

Gschwind, Peter: Der lineare Komplex, eine überimaginäre Zahl, Dornach 1977.

Hauschka, Rudolf (1946): Substanzlehre, 9. Aufl. Frankfurt 1985.

ders. (1951): Ernährungslehre, 8. Aufl., Frankfurt 1982.

Hauschka, Margarethe (1968): Fundamentals of Artistic Therapy, London 1985.

Jammer, Max: Concepts of Space, Cambridge (USA) 1954.

ders.: Concepts of Force, Cambridge (USA) 1957.

ders.: Das Problem des Raumes, Darmstadt 1980.

Kemper, Carl: Der Bau, Hrsg. Hilde Raske, Stuttgart 1966.

Koepf, Herbert: Landbau, natur- und menschengemäß, Stuttgart 1980.

Kranich, Ernst-Michael: Die Formensprache der Pflanze, Stuttgart 1979.

Krause-Zimmer, Hella: Die zwei Jesusknaben in der bildenden Kunst, 2. Aufl. Stuttgart 1977.

Lehrs, Ernst: Mensch oder Materie, Frankfurt 1957.

Leroi, Rita: Die Misteltherapie, Eine Antwort auf die Herausforderung Krebs, Stuttgart 1987.

Locher-Ernst, Louis: Projektive Geometrie (1940), 2. Aufl. Dornach 1980.

ders.: Geometrische Metamorphosen, Dornach 1970.

ders.: Raum und Gegenraum, 2. Aufl. Dornach 1970.

Meyer, Thomas: D. N. Dunlop, Ein Zeit- und Lebensbild, Dornach 1987.

Rohen, J. W., Funktionelle Anatomie des Nervensystems, Stuttgart/New York 1985.

Sheldrake, R.: A New Science of Life, Granada 1981.

Schmutz, Hans-Ulrich: Die Tetraederstruktur der Erde, Eine geologisch-geometrische Untersuchung anhand der Plattentektonik, Stuttgart 1986.

Schuberth, Ernst: In: Kranich, Jünemann, Berthold-Andrae, Bühler, Schuberth, Formenzeichnen, Die Entwicklung des Formensinns in der Erziehung, Stuttgart 1985.

Schultz, Joachim: Rhythmen der Sterne, Hrsg. Suso Vetter, 3. Aufl. Dornach 1985.

Schwenk, Theodor: Das sensible Chaos, 6. Aufl. Stuttgart 1984.

Selawry, Alla: Metallfunktionstypen in Psychologie und Medizin, Heidelberg 1985.

ders.: Ehrenfried Pfeiffer, Dornach 1987.

Smit, Jorgen: Geistesschulung und Lebenspraxis, Dornach 1987.

Streit, Jakob: Sonne und Kreuz, 2. Aufl. Stuttgart 1986.

Struik, Dirk J.: A Concise History of Mathematics, London 1965.

Teichmann, Frank: Der Mensch und sein Tempel, Megalith-Kultur in Irland, England und der Bretagne, Stuttgart 1983.

Unger, Georg: Das offenbare Geheimnis des Raumes – Meditationen am Pentagondodekaeder nach Carl Kemper, Stuttgart 1963.

Vreede, Elisabeth: Astrosophie und Astronomie, 2. neu bearbeitete Aufl. Dornach 1980.

Wegman, Ita: Im Anbruch des Wirkens für eine Erweiterung der Heilkunst, Arlesheim 1974.

Whicher, Olive: Projektive Geometrie, Schöpferische Polaritäten in Raum und Zeit, Stuttgart 1970.

dies.: George Adams, Ein Geistsucher in unserer Zeit. Eine biographische Skizze mit einem Aufsatz von George Adams, Dornach 1973.

dies.: The Significance of the Idea of Counterspace, New York 1974.

Wilder, Raymond: Evolution of Mathematical Concepts, New York 1968.

Wilmar, Frits: Vorgeburtliche Menschwerdung, Stuttgart 1979.

Ziegler, Renatus: Synthetische Liniengeometrie, Dornach 1981.

ders.: Geschichte der geometrischen Mechanik im 19. Jahrhundert, Stuttgart 1983.

Verzeichnis der Abbildungen

162

Nachweis der Abbildungen

Die geometrischen Zeichnungen sind mit wenigen Ausnahmen den früheren Werken von George Adams und Olive Whicher entnommen (vor allem aus: «Strahlende Weltgestaltung» von George Adams, 2. Aufl. Dornach 1965, vergriffen; diese Zeichnungen wurden von Mr. Louis Loynes, London, ausgeführt).
S. 14: Foto Rietmann, Verlag am Goetheanum, Dornach. S. 41: Verlag am Goetheanum, Dornach. S. 36: Tate Gallery Publications, London. Abb. 11, 68: National Gallery, London. Abb. 19: Foto Th. Schwenk. Abb. 47, 49, 50, 52, 57, 61: Archiv der Verfasserin. Abb. 43: Cara Groot, Marie Savitch. Dornach 1989. Abb 45: Th. Schwenk, Weleda-Kalender, Arlesheim 1963. Abb. 46: Lennart Nilsson, Ein Kind entsteht, München 1984. Abb. 48: Aus: Rudolf Steiner, Die Bedeutung der Anthroposophie im Geistesleben der Gegenwart. GA 82, Dornach 1957, S. 153. Abb. 51: Musäum Hermeticum, 1625. Abb. 54, 55, 58b: Andreas Vesalius, The anatomical drawings of Andreas Vesalius. New York 1982. Abb. 56: Zeichnung von Olive Whicher nach einem alten «Anatomie»-Lehrbuch. Abb. 60: Aus: E. Tudor Hart, «Moving and Growing», 1952. Abb. 62: Foto H.-J. Heitmann. Abb. 63, 65: Lawrence Edwards, Geometrie des Lebendigen. Stuttgart 1986. Abb. 64: Foto John Wilkes. Abb. 66: Hans-Ulrich Schmutz, Die Tetraederstruktur der Erde. Verlag Freies Geistesleben, Stuttgart 1986. Abb. 58a, 59: Aus: Prof. Dr. Fr. Kopsch, «Rauber's Lehrbuch der Anatomie des Menschen». 11. Aufl. Leipzig 1919. Abb. 67, 69, 72, 74: Bildarchiv Foto Marburg, Marburg. Abb. 70: Verrié Editor, Barcelona. Museum d'Art de Catalunya. Abb. 71: Buchkunstverlag Ettal Oby. Abb. 73: Institut Royal du Patrimoine Artistique, B-Bruxelles, Brüssel. Abb. 75: Staatl. Museum, Berlin. Abb. 76: Casa Editrice Giusti di S. Becocci. Museo S. Marco, Firenze. Abb. 77: Jakob Streit, Sonne und Kreuz. 2. Aufl. Stuttgart 1986. Abb. 78: Frank Teichmann, Der Mensch und sein Tempel. Bd. 3: Megalithkultur in Irland, England und der Bretagne. Stuttgart 1983. Abb. 79: Zeichnung von Axel Ewald. Abb. 80: Zeichnung von Olive Whicher nach Rudolf Steiner. Abb. 82: Nach Rudolf Steiner.

Farbtafeln
Tafel I, II: Zeichnungen von George Adams/Olive Whicher. Tafel III: George Adams/Lawrence Edwards. Tafel IV: Foto W. Schaumann. Tafel V: Schülerzeichnung Ecole Perceval, Chatou (Frankreich). Tafel VI: Archiv der Verfasserin. Tafel VII: Fritz William Museum, Cambridge. Tafel VIII, X, XII:: Archiv für Kunst und Geschichte, Berlin. Tafel IX, XI: National Gallery, London. Tafel XIII: Stichting Magenta, Driebergen (Holland). Tafel XIV: Gideon Spicker Verlag, Dornach (Schweiz). Tafel XV: Tate Gallery Publications, London. Tafel XVI: Elisabeth Koch/Gérard Wagner, Die Individualiät der Farbe. 2. Aufl. Stuttgart 1982.

REGISTER

Dieses Auswahlregister wurde von Olive Whicher erstellt.

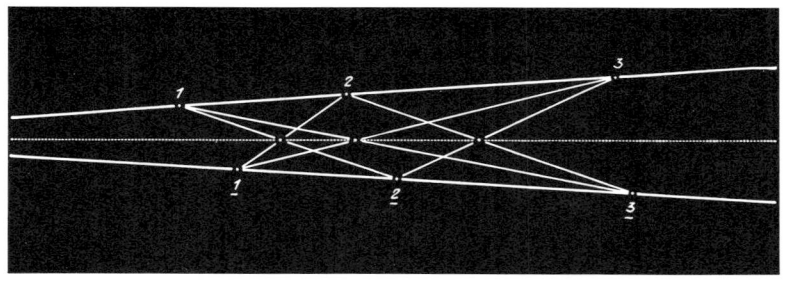

1

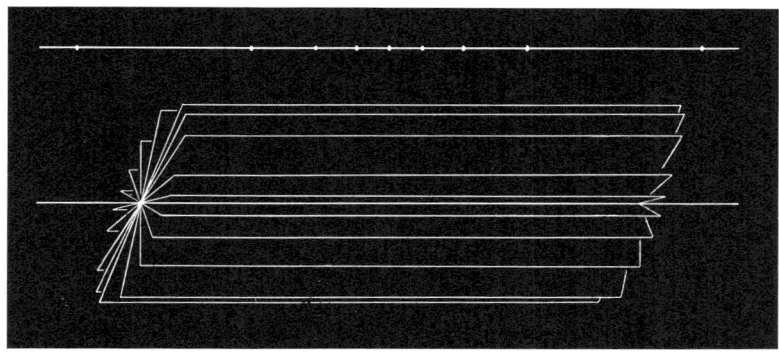

2

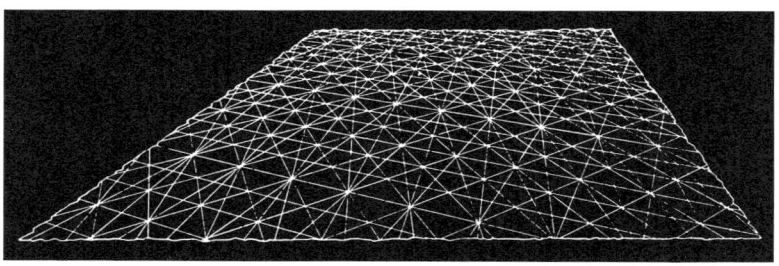

3

4

   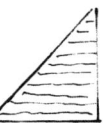

5

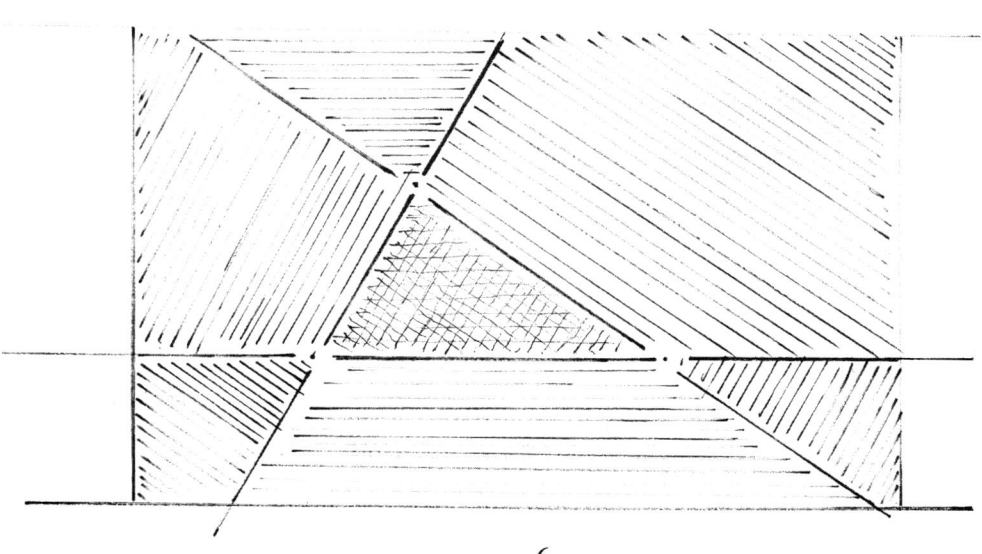

6

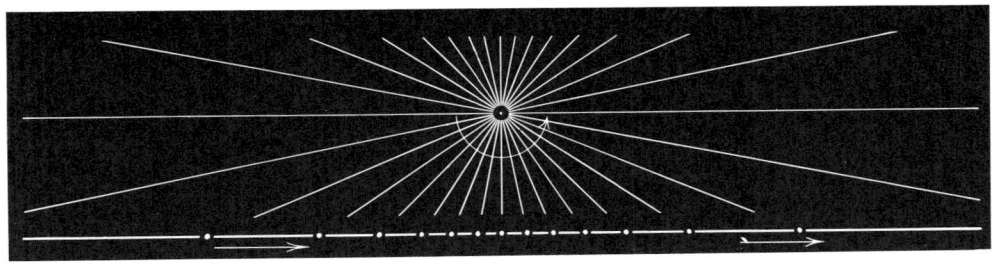

7

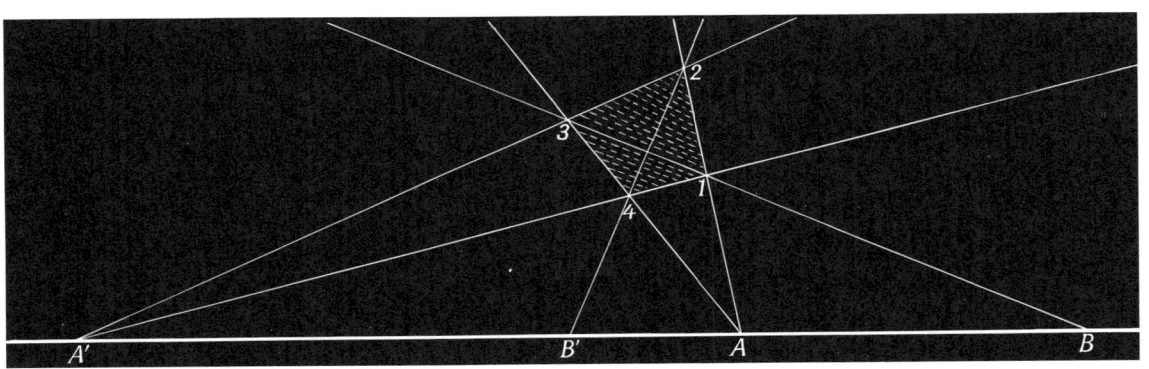

8

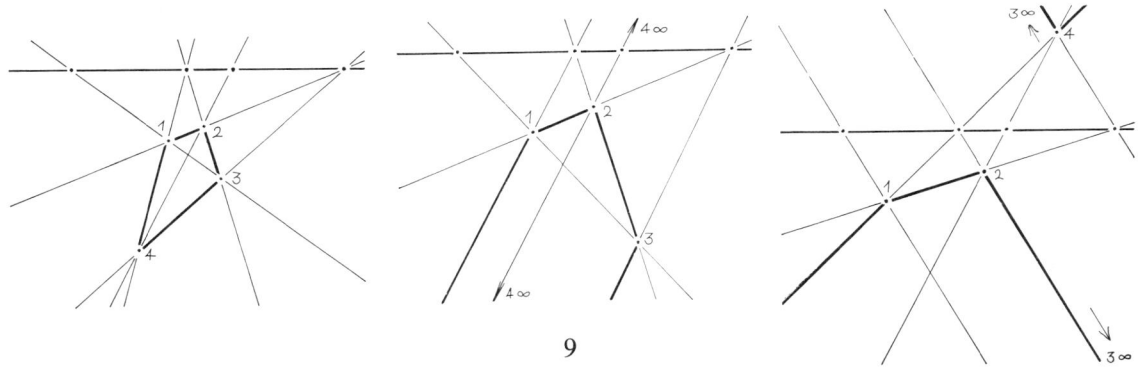

9

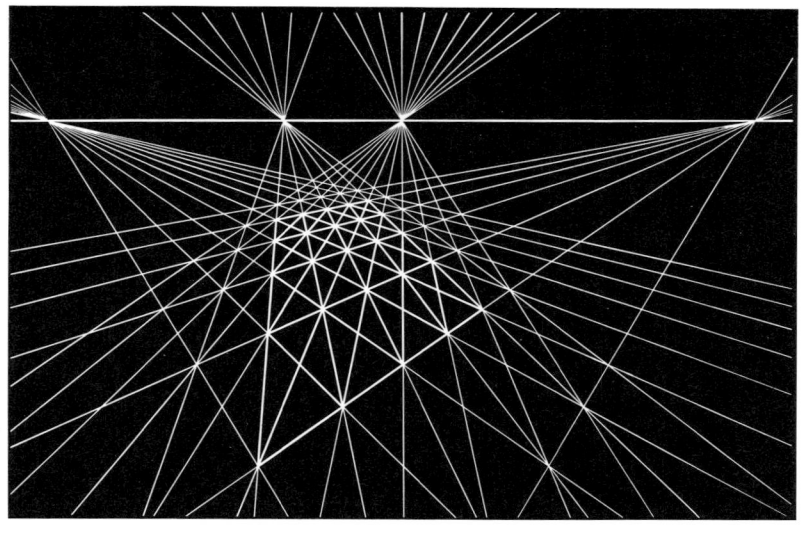

10

11

12

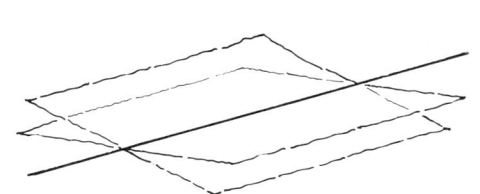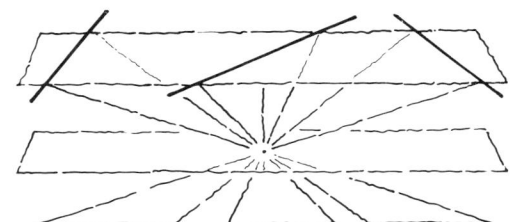

13

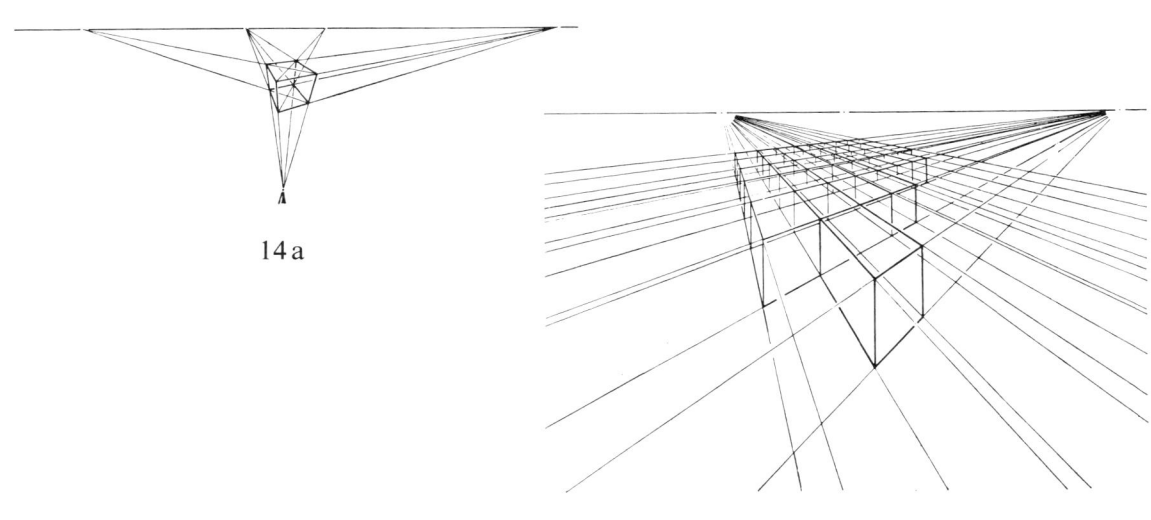

14 a

14 b

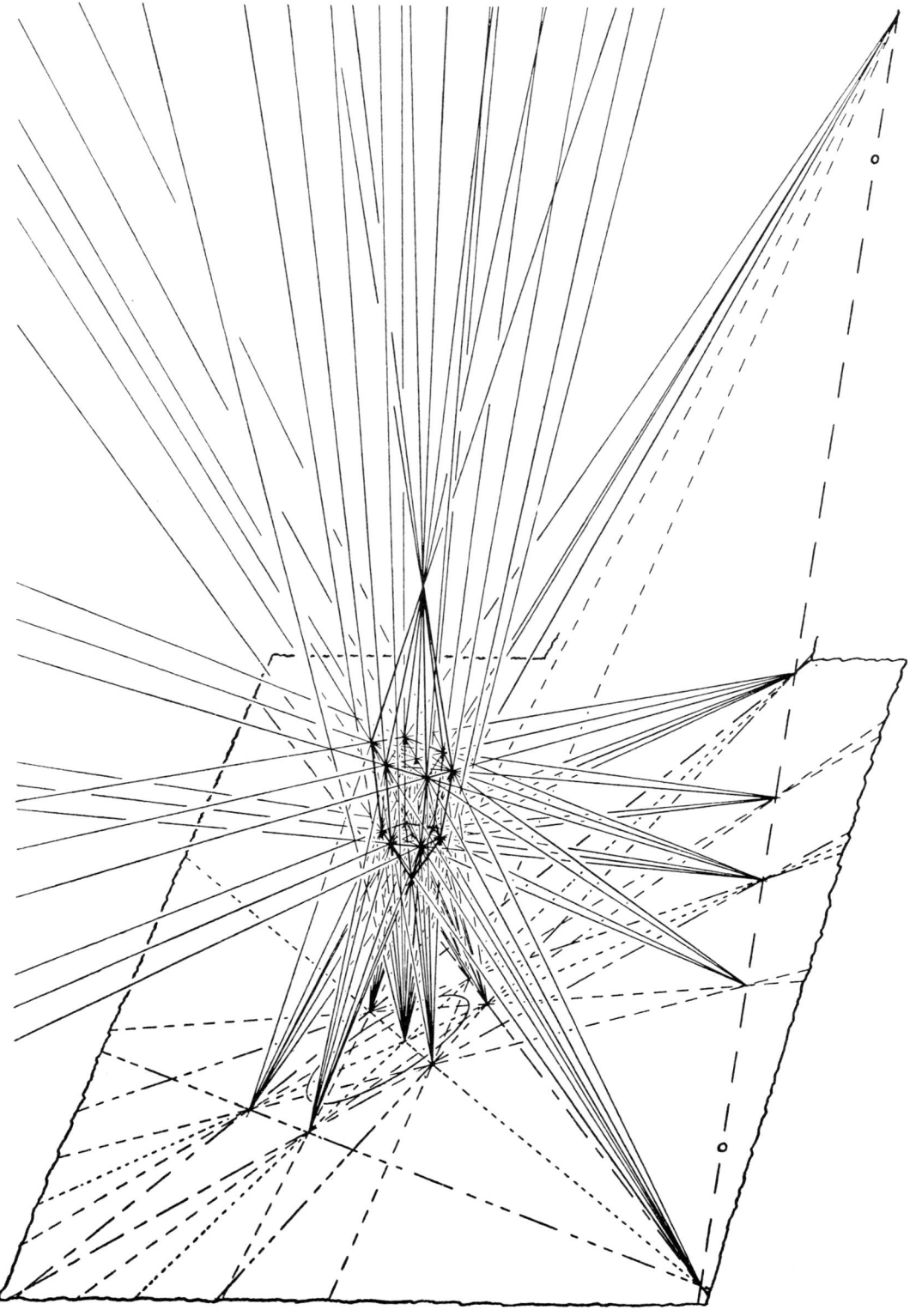

15

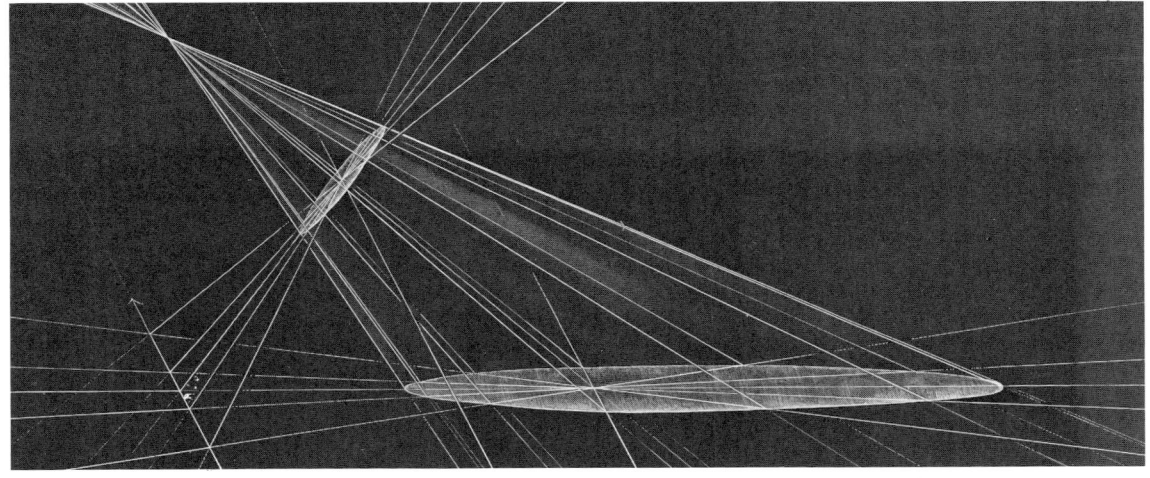

16

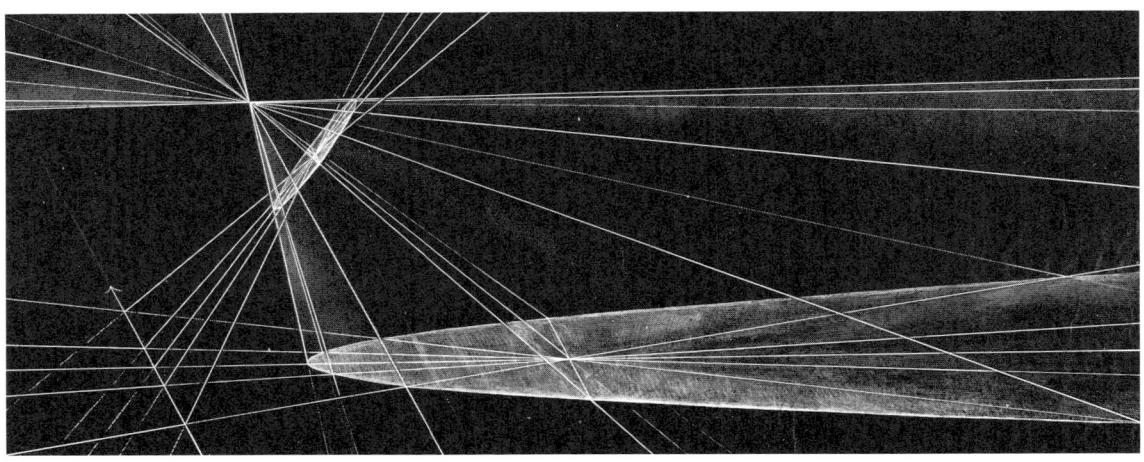

17

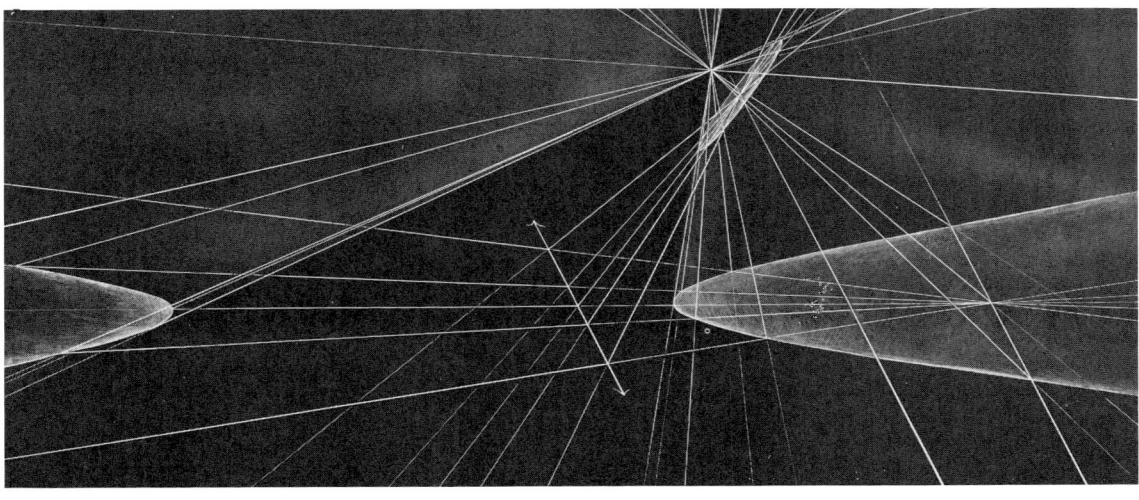

18

19

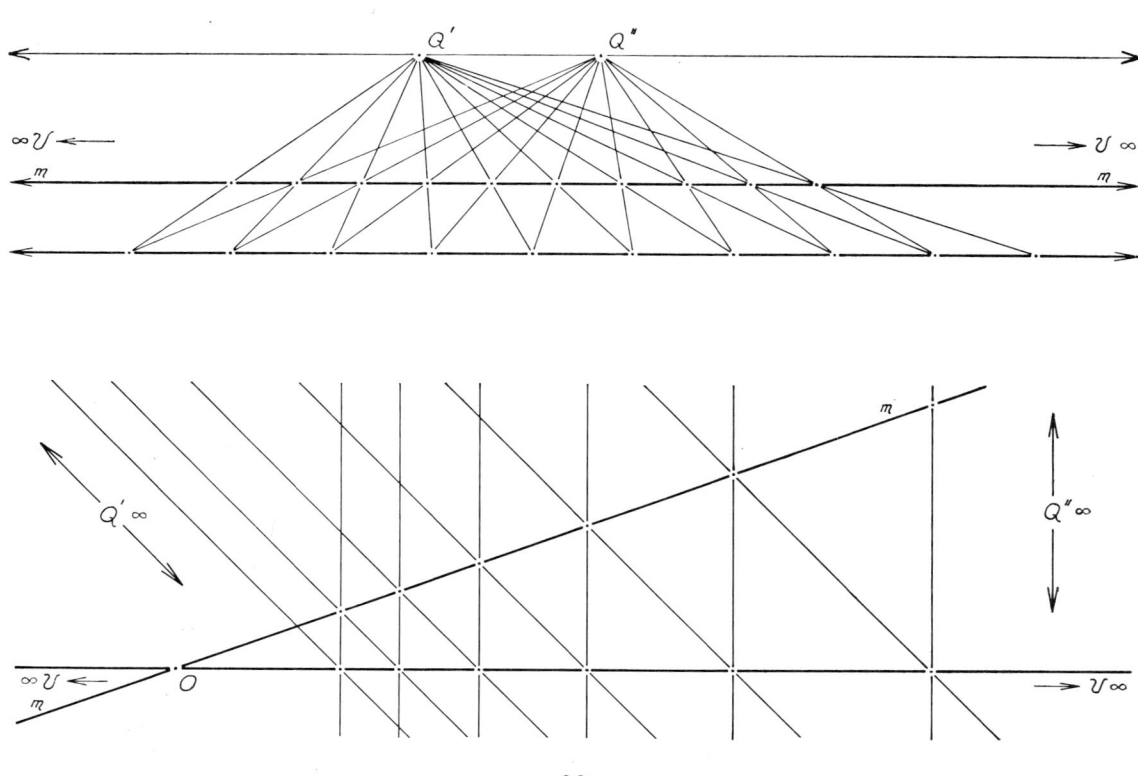

20

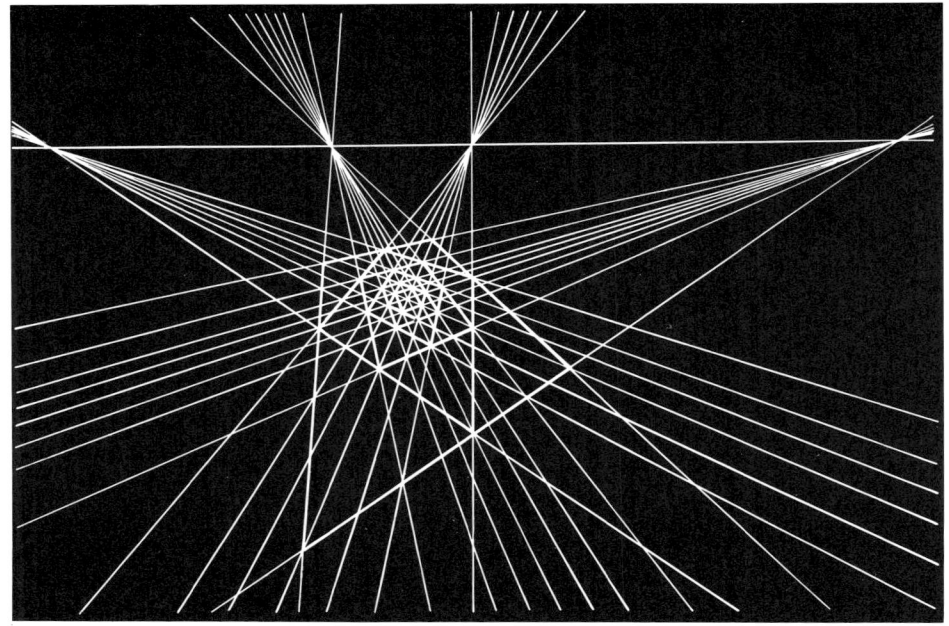

21

22

23

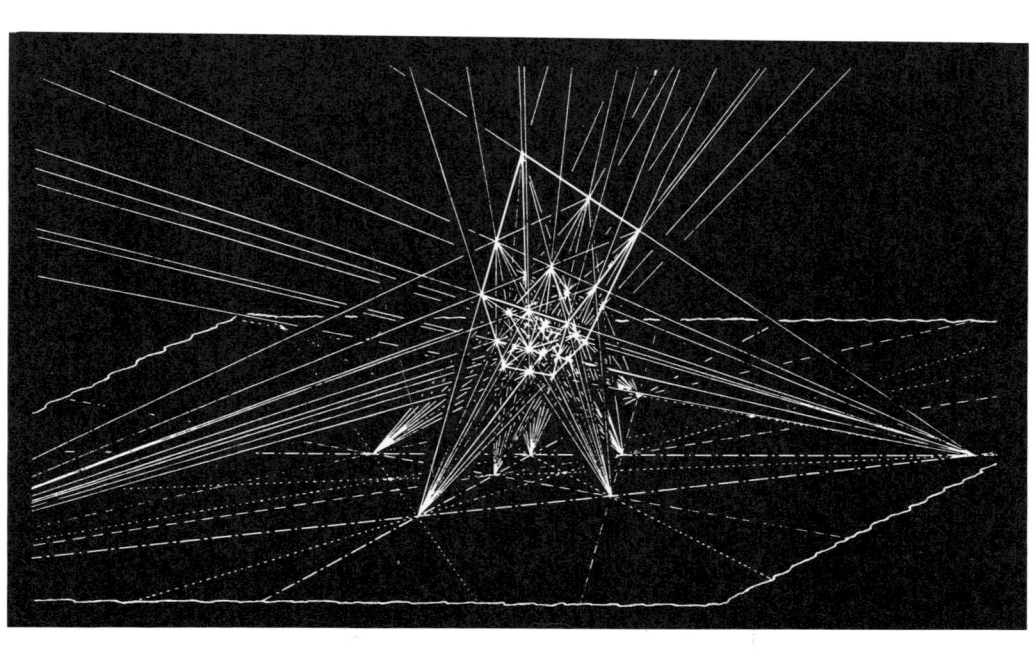

24

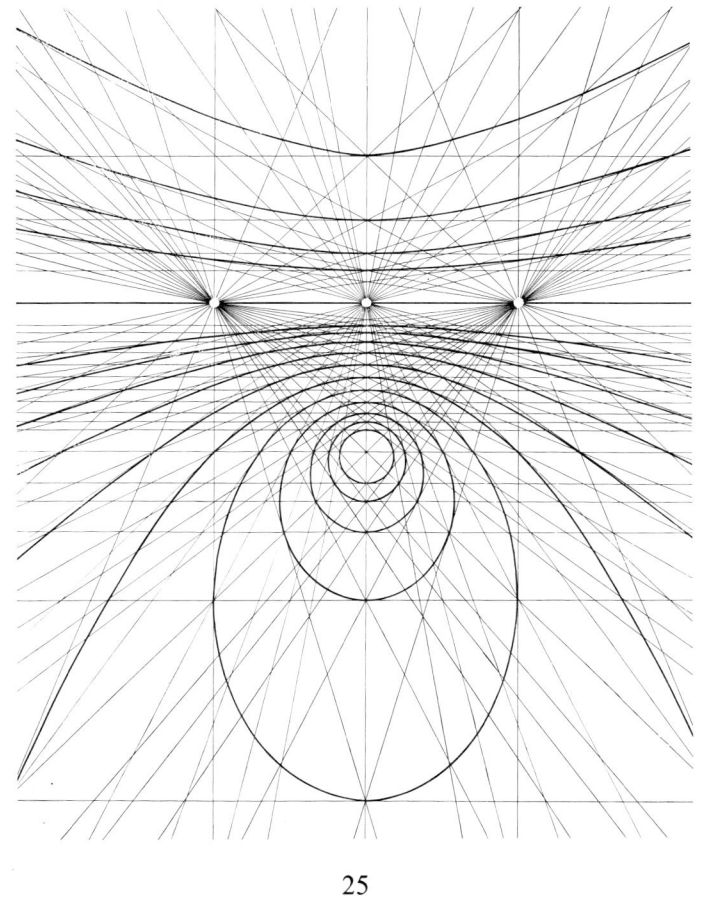

25

26

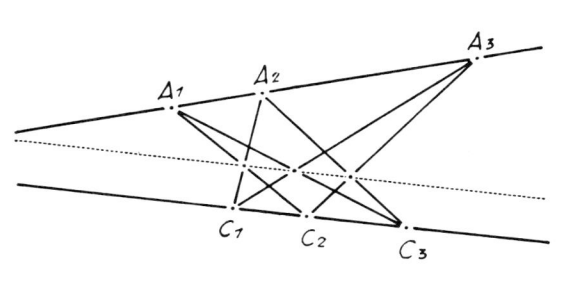
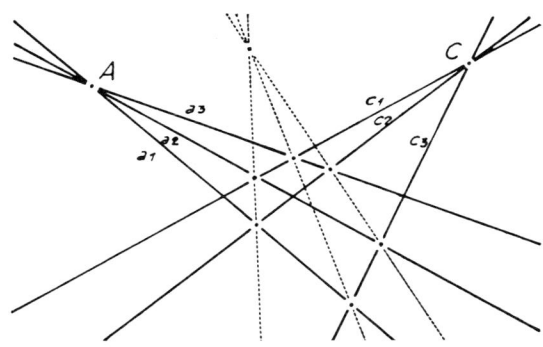

28

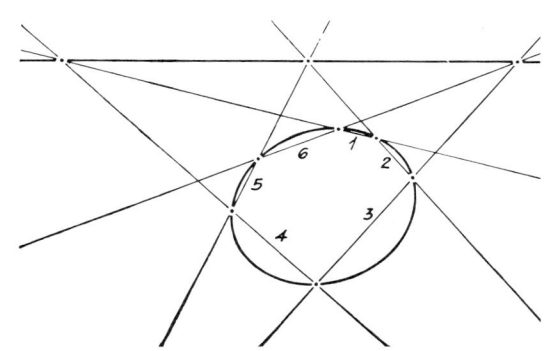
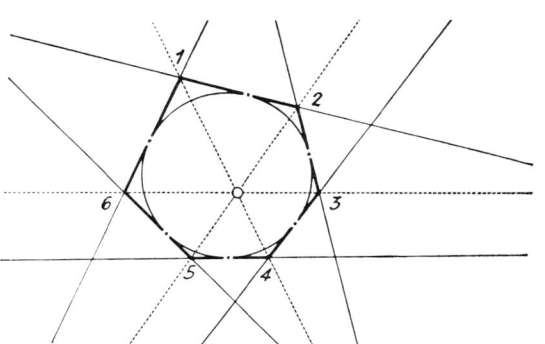

29

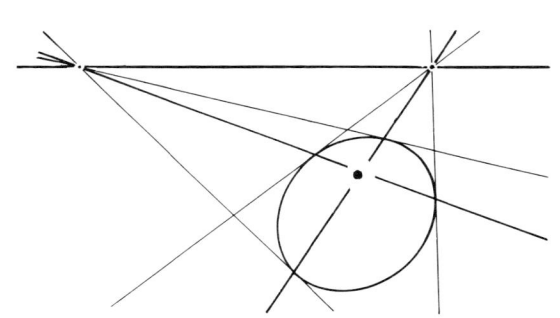
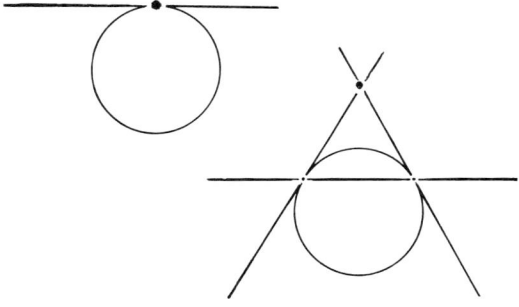

30

31

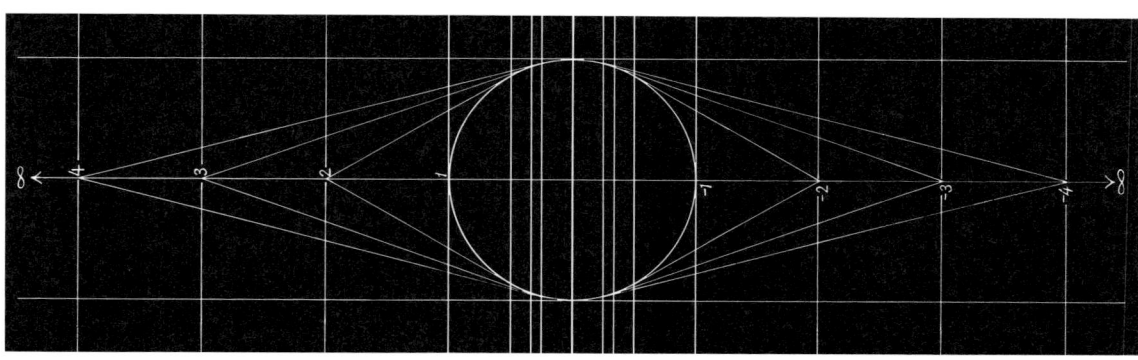

32

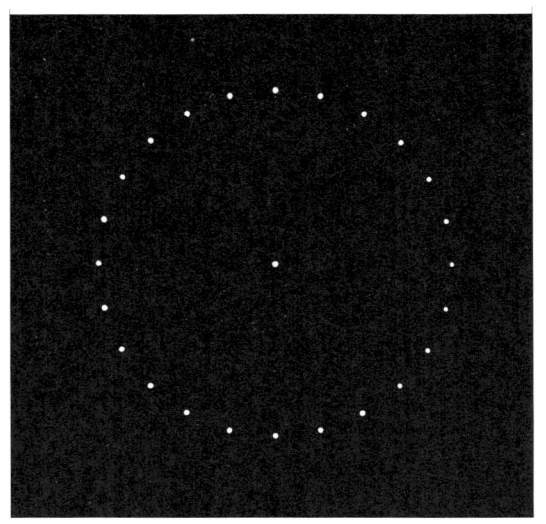 

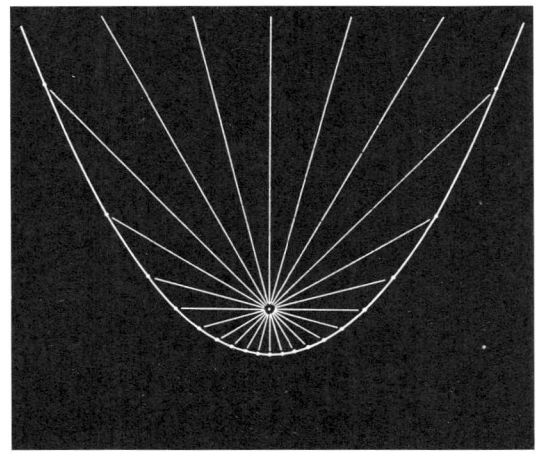 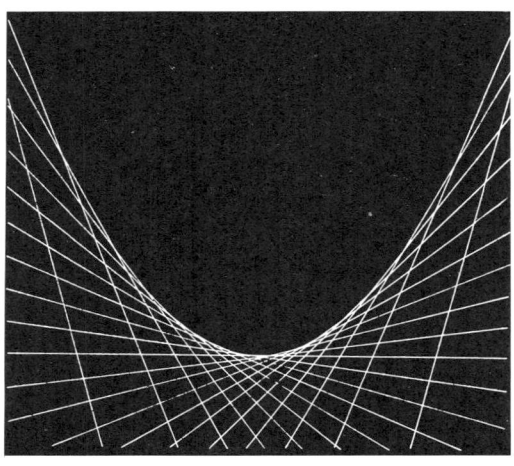

33

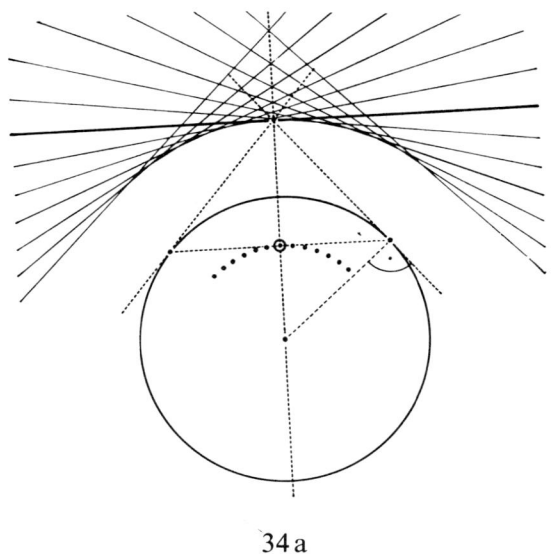

34 a

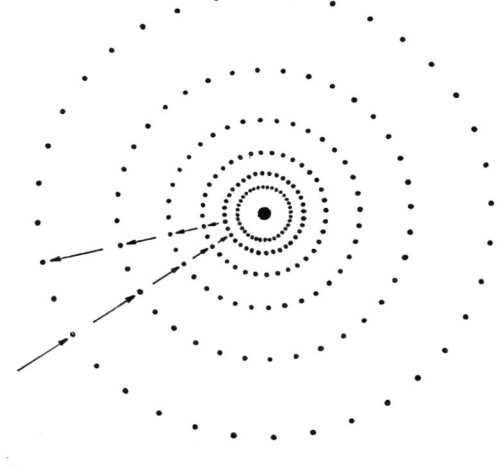

34 b

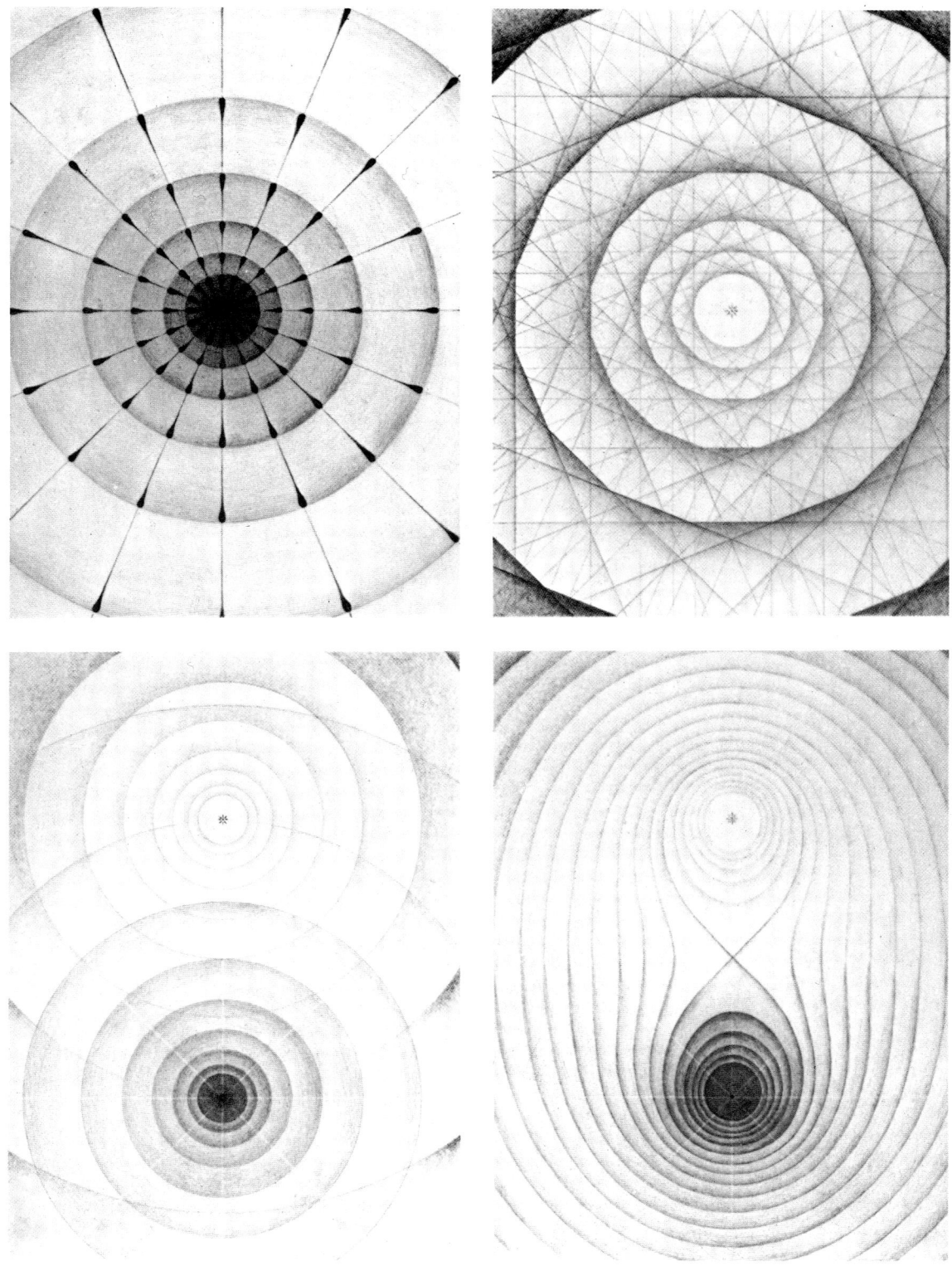

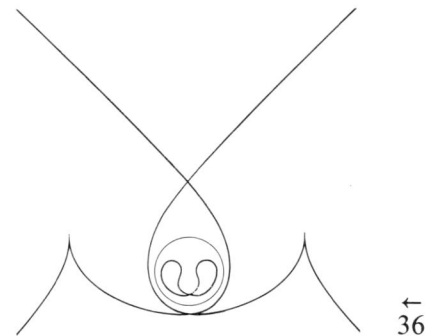

← 36

37 ↑

38 ↓

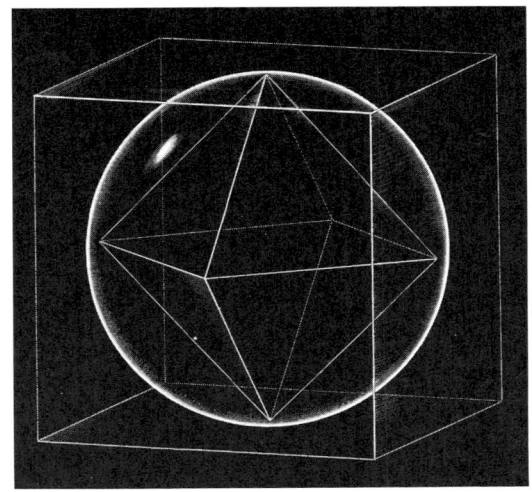

40↓

←
39

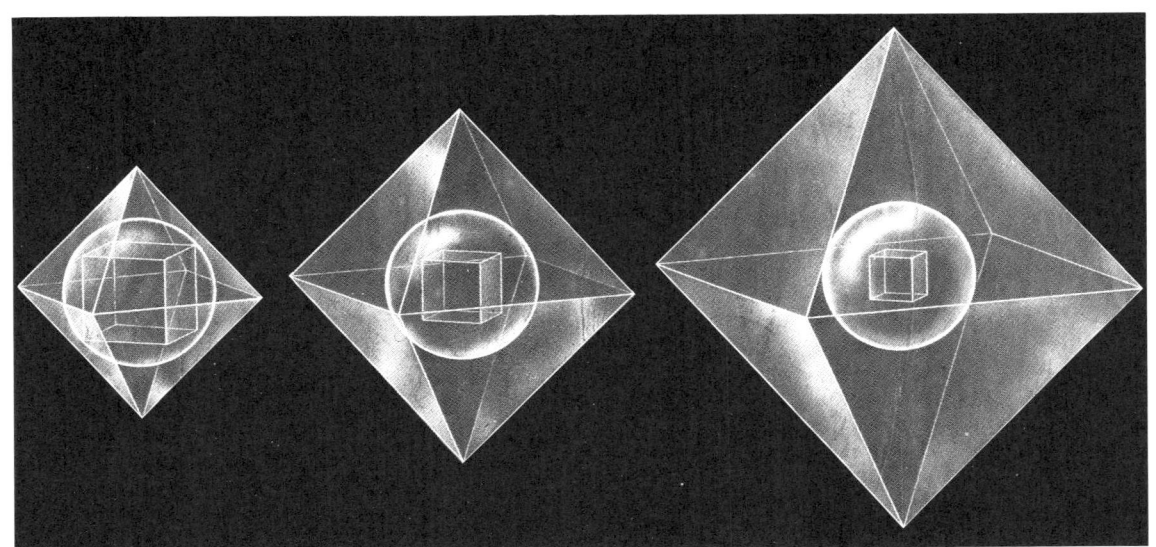

41
←

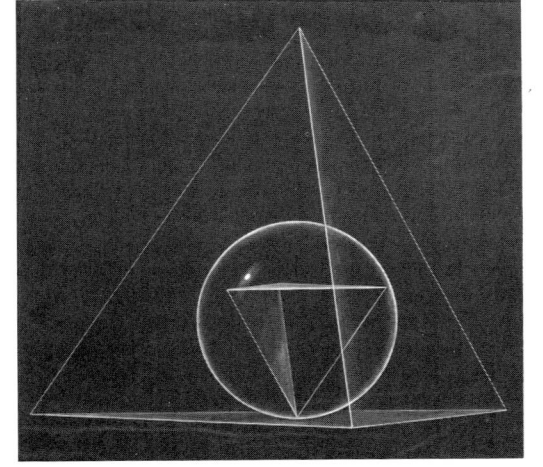

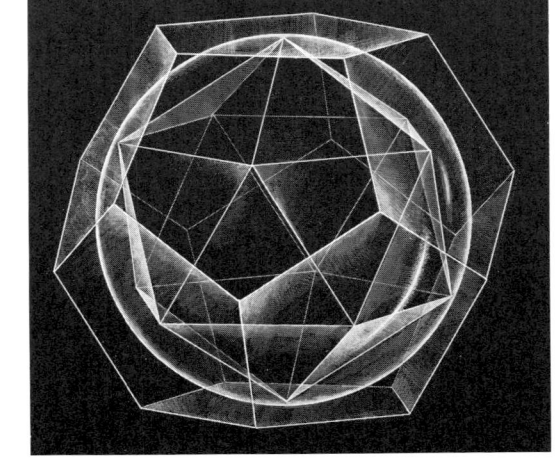

→
42

44

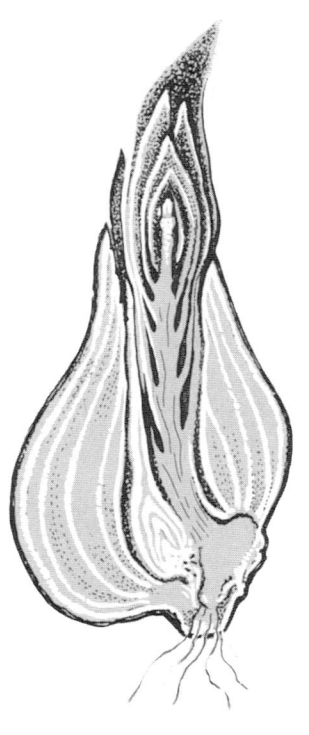

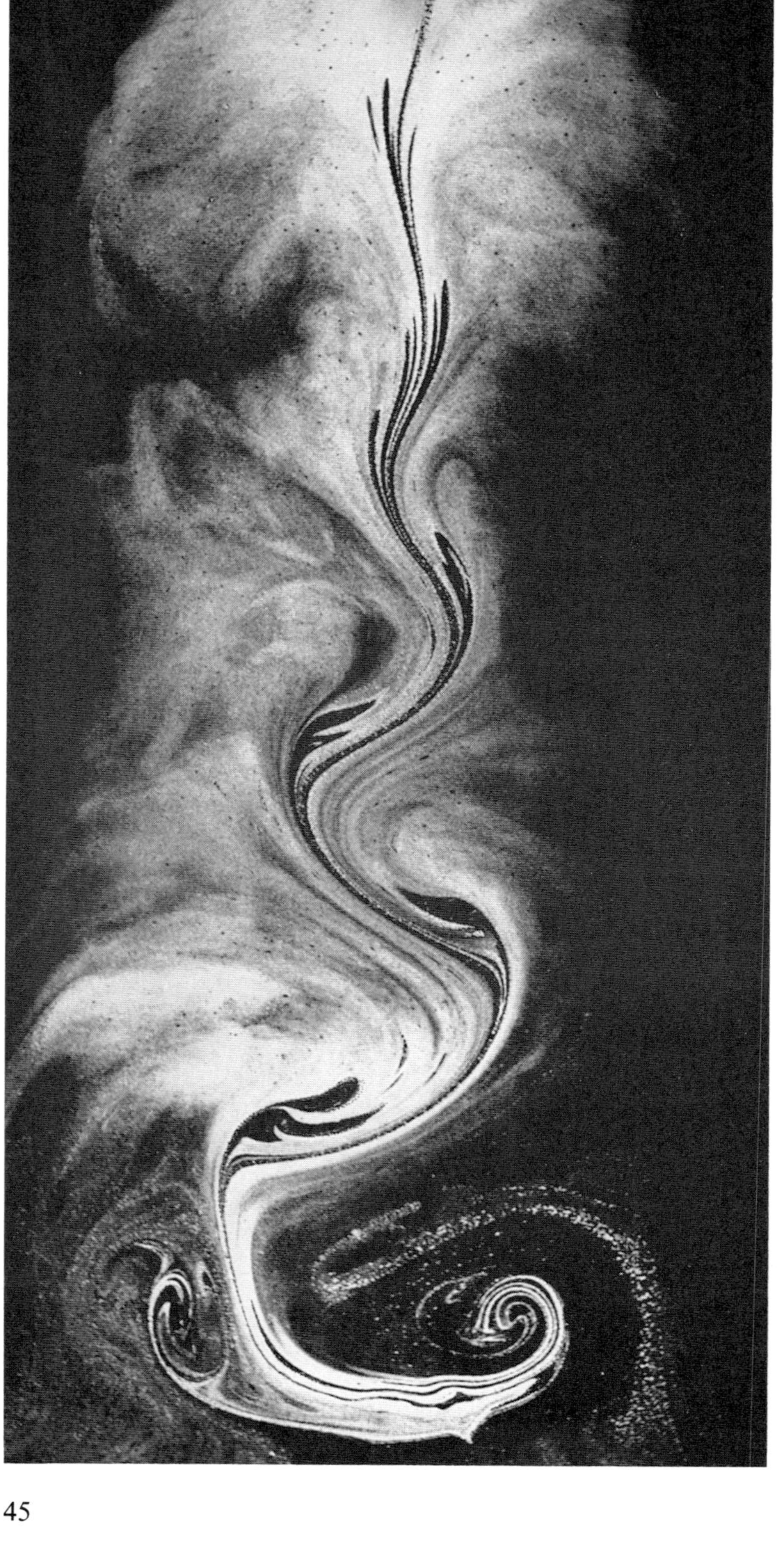

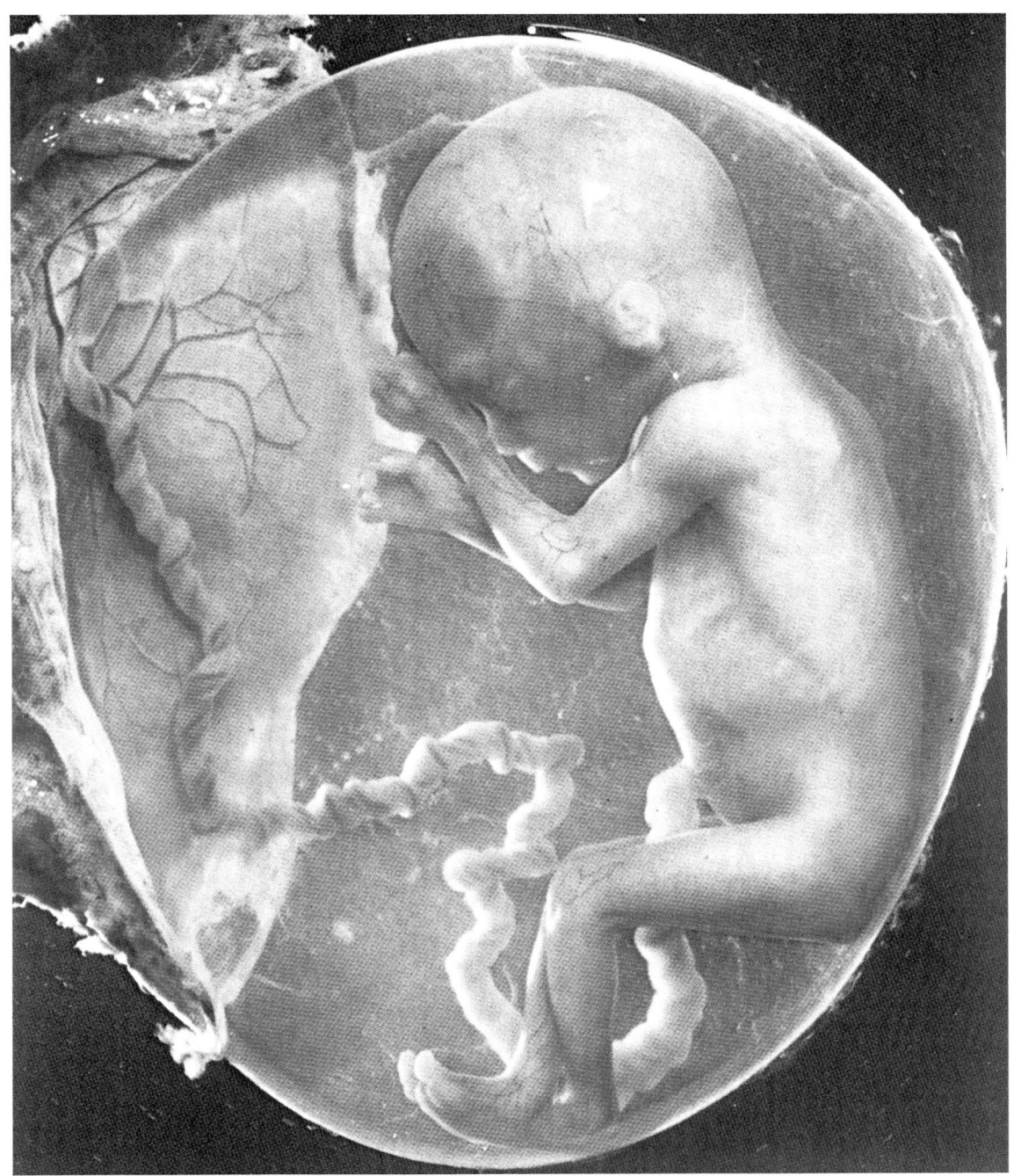

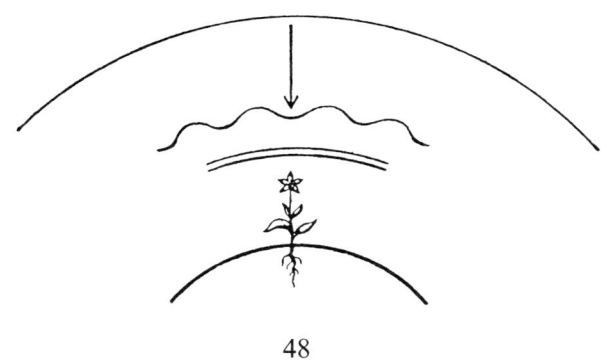

48

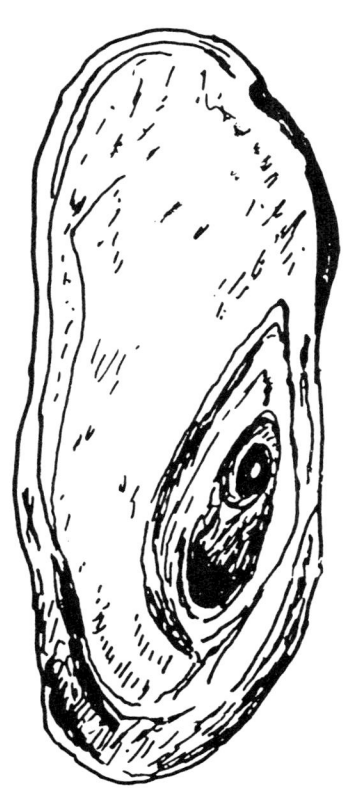

49

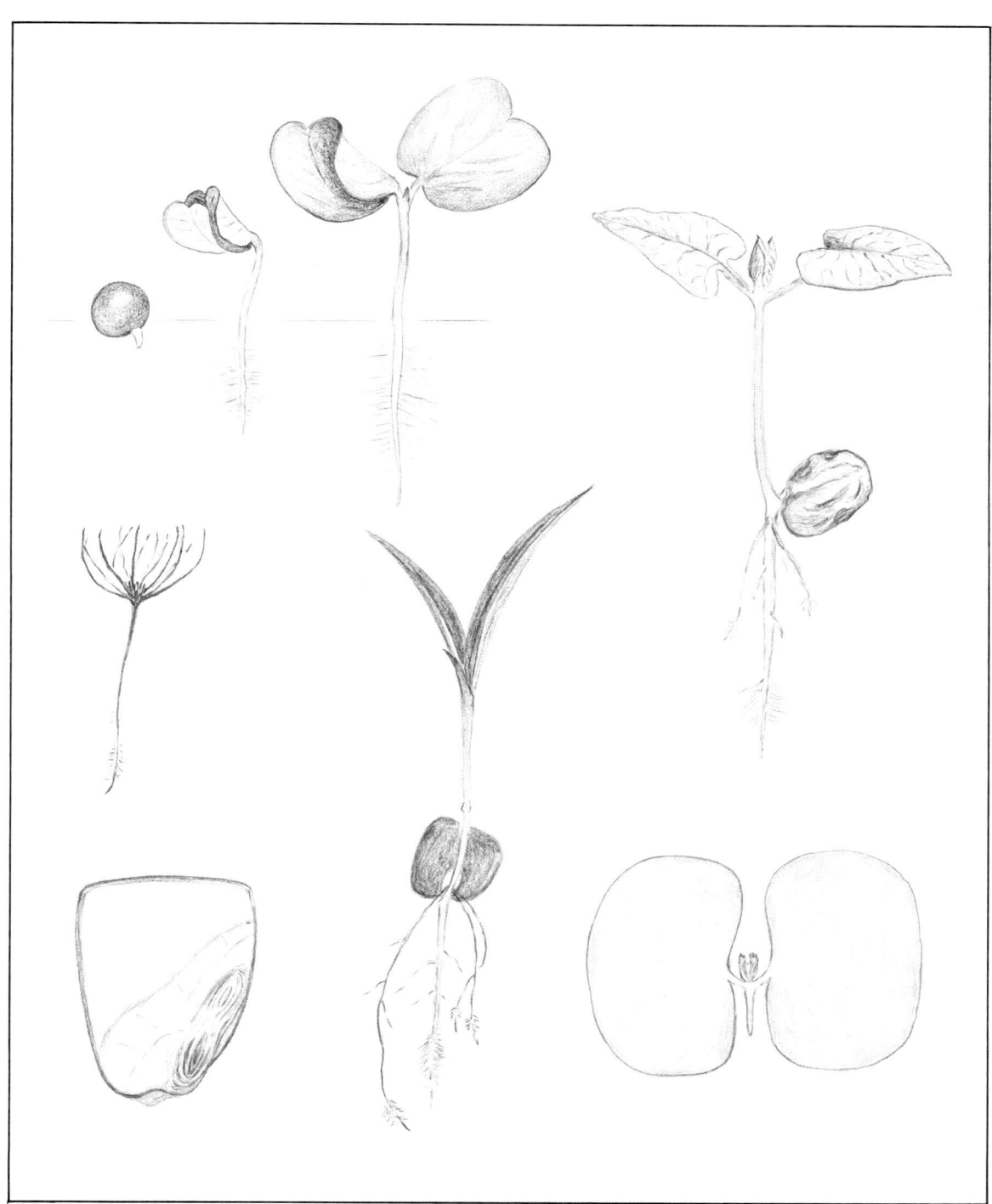

Quæ ſunt in ſuperis, hæc inferioribus inſunt :
   Quod monſtrat cœlum, id terra frequenter habet .
Ignis, Aqua et fluitans duo ſunt contraria: felix,
   Talia ſi jungis: ſit tibi ſcire ſatis !

D. M. à C. B. P. L. C.

52

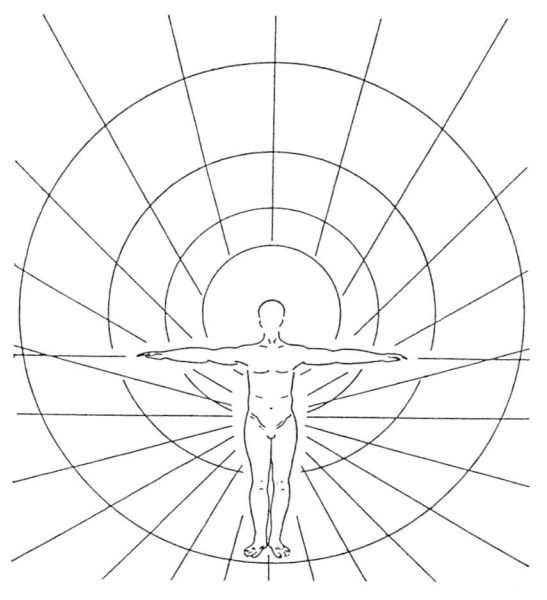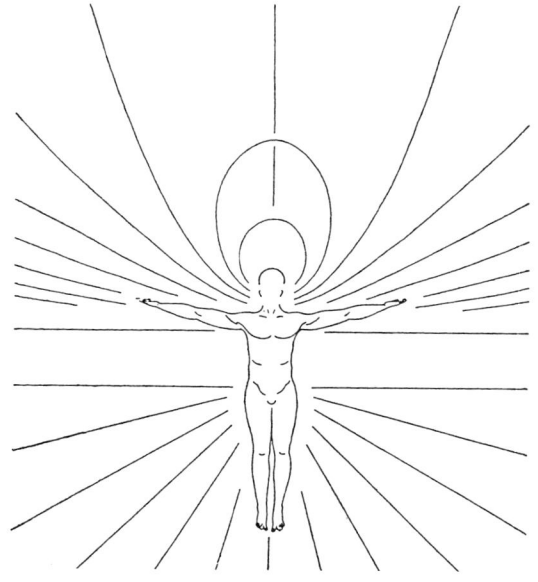

53

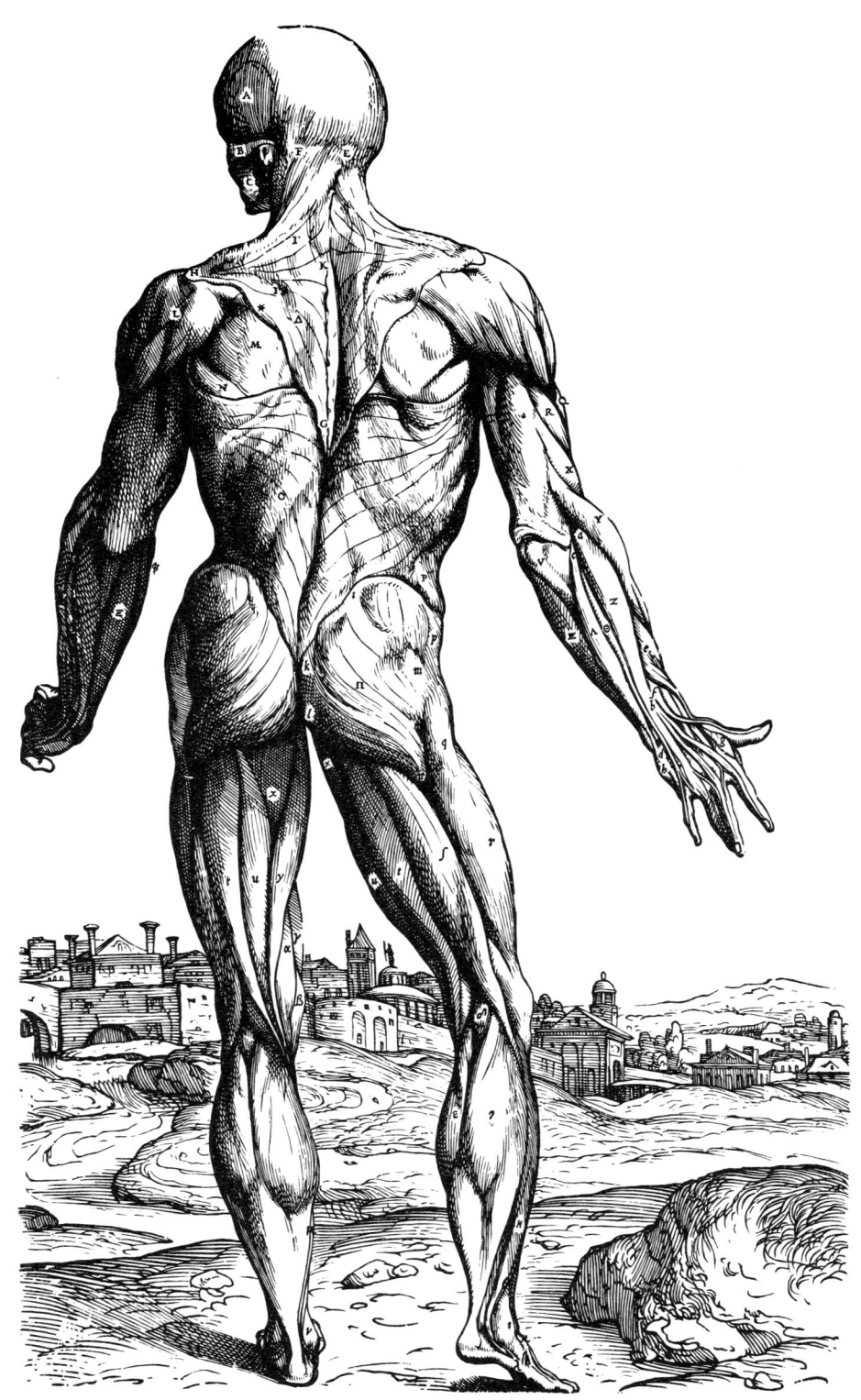

54

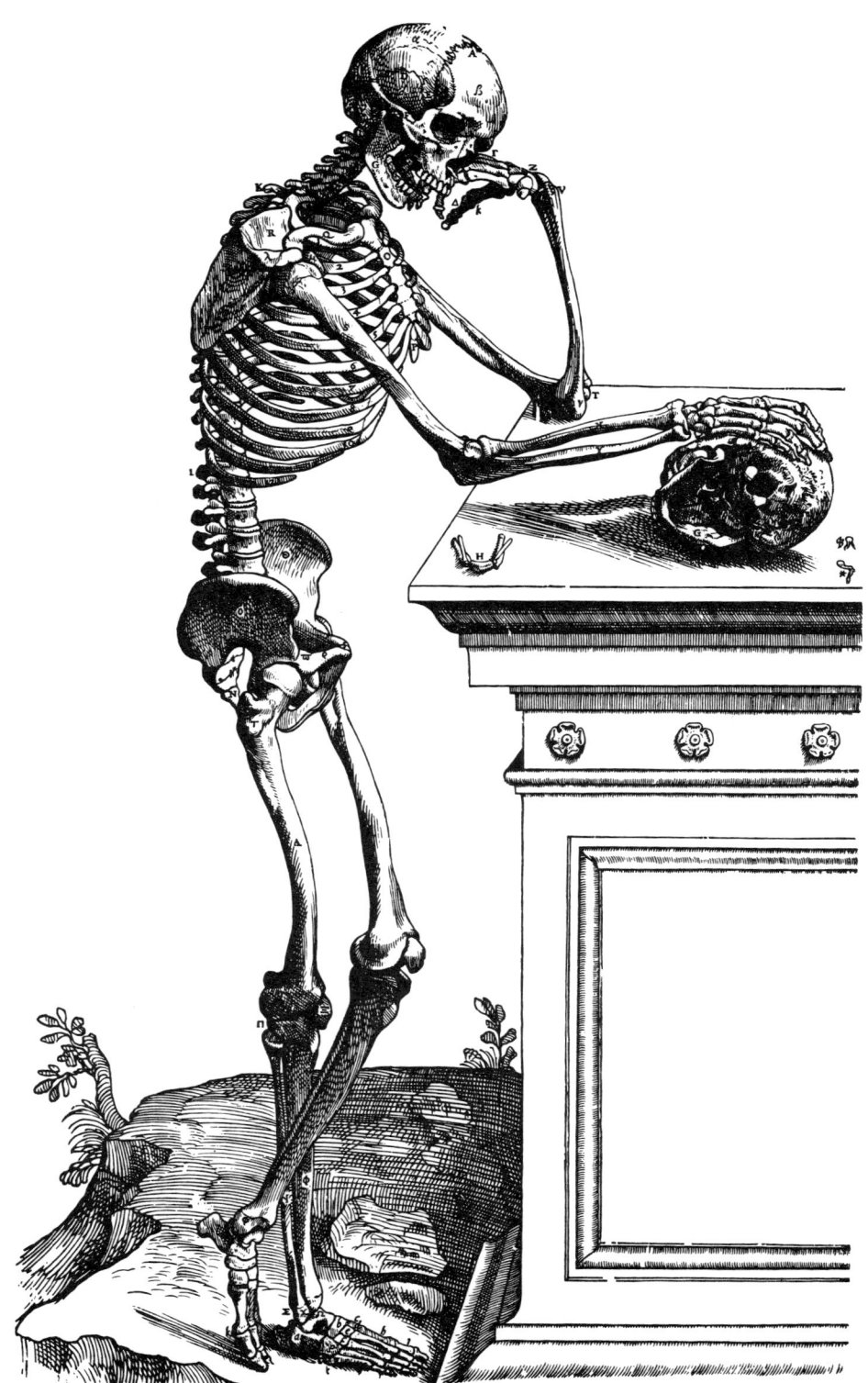

55

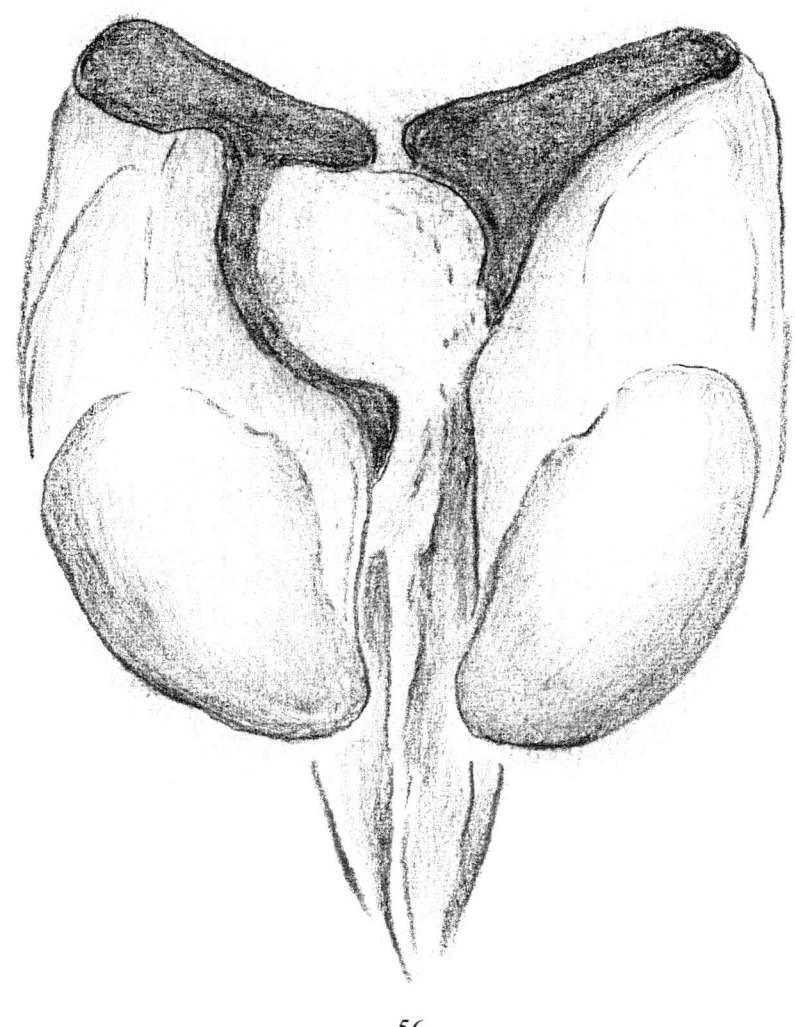

56

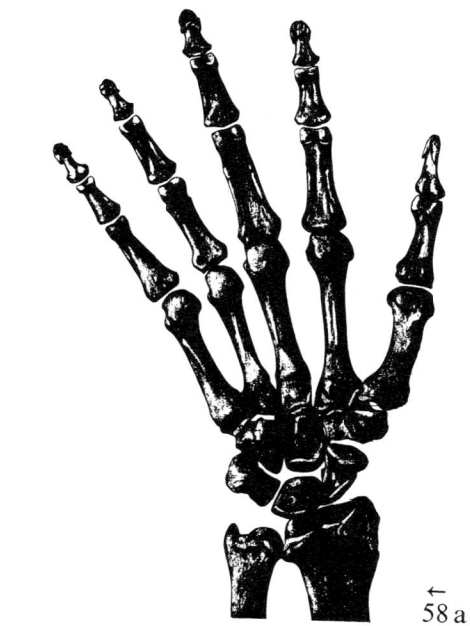

$\leftarrow$
58 a

$\downarrow$ 58 b

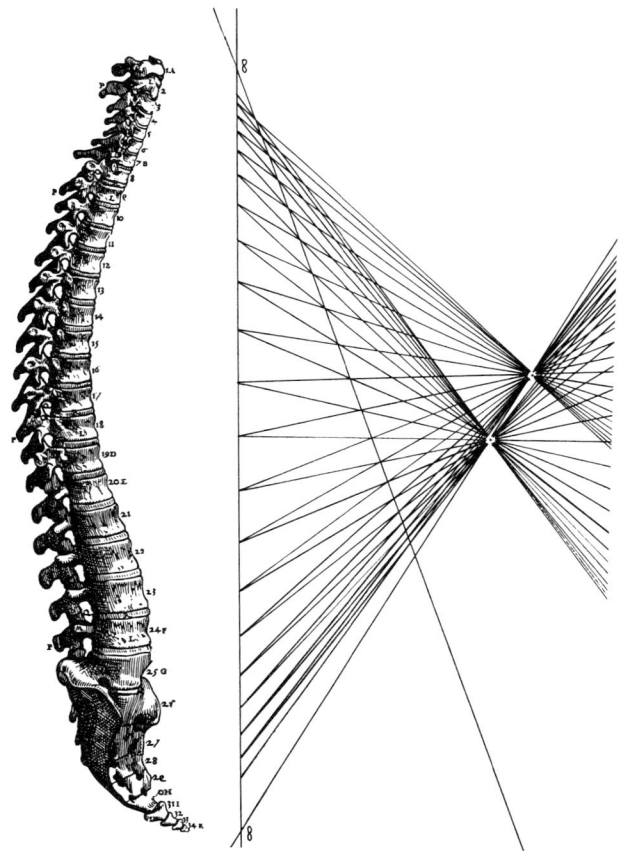

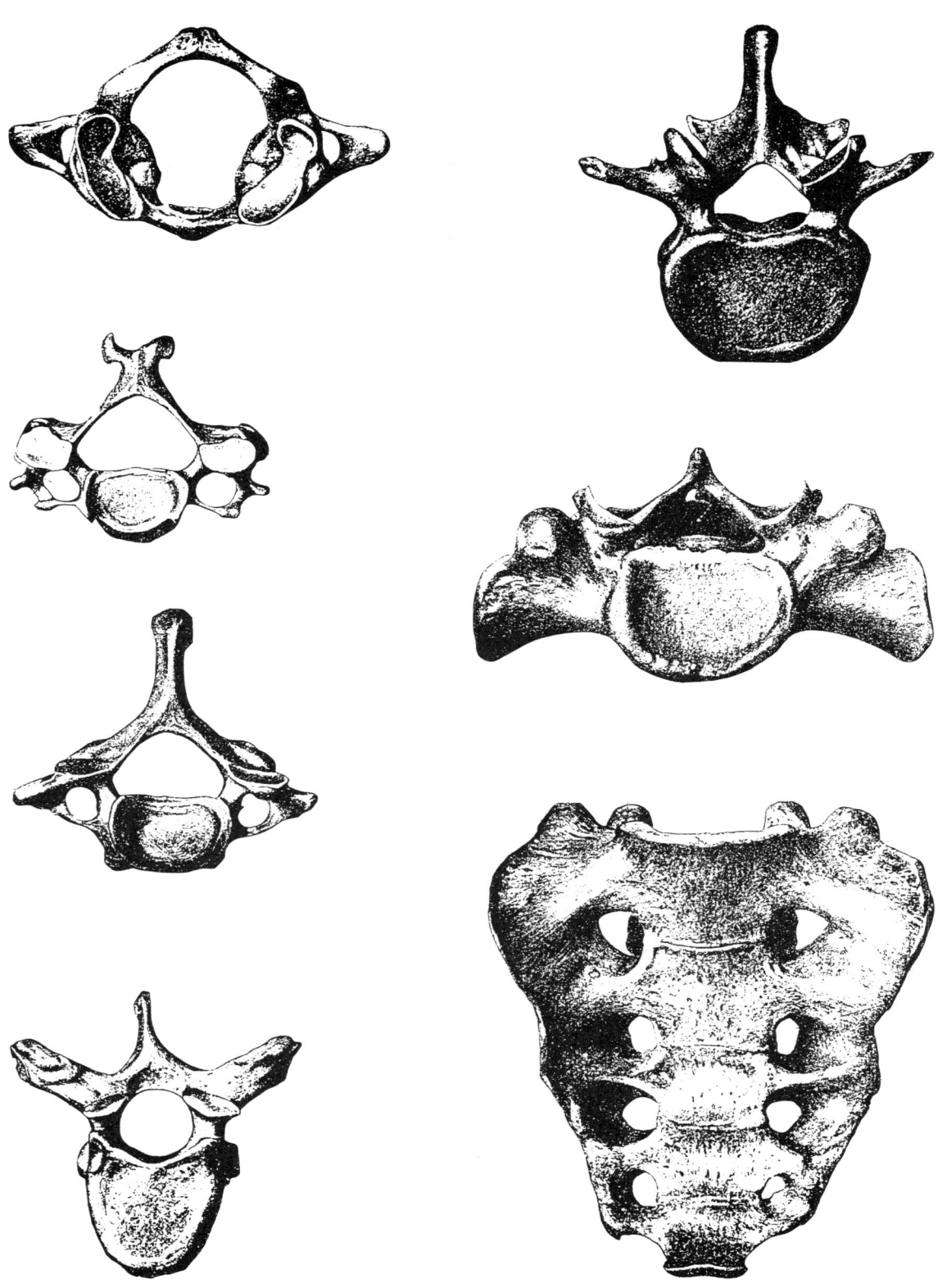

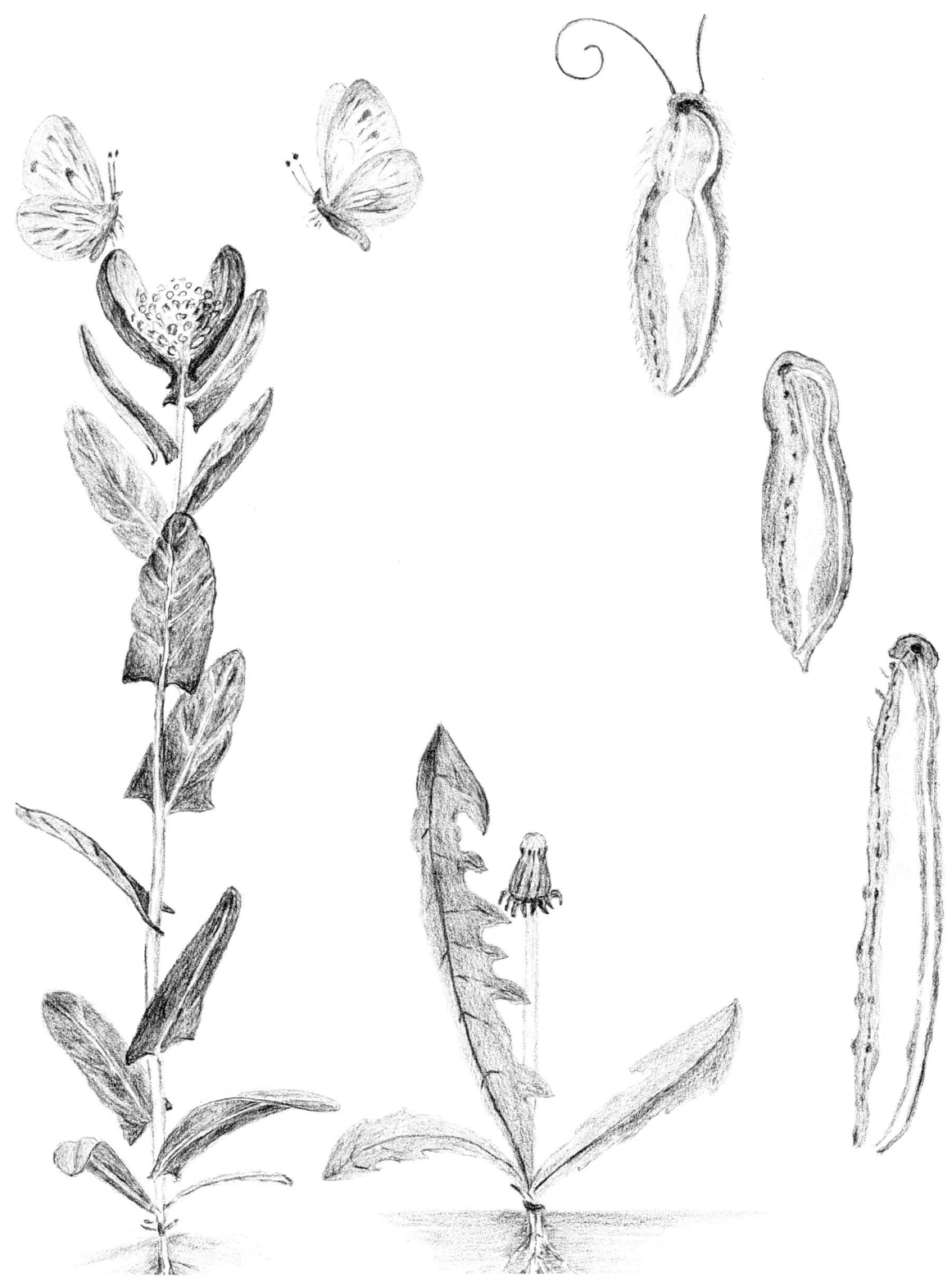

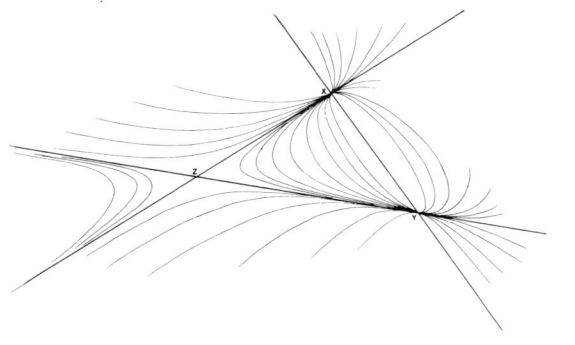 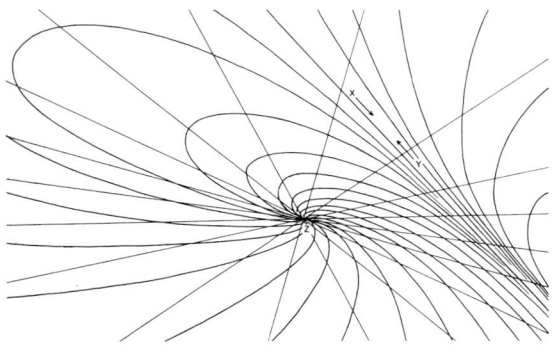

63

64 a

64 b

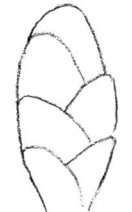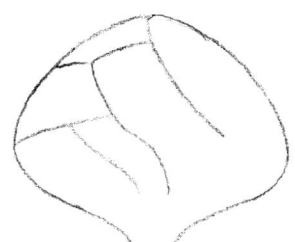

65

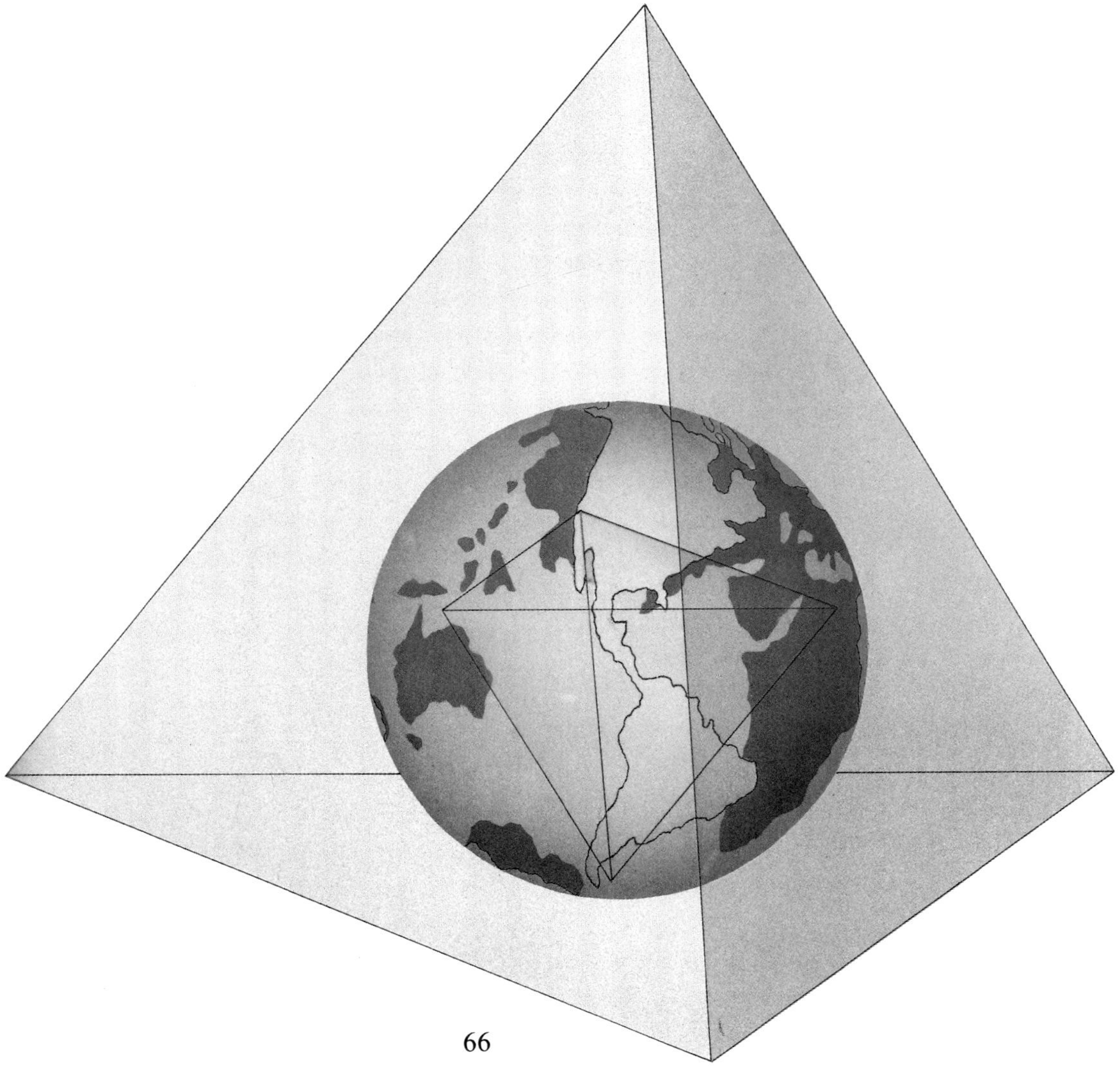

66

67

69

72

73

76

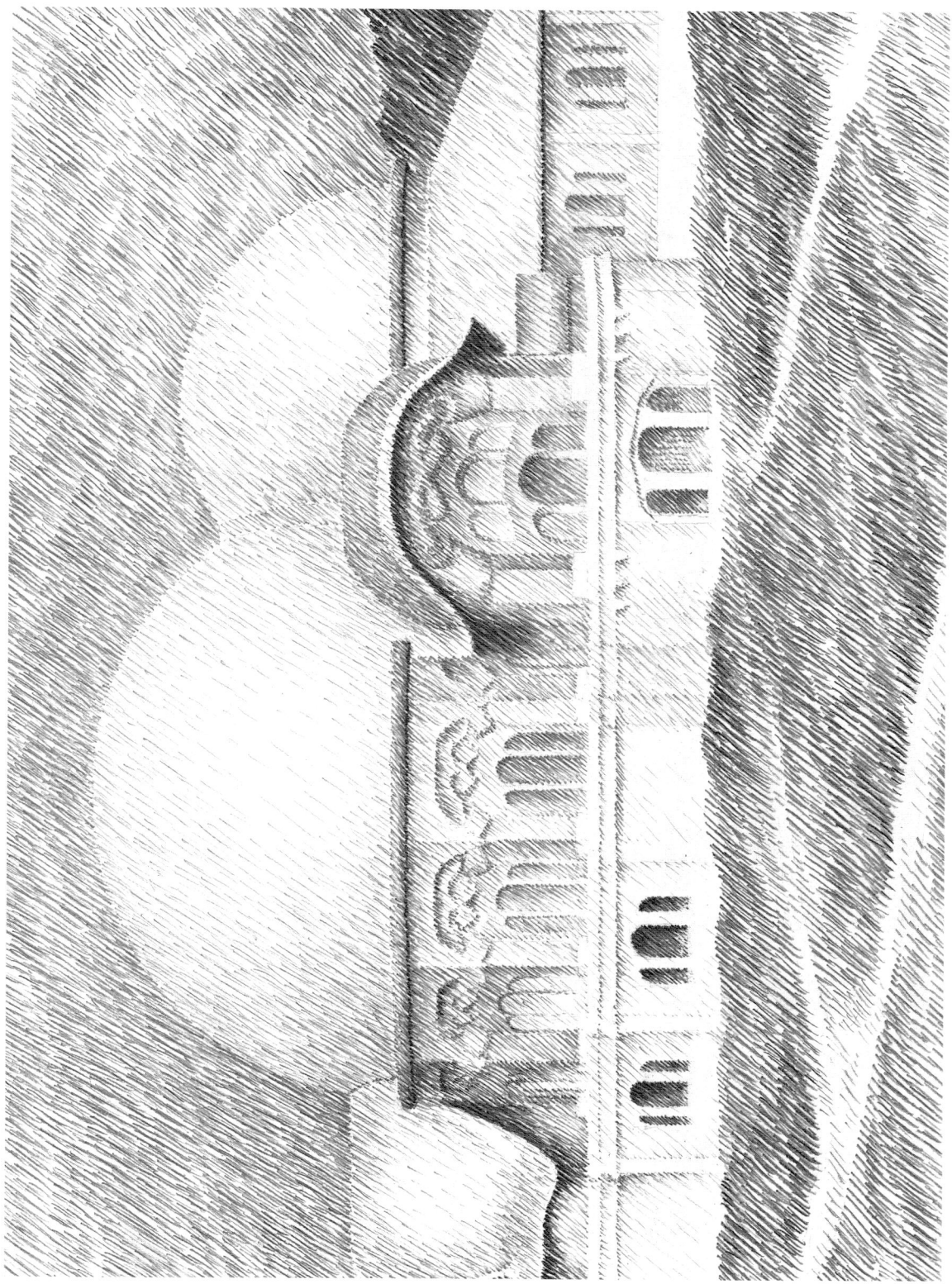

79

80

81

82

I

II

$\lambda = 2.5$ $\varepsilon = 0.3$

III

IV

VII

VIII

IX

XI

XII

XIII

XIV

XV

XVI